오십, 고전에서 역사를 읽다

삶의 변곡점에 선 사람들을 위한 색다른 고전 읽기

오십,

고전에서 역사를 읽다

최봉수 지음

가디언

오십이 되니 다시 고전을 찾아 든다.

오십이지천명五十而知天命.

공자孔子는 나이 오십이 되면 하늘의 도를 알아 사물의 이치를 깨닫는
다고 말하는데, 이 '어쩌다 오십'은 어이하면 좋을꼬. 서른에 세상에 나가
긴 했으나 딱히 뜻한 바 없었고이립而立, 마흔 나이에 세상과 부대끼다 보
니 삿된 마음을 놓지 못하고, 허망한 일을 좇느라 좋은 시절을 다 보냈으
니불혹不惑. 어찌 귀가 맑아지길 바라겠는가이순耳順. 마음 이는 대로 해도
어긋남이 없는 대자유를 누릴 수 있겠는가종심소욕 불유구從心所欲 不踰矩.

그러니 지금이라도 이 '어쩌다 오십'은 황새를 좇는 뱁새의 심정으로 다
시 생각할 밖에. 지천명, 세상의 이치를 깨닫는 것은 뱁새의 몫이 아닌 듯하
다. 다만 그 이치에 어긋나지 않게 경계하는 것이 우리의 일이 아닐까 싶다.

그래서 공자가 말한 대로 마흔에 불혹을 이겨내지 못해 거칠어진 마음
부터 다스리는 것이 순서일 게다. 내 마음을 뒤흔든 욕심貪과 화瞋, 어리

4

석음痴을 이제 내려놓아야 한다. 사실 이런 마음의 독들이 몸 밖으로 뿜어져 나오는 것은 그 원인이 되는 씨앗이 마음에 있었기 때문이다. 인因과 연緣이 있어 생기고 사라지는 것이니까. 그래서 그 고리를 어디에선가 한 번은 끊어야 한다. 그런데 그게 또 어렵다. 그러니 이 '어쩌다 오십'에게 애당초 지천명은 언감생심이었으리라.

그러나 나이 들어 세상 소리가 거슬리지 않고, 언행이 크게 예에서 벗어나지 않으려면 지금부터라도 그 인연의 고리를 끊는 연습부터 시작해야 할 것 같다. 눈으로 보고, 귀로 듣고, 그래서 마음에서 일어나는 모든 생각을 한 번은 걸러 인연이 아니다 싶으면 담아두지 않는 것부터. 우선은 좀 더 자주 마음을 챙기는 것부터.

반조反照, 자신의 마음을 돌이켜 비추어본다는 말이다. 나이가 들수록 노을빛이 내 얼굴을 환하게 비추듯이 그렇게 자주 거울을 보는 것부터, 동서고금東西古今 거울에 비친 사람들의 낯빛을 살피면서, 그렇게 고전을 읽는 것이다.

짧지 않은 여정을 끝내고 오랜만에 나만의 시간을 갖게 되니 고전이 눈에 들어온 것은 그 때문일 것이다. 고전을 안다고 생각했지만, 정작 제대로 남아 있는 기억이 없다. 그래서 고전인가? 그 해석만 흐릿한 이미지로 남아 있었는데, 다시 읽으니 그 새로움에 놀라게 된다.

가만히 읽어가다 보니 읽었던 기억이 되살아난다. 하지만 같은 인물, 같은 사건, 같은 이야기, 같은 문장이라도 읽을 때마다 다른 느낌, 다른 상상으로 그려진다. 그래서 신선하게 느끼게 되나 보다. 그래서 고전인가? 동일한 외부의 자극이라도 사람마다 다르게 받아들이듯, 현재의 자극과 내면의 과거가 만나 빛을 발하듯 미래에 대한 통찰은 처지에 따라 느낌의 깊이와 방향이 다를 수밖에.

그래서 고전은 상하이에서 우연히 들렀던 재즈바를 닮았다. 동서가 따로 없고, 고금이 따로 없다. 거기에도 사람이 있고, 사람과 사람의 관계가 있었다. '깨닫고 보니 깨달음이 없다는 것을 깨달았다.' 그러했다.

결국 사람이다. 《오십, 고전에서 역사를 읽다》는 사람 이야기다. 사람 이야기만큼 변주變奏가 많은 이야기가 또 있을까? 끊어질 듯 이어지고, 이어질 듯 끊어지는, 그 순간을 연주자는 호흡으로 잇는다. 관객도 그 호흡으로 함께하며 젖어든다. 그렇게 하룻밤이 깊어가듯 고전은 역사를 엮어 나간다. 신화에서 고대사까지가 이 책의 시간이다. 그 시간을 같이한 사람들과 함께.

어느 시대나 사람은 똑같다. 영원을 살 것처럼 일생을 앙탈 부리는가 하면, 일생을 찰나처럼 여겨 영원을 구하기도 한다. 눈 밝은 이가 있어 잘 가려내 고전으로 담았는데, 동서의 차이가 없다. 그래, 다 집착이고 편견이고 아집이었다. 수천 년 지나 보니 허망한 짓이라는 것을, 그때도 모르지는 않았을 것이다. 그런데 왜 반복되는 것일까?

이 책에서는 그 사람을 지금 내 주변의 사람처럼 이해하고 싶었다. 그 사람의 고민, 갈등, 결단 그리고 후회가 나, 너 그리고 우리 사이에서 지금도 되풀이되고 있기 때문이다. 대단한 교훈을 얻으려는 것은 아니다. 애당초 거기엔 결론이 없기에. 동서와 고금에 또 다른 '나'와 '너'가 거기서 나올 줄이야. 그저 '헐!' 할 뿐이고, 그것이면 족하다.

문제는 그다음부터다. 고전에 미처 담지 못한 그 사람의 내면의 목소리를 상상해본다. '그는 왜 그 상황에서 그런 행동을 했을까?' 이 책은 고전을 타고 그 상황으로 들어간다. 그래서 상황을 먼저 공유하고 해석한다. 그의 상황 인식을 분석하고, 그의 선택에 주목한다. 이를 통해 그의 그릇을 상상한다. 이 추적과 상상이야말로 이 책을 써나가는 즐거움이었다.

상황을 똑바로 읽었으나 달리 행동할 수밖에 없어 고초를 감수한 지혜롭고 덕 있는 자가 있는가 하면, 상황을 바르게 읽었으나 달리 행동하여 부귀영화를 꾀한 영악하고 간특한 자도 있었다. 그 일생이 달랐던 만큼 그 이름도 영원히 달리 전해진다. 딱 그 그릇만큼. 그게 공평하다. 공평해지는 데 일생－生 이상이 걸린다는 것이 달리 선택하는 자에게는 유혹이 있었을지 모르나, 그 유혹을 대하는 태도는 지금도 각자의 몫이다. 그것이 또 역사를 만들고, 고전을 낳고, 우리 상상력의 화수분이 된다.

1부

———

내 맘대로 읽는
서양 고전

01

천지창조와 신화시대
-《그리스 로마 신화》

시간

우리가 가장 늦게 눈치채는 것이 시간이 아닐까. 지나간 시간도 지금과 같은 형태로 아직 어딘가 남아 있고, 다가올 시간도 이미 어딘가 존재할지 모른다는 것을.

나이가 들면서 시간은 순간 존재했다가 사라지는 하나의 흐름이 아니라 수많은 장면이 차례로 드러난 후 어딘가, 하나씩 꺼내 볼 수 있는 슬라이드 케이스 같은 곳에 쌓여 가는 것이라고 느껴진다. 그 슬라이드에 나의 과거가 있고, 현재가 있고, 미래도 있고.

위대한 콘텐츠의 화수분, 《그리스 로마 신화》

《그리스 로마 신화》는 창작자가 없다. 수세기에 걸쳐 입에서 입으로 전해진, 그야말로 구전口傳이다. 굳이 저자를 들자면 이 구전들을 정리한 호메로스Homeros와 헤시오도스Hesiodos, 그리고 고대 그리스의 3대 비극 작가라고 일컬어지는 아이스킬로스Aeschylos, 소포클레스Sophocles, 에우리피데스Euripides를 꼽을 수 있고, 그 이후 수세기에 걸쳐 이를 보완, 변형하고 편집한 무수한 편저자만 있을 뿐이다. 기억할 만한 편저자는 19세기에 와서 그동안 쏟아져 나온 다양한 에디션들을 집대성하여 정리한 토머스 불핀치Thomas Bulfinch다.

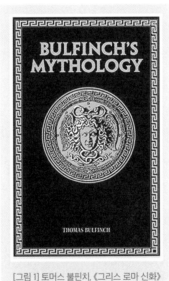

[그림 1] 토머스 불핀치, 《그리스 로마 신화》

모든 신화가 그렇듯, 구전되어온 이야기를 수세기에 걸쳐 많은 편저자들이 나름의 버전으로 정리하다 보니 등장인물의 성격과 사건이 조금씩 다른 경우가 있다. 그러나 《그리스 로마 신화》는 그 정도가 심하다. 같은 신이 동일 인물이라 말하기 힘들 정도로 상반된 정체성을 보이는 경우도 다반사다. 그래서 누군가 나서서 "신들은 변덕이 심하다"라고 애서 합리화해야 할 정도다.

왜 그럴까? 《그리스 로마 신화》의 배경에는 신들의 정체성을 통일시킬 주체가 되는 정치적·종교적으로 단일한 정치적 집단 혹은 교단이 없었다. 다른 신화들과 달리 특정 민족 집단이나 전설에 뿌리를 두지 않아 후세 작가들에게 자유롭게 상상할 여지를 주었기 때문이다. 더욱이 그리스는 단일국가가 아니라 도시국가인 폴리스들의 연합체이다 보니 폴리스마다 주신主神을 달리 세우고, 그 주신을 신격화하는 스토리 텔링 과정에서 인물과 사건을 달리 해석한 까닭이다.

여기에 더해 《그리스 로마 신화》에 등장하는 인물과 사건을 모티브로 한 버전들이 문학을 비롯하여 음악, 미술, 철학, 심리학 등으로 확대 재생산되었다. 그리고 이 과정에서 인물의 정체성과 사건의 해석은 다시 변형되고, 심화되고, 의미화되었다. 이런 식으로 《그리스 로마 신화》는 서구를 넘어 문명의 원형이자 인간 본성을 담고 있는 신화로, 이야기로, 지식으로, 지혜로 지금까지 다양한 버전들이 재생산되고 있다. 또한 지금까지 인간이 만들어낸, 그리고 인간의 상상력을 끊임없이 자극하는 위대한 콘텐츠의 화수분으로 거듭나고 있다.

《그리스 로마 신화》는 천지창조, 올림포스 12신 시대, 인간의 기원, 그리고 신화의 대부분을 차지하는 신들과 영웅들의 이야기라는 네 부분으로 크게 나눌 수 있다. 여기서는 헤시오도스의 《신통기Theogony》에 소개된 천지창조와 제우스Zeus 이전 신들의 계보를 중심으로 살펴보면서 그리스·로마인들의 천지창조와 신화시대의 질서, 진화에 대한 집단적 상상을 알아보기로 하자.

《그리스 로마 신화》의 천지창조는 사랑이다

《신통기》에 따르면, "태초에 카오스Chaos, 혼돈, 무한의 공간가 있고, 그다음에 가이아Gaia, 대지가 나타난다."

그렇다. 태초에는 오직 혼돈(카오스)만이 있을 뿐이다. 이것은 모든 신화, 모든 천지창조 과정의 공통이다. 무無와 유有가 나오기 전, 공空의 상태.

여기서 공은 불교에서 말하듯 비어 있는(無) 상태가 아니다. 그렇다고 무엇인가 존재하는(有) 상태도 아니다. 무와 유의 분별이 있기 전의 상태다. 그래서 불교에서는 굳이 묘유妙有라는 표현을 사용했다. 이 공의 상태는 《구약》에서 신의 말씀이 있기 전까지, 그리고 과학이 밝힌 빅뱅이 일어나기 전까지 계속된다.

《그리스 로마 신화》의 최초의 창조는 가이아, 대지다.
반면 《구약》 최초의 창조는 빛이다.

그렇게 본다면 《그리스 로마 신화》에서 최초의 창조, 최초의 존재체(有)는 가이아, 대지인 셈이다. 말하자면 창조의 판을 먼저 까는 것이고, 창조물을 담을 그릇부터 설정한 것이다. 반면 《구약》에서는 "하나님이 이르시되 빛이 있으라 하시니 빛이 있었고"(창세기1-3), 그래서 빛이 최초의 창조였다. 《구약》에서 빛을 생명, 만물의 근원으로 본 까닭이다. 즉 《구약》은 천지창조 과정을 통해 주관자, 신의 메시지, 의지를 전하려 한다. 그러나 《그리스 로마 신화》는 천지창조의 판부터 깔고 2,500년 동안 마르지 않는 천일야화를 풀어내려 한다. 인간처럼, 그들의 신처럼 천지창조 과정을 통해 만물에 정체성을 부여하고 그들의 이야기를 담으려 한다. 그래서 판부터 깐 것이다.

유有가 아니고 무無 또한 아니라고 하니, 카오스를 굳이 구체적 형상으로 상상해보면 바람도 걸리지 않는 그물처럼 아주 촘촘한 망사 정도로 가정할 수 있겠다. 그러면 가이아는 이 시작도 끝도 없고, 위도 아래도 없는 거대한 망사 틀의 어느 한쪽에 움푹 파인 공간의 형태로 휘어서 나타났을 것이다. 상상해보라, 눈에 보이지 않고 손에 잡히지 않는, 그러나 존재하는 묘유의 공간에 가이아라는 판板이 형상화된 모습을.

《신통기》에 따르면, "그리고 에로스Eros, 사랑가 나타난다."

《그리스 로마 신화》는 판을 깐 다음 에로스를 창조한다. 즉 창조의 두 번째 단계를 신의 의지로 볼 것인지, 아니면 자연의 진화로 볼 것인지의 선택에서 생뚱맞게 사랑, 에로스를 선택한다. 종교가 신의 뜻에 귀의하고, 과학이 진화론을 발견했다면 《그리스 로마 신화》는 에로스를 선택한 것이다.

이 에로스가 마치 《구약》에서 신의 말씀처럼 두 번째 창조를 집행하는 주관자인 신의 사랑인지, 아니면 모든 사물은 인연에 따라 생겨나고 사라진다는 불교의 인연생기因緣生起처럼 두 번째 창조 과정을 관통하는 하나의 법칙으로서의 에로스인지는 분별하기 힘들다. 천지창조가 사랑에서 비롯되었든, 사랑의 결과였든 다만 에로스를 말할 뿐이다.

그래서일까? 카오스에서 에레보스Erebus, 암흑와 닉스Nyx, 밤가 먼저 '생기고', 그 둘 사이에서 아이테르Aether, 천공와 헤메라Hemera, 낮가 '태어난다'. 그리고 가이아(대지)는 스스로 우라노스Uranus, 하늘와 폰토스Pontus, 바다를 차례로 '낳는다'. 이렇게 천지를 창조한다. 에로스가 먼저 나온 이유가 이 때문이다.

《구약》의 천지창조는 신의 말씀에 따라 하나하나 독립적으로 창조되지만, 《그리스 로마 신화》에서는 만물이 스스로 혹은 끼리끼리 가계를 이루며 어머니의 배에서 자식이 나오듯 사랑으로 '생기고, 낳고, 태

어난다.'

《구약》은 카오스 상태에서 첫째 날에 하나님이 "빛이 있으라" 말씀
하시어 빛(낮)과 어둠(밤)을 먼저 나눈다. 둘째 날에 "궁창(대지에 기둥을
세워 창공에 만든 널따란 공간)을 만들어 하늘이라" 부르고, 셋째 날에 물을
한쪽으로 모아 드러난 뭍을 대지라 부르고, 모인 물을 바다라 부른다.
천지창조는 이렇게 하나님의 말씀으로, 즉 신의 의지로, 신의 메시지로,
신의 선의善意를 담아 하나하나 구분되어 창조된다.

그러나 《그리스 로마 신화》의 천지 만물은 인간들처럼 가계도家系
圖를 그릴 수 있다. 카오스(혼돈)는 에레보스(암흑)와 닉스(밤)를 낳고, 에
레보스와 닉스는 사랑을 하여 아이테르(천공)와 헤메라(낮)를 낳는다. 우
라노스(하늘)와 폰토스(바다)도 가이아(대지)의 자식들이다.

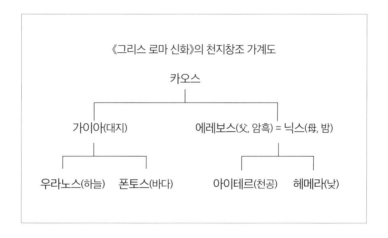

여기에 천지창조의 주관자로서의 신은 존재하지 않는다. 천지 만물
이 다 신이고, 그들은 아버지와 어머니가 사랑을 하여 아들과 딸을 낳
듯이 자식을 낳고 가계를 이룬다. 혼돈은 암흑과 밤을 낳고, 암흑과 밤
은 아버지와 어머니가 되어 다시 천공과 낮을 낳는다. 대지는 홀로 하
늘과 바다를 낳는다. 어둠에서 밝음이 열리는 숱한 스토리가 엮이고, 하

늘에서 대지가 뚝 떨어지는 것이 아니라 대지에서 하늘이 떨어져나가는 기구한 사연이 시작된다. 그리고 그 모두를 에로스라고 칭한다.

어둠에서 밝음이 나온다는 이야기는 다른 천지창조 신화에서도 동일하다. 불경에서도 무명無明, 어둠 다음에 무무명無無明, 밝음이 온다. 밝음은 어둠에서 나온다. 빛이 사라지면 어두워지는 것이 아니라 어둠이 빠져나간 사이에 빛이 생긴다. 밝음이 없는 곳에 어둠이 있는 것이 아니라 반대로 어둠이 없는 곳에 밝음이 있다. 《그리스 로마 신화》는 이 진리를 어둠이 사랑을 품어 그 결과로 밝음을 낳는 것으로 풀어, 역사가 밤에 이루어지는 수많은 이야기를 엮어낸다.

《신통기》에 따르면, "가이아(대지)는 홀로 우라노스(하늘)와 폰토스(바다)를 낳는다."

바다가 대지에서 나왔다는 신화는 쉽게 상상이 간다. 《구약》에서처럼 대지에 있는 물을 한쪽으로 모으면 그것이 바다가 되니까. 그런데 하늘이 대지에서 나왔다고? 우리에게는 하늘에서 대지가 뚝 떨어지는 것이 더 자연스럽다. 중력의 법칙에도 맞다. 물론 하늘에서 땅이 떨어진다는 것도 신화에서나 나올 법한 상상이지만, 그래서 더 신화에 걸맞게 여겨지기도 한다. 그런데 대지에서 하늘이 떨어져나갔다는 것은 신화라 해도 쉽게 상상이 되지 않는다.

앞서 상상했던 카오스의 형상으로 돌아가보자.

시작도 끝도 없고, 위도 아래도 없는 망사가 카오스였다. 그리고 그 한쪽에 널찍한 판을 깐 것이 대지였다. 그 널찍한 망사 판의 양 끝줄을 뚝 잘라보자. 그러면 잘려나간 망사의 양 끝이 위로 휙 감기면서 널찍한 망사 판(대지)에서 뚝 떨어져나간다. 그렇게 떨어져나간 망사가 하늘이라는 것이다. 그래서 하늘은 대지에서 떨어져나갔고, 대지가 하늘을 낳았다는 것이다.

《그리스 로마 신화》는 다 이렇게 풀어내며, 어느 날 망사 판의 양 끝을 뚝 자르게 된 사연과 사건을 스토리로 담아낸다. 뒤에서 다시 다루겠지만 이처럼 《그리스 로마 신화》는 천지 만물, 하늘과 땅의 창조에도 인간과 같은 정체성을 부여하여 사연과 사건을 엮고 창조 과정을 풀어낸다. 신화의 메시지가 바로 우리 주변 인간군상들의 사연과 사건에 맞춤으로 겹쳐 보이는 이유이다.

반면 《구약》에서는 하늘이 먼저 생기고 대지와 바다는 그다음 날 창조된다. 하늘과 대지 사이에는 어떤 연결고리도, 사연도 없다. 사건은 오직 신의 뜻이고, 신은 하늘에 계시면서 인간을 비롯한 모든 생명체를 대지 위에 창조한다. 따라서 대지 위의 모든 창조물은 항상 하늘을 우러러보며 살아가야 한다. 피조물에 불과한 주제에 감히 신이 되기 위해 하늘로 오르려는 인간은 불경죄로 신의 심판을 받기도 한다. 또 언젠가 신이 다시 대지로 내려와 피조물들을 선과 악으로 나눌 것이라는 믿음을 품기도 한다.

이렇게 《구약》에서는 하늘과 대지가 차원이 다른 공간으로 분별되며, 신과 인간의 관계도 하늘과 대지로 나뉘어 설정된다. 반면 《그리스 로마 신화》에서 하늘은 또 다른 대지, 공간Just another space에 불과하며 모든 신은 하늘과 대지를 자유롭게 오간다.

이렇게 신화들의 같은 듯 다른 천지창조에는 저마다의 다른 세계관이 숨어 있다.

창조자와 결별

《신통기》에 따르면, "최초의 신, 신들의 아버지와 어머니는 바로 우라노스와 가이아다."

가이아(대지)는 홀로 우라노스(하늘)와 폰토스(바다)를 낳은 후, 아들 우라노스와의 사이에서 3+3=6, 6, 6, 열여덟 명의 자식을 낳는다. 이마 한가운데에 둥근 눈 하나만 가진 키클로페스Kyklopes 3형제와 머리 50개와 팔 100개가 달린 거인 헤카톤케이레스Hekatonkheires 3형제, 티탄족 자녀 6남 6녀가 그들이다.

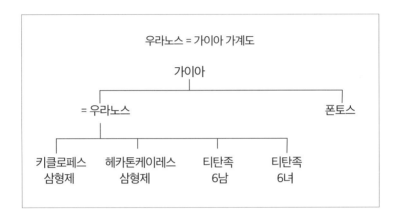

그런데 우라노스는 태어난 자식들을 몰골이 흉측하다는 이유만으로 대지의 깊숙하고 음습한 곳, 가이아의 자궁인 타르타로스Tartaros에 가둔다. 타르타로스는 명계冥界, 즉 지하에 있는 죽은 자의 세계에서 가장 바닥에 위치하는 공간이자 불교에서 지옥, 나락이라 부르는 공간이다. '나락으로 떨어진다'는 바로 그곳.

그곳은 대지의 신인 가이아의 몸에서는 태어나기 전의 공간인 자궁에 해당한다. 우라노스는 자식들을 태어나자마자 바로 그 타르타로스에 다시 집어넣는다. 이는 출생을 부정하는 행위이자 자식들을 태어나지 말아야 할 존재로 간주하고, 심지어 그 존재를 인정하지 않는 의식인 셈이다. 헐!

사실 키클로페스 형제나 헤카톤케이레스 형제는 우리가 봐도 괴물에 가깝다. 그래도 자식이 아닌가? 이런 비난을 회피하기 위해《그리스

로마 신화》는 '우라노스는 가이아가 홀로 낳았다'는 밑밥을 깔아두었다. 아버지의 사랑 없이 태어나 부성애를 느껴보지도 못한 우라노스에게 자식은 그저 타자에 불과하며 단지 두려운 경쟁자일 뿐일 수 있다는 것이다.

그러나 어떤 이유에서든 자식을 경쟁자로 느끼는 아버지는 불행하다. 반대로 자식이 아버지를 경쟁자로 느낀다는 오이디푸스 콤플렉스 Oedipus complex에 사로잡힌 자식은 아버지로부터 언젠가 보복당할 것을 두려워한다. 둘 모두 비극이다. 비극은 뿌리 없는 꽃이다. 비극은 항상 상황과 판단이 꼬이며 분노에서 피어오른다. 그러니 운명이라 할 밖에. 그리고 고대 그리스의 3대 비극 작가들은 바로 이 운명을 모티브로 비극을 노래했다. 신화는 인간의 한계를 운명으로, 벗어날 수 없는 원죄이자 부끄러움으로 낙인찍으려는 것은 아닐까?

우라노스는 어머니이자 아내인 가이아의 배려로 최고의 신, 지배자가 되었다. 그는 이 지위를 천년만년 누리고 싶다. 그런데 자식들이 그 지위를 노리는 위협적인 존재로 느껴진 것이다. 게다가 자신에게 이 지위를 넘겼듯이 가이아가 다시 자식들 중 누군가에게 이 지위를 넘길지도 모른다.

스스로의 힘으로 그 자리에 오르지 않은 자들은 항상 불안한 법이다. 앞을 보는 것이 아니라 항상 옆을 의심하고 뒤를 조심한다. 애써 그 자리에 오르고서는 누리지도 펼치지도 못하고, 그저 노심초사하는 모습이 어떻게 보면 불쌍하고 짠하다. 자식들이 태어나는 족족 타르타로스에 가두려고 허둥대는 우라노스의 모습에서 공포나 괴이함보다 안쓰러움이 먼저 드는 것도 그 때문이다.

그러나 모성애가 남다른 가이아는 분노한다. 지금 그 자리가 누구 덕으로 앉은 자리인데, 괘씸하다. '어떻게 감히'. 사실 우라노스도, 우라노스와의 사이에서 낳은 자식도 가이아의 입장에서는 똑같은 자식이다.

부성애를 경험하지 못하고, 자신의 지위에 대해 위협을 느껴 그렇다고 이해하기보다는, 내 자식들에게 어떻게 그럴 수 있느냐고 분노한다.

가진 자들은 때로 자신의 소유물에 빗장을 풀어 베풀지만, 소유권 이전은 용납하지 않는다. 잠시 빌려주는 것일 뿐 다시 돌아오는 것이 당연하다 여기고, 그렇지 않으면 분노한다. 우라노스에게 최고신의 지위와 남편의 자리는 단지 임시일 뿐이었다. 가이아가 자신의 필요에 의해 잠시 그에게 내주었을 뿐, 우라노스의 착각이었던 것이다.

이제 가이아는 사랑 없이 낳은 자식인 우라노스를 제거할 계획을 자식인 티탄족 6남 6녀와 상의한다. 함께 아버지를 제거하자고 어머니가 자식들에게 제안한 것이다. 《그리스 로마 신화》 전반에 걸친 핫 아이템, 막장의 첫 시작이다. 에로스, 《그리스 로마 신화》는 천지창조의 판을 깐 다음 바로 집어 든 아이템이 사랑이었다. 그래서 신화는 처음부터 끝까지 신들과 영웅들의 에로스, 사랑 이야기로 도배된다. 그것도 비뚤어진 사랑 이야기로. 그래서 신화는 막장으로 분칠된다.

가이아가 타르타로스에 감금된 자식들에게 먼저 다가서지만, 우라노스가 두렵기만 한 다른 자식들은 그녀의 제안을 슬슬 피하고 오직 막내아들 크로노스만 적극 나선다. 하이 리스크 하이 리턴high risk high return, 위험을 감수하는 자만이 과실을 맛볼 수 있지 않겠는가.

드디어 D-Day. 우라노스는 여느 때와 다름없이 사랑을 하려고 가이아에게 달려든다. 그리고 타르타로스로 들어온 아버지 우라노스의 남근을, 크로노스는 어머니 가이아가 미리 만들어준 거대한 낫으로 내리친다.

왜 하필 아들 크로노스는 아버지 우라노스의 남근을 노렸을까?
왜 하필 거세된 아버지의 남근을 바다에 던졌을까?

26

이 막장 복수극의 상황에 두 가지 의문이 든다. 왜 하필 크로노스는 우라노스의 남근을 노렸을까? 아니, 가이아는 아들에게 왜 남편 우라노스의 남근을 공격하라고 했을까? 그리고 그것을 왜 하필 바다로 던졌을까?

먼저 가이아는 왜 크로노스에게 우라노스의 남근을 제거하라고 했을까?

공모한 상황을 보면 이는 합리적인 설정일 수 있다. 우라노스가 사랑에 눈이 멀어 경계가 가장 소홀한 틈을 노렸을 것이고, 공격자인 크로노스는 자궁 속에 감금되어 있기에 우라노스의 남근밖에 공격할 수 없었을 것이다. 인정!

그럼에도 잔인하다. 내가 버린 남자가 다른 어떤 여자와도 사랑할 수 없도록 할 의도였다면, 또 둘 사이에 태어난 자식들에 대한 친권의 독점을 선언하는 것이라면, 지독하다. 지배자를 숙청하는 쿠데타를 넘어 최고신의 지위를 영구 박탈하고 다시 가이아만이 신의 어머니임을 선언하는 의식이라면, 섬찟하다. 정말 징하다!

그리고 비록 어머니 가이아의 계획이었지만 크로노스는 아버지의 남근을 거세한 아들이라는 불명예의 이름을 달고 살 운명에 놓인다. 가이아는 왜 아들 크로노스에게 그런 운명을 안겼을까? 어머니가 준 낫으로 아버지의 남근을 내려친 크로노스는 자신의 손에 묻은 아버지의 피를 보며 얼마나 몸서리쳤을까? 이는 지울 수 없는 트라우마로 남는다.

이렇게 신화는 밑밥을 깔아 운명을 엮고, 그 운명이 다시 밑밥이 되어 또 다른 운명을 짜나간다. 막장 드라마《그리스 로마 신화》의 메인 플롯이 바로 이것이다.

이제 두 번째 의문을 살펴보자. 우라노스의 잘린 남근은 왜 바다로 떨어졌을까? 바다는 가이아의 또 다른 아들 폰토스가 지배하고 있고, 가이아는 폰토스와의 사이에도 다시 자식들을 두었다. 폰토스와 그 자식들에게도 우라노스의 교훈을 각인하고 싶었던 것일까?

한편 바다에 떨어진 우라노스의 남근은 물 위를 떠돌면서 흰 거품을 토해낸다. 그리고 이 거품에서 사랑과 미의 여신 아프로디테(로마 신화의 비너스)가 태어난다. 어머니와 아들이 공모하여 바다로 던진 아버지의 남근, 그리고 거기에서 나온 흰 거품에서 태어난 미의 여신. 그래서 아름다움과 사랑을 상징하는 아프로디테는 성적 욕망을 불러일으키는 여신이 된다. 그리고 그 여신이 《그리스 로마 신화》 전편에서 그려 낼 판타지는 이런 출생 신화에서 출발한다. 《그리스 로마 신화》의 상징은 성으로 연결되지만, 사랑으로 포장되고 상상으로 거듭나 끝없이 스토리를 엮어나간다.

《신통기》에 따르면, "다시 가이아에게" 사랑을 나누려고 다가서다 남근이 싹뚝 잘려 깜짝 놀란 우라노스는 그만 대지에 뚝 떨어진다. 그리고 신화는 대지의 신, 가이아의 품 안으로 쑥 들어온다. 하늘이 대지에서 떨어져나간 사연은 이렇다. 깜짝 놀란 가슴 탓일까, 마음에 상처를 받아 멍든 탓일까. 이렇게 대지에서 뚝 떨어져나간 하늘은 지금까지 저렇게 시퍼렇다.

그리고 자신이 낳은 아들 우라노스에게 하늘을 주고 신의 아버지 자리까지 내주었던 가이아는 그것을 거둬들이며 대지의 신으로, 신의 어머니로 다시 홀로 우뚝 선다.

창조자와의 결별은 공간의 분리로 나타난다.
《그리스 로마 신화》는 새로운 공간을 열면서,
《구약》은 창조자의 공간에서 추방되면서.

이렇게 가이아는 카오스와 결별하고 창조자의 공간에서 벗어나 새로운 세계를 연다. 반면 《구약》에서는 아담과 이브가 에덴동산에서 쫓겨난다. 즉 아담과 이브는 신이 되겠다는 불경을 저질러, 그 원죄를 안고 창조자의 공간에서 축출된다.

창조자와의 결별은 모두 공간의 분리로 나타난다.《그리스 로마 신화》는 새로운 공간을 열면서,《구약》은 창조자의 공간에서 추방되면서. 그래서 신화는 새로운 공간에서 홀로서기의 도전이 이어지고,《구약》은 원죄의 굴레에서 벗어나기 위한 역사로 이어진다.

창조자와 결별을 선언한 대지의 세계에서는 우라노스의 남근을 거세한 아들 크로노스가 새로운 지배자의 지위에 오르면서 티탄족의 시대, 제2세대 신의 시대를 여는 주인공이 된다. 이를 통해 아버지는 울타리 밖을 떠돌며 주변을 기웃거리게 되고, 어머니는 그 울타리 안을 차지하고 그 세계를 품는다. 그리고《그리스 로마 신화》의 주역인 올림포스의 신들이 바로 이 우라노스와 크로노스의 후손들이다. 신들의 왕 제우스는 우라노스의 손자이자 크로노스의 아들이며, 이 운명의 3대에 걸친 가족사는 신화 전반에 흐르는 스토리의 무궁무진한 밑밥이 된다.

《그리스 로마 신화》에서 펼쳐지는 다이내믹한 막장 드라마는 올림포스 신들의 한결같은 사랑 집착에서 비롯되는데, 그것은 그들의 할아버지인 우라노스의 사랑 결핍에서 시작되었다고도 할 수 있다. 또한 그들의 아버지인 크로노스가 할머니인 가이아와 모의하여 할아버지 우라노스의 남근을 거세했기 때문이기도 하다. 집착은 사실 결핍에서 온다. 마른 결핍은 눈먼 분노를 일으킨다. 집착은 주변을 돌아보지 못한다. 올림포스 신들의 사랑에 대한 집착은 때로 주책스럽기까지 하지만, 뒤끝이 짠한 것은 그 때문이 아닐까.

집착은 질병이자 운명이다. 운명은 시간과 공간이라는 씨줄과 날줄로 엮은 그물이다. 손안의 새가 날아가버릴까 두려워 주먹을 펴지 못하고 더 불끈 움켜쥐는 것은 새가 날아간 텅 빈 공간과 시간을 견디지 못하기 때문이다. 그래서 결국 새를 죽인다.

두 번째 쿠데타, 티탄에서 올림포스 12신 시대로

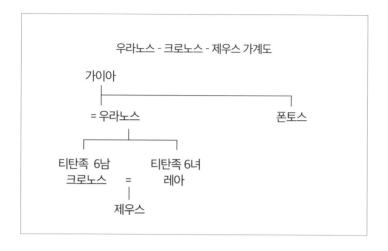

크로노스는 누이 레아를 아내로 맞아 또 6명의 자식을 갖는다. 그런데 크로노스는 최고의 자리에 오르자마자 우라노스와 마찬가지로 두려움에 사로잡힌다. 자식 중 한 명이 자신의 자리를 빼앗을 것이라는 아버지 우라노스의 저주에, 그 역시 자식들이 태어나는 족족 집어삼키며 똑같은 짓을 되풀이한다. 그 아버지에 그 아들이다. 다만 이번에는 아내의 자궁이 아니라 자신의 입이 타르타로스다. 자궁에서 입으로 위치가 바뀌었을 뿐.

우라노스가 자식들을 타르타로스에 감금한 것이 공포 때문이었듯, 크로노스가 자식들을 낳는 대로 집어삼키는 것 또한 두려움 때문이었다. 세대를 넘어 어리석음이 반복된다. 아버지의 남근을 자른 크로노스나, 자식에게 너 또한 나처럼 될 것이라고 저주를 퍼부으며 손자들에게 복수를 기대하는 우라노스나, 《그리스 로마 신화》의 부자 관계는 공자가 말한 부자유친父子有親과는 거리가 멀다.

화가 난 그의 아내 레아는 어머니 가이아를 찾아가 도움을 요청한다. 가이아 역시 크로노스에게 실망을 넘어 배신감까지 느끼던 차다. 남편에 속고, 또 아들에 속은 가이아는 딸이자 며느리와 동맹을 맺는다. 가이아의 계획에 따라 레아는 크레타 섬 동굴에 들어가 몰래 막내아들을 낳은 후 돌을 강보에 싸서 자식처럼 꾸민다. 이 돌을 자식으로 여긴 크로노스는 역시 입안으로 집어삼킨다.

이렇게 해서 크로노스의 눈을 피해 어렵게 살아남은 막내아들이 바로 제우스다. 성장한 제우스는 할머니 가이아가 준 약을 크로노스에게 먹이고, 그의 입안에 감금되었던 형제들을 토하게 하여 모두 구출한다. 그리고 형제들을 규합하여 올림포스 산을 거점으로 삼아 아버지 크로노스와 10년 전쟁을 치른다.

크로노스의 티탄족과 제우스가 이끄는 올림포스족 간의 전쟁이 티타노마키아Titanomachia, 일명 '거인족의 전쟁'이다. 그리고 이는 창조자와 결별을 선언한 최초의 신족인 티탄족과 그리스 신화의 주인공인 올림포스 신족이 시대를 걸고 벌인 전쟁이기도 하다.

크로노스는 우라노스라는 지도자 한 명에 대한 테러를 통해 창조자와 결별하며 새로운 시대를 열었다. 그러나 제우스의 쿠데타는 신족 간의 집단적인 전쟁을 통한 시대 교체다. 그런 점에서 진화라 할 수 있다. 역사에 집단과 집단의 대결, 전쟁이 등장한 것이다.

창조자에 의해 천지 만물이 창조되고, 거기서 우두머리가 나오고 집단과 종족이 형성되며, 집단 간 이해가 대립하고 그 이해와 갈등으로 인해 전쟁이 발생하며, 그 결과 집단에 의한 지배와 질서가 만들어지는 것. 이것이 역사의 진화다.

티타노마키아 10년 전쟁은 우여곡절을 거쳐 티탄족의 패배로 끝난다. 패한 티탄족은 지도자 크로노스와 함께 다시 타르타로스에 갇히고, 이제 제우스의 시대, 제3세대 올림포스 12신들의 시대가 열린다.

《그리스 로마 신화》에서는 천지창조가 끝나자마자 이렇게 두 차례의 쿠데타를 통해 새로운 시대가 열린다. 쿠데타는 과거에 대한 폭력적 단절

[그림 2] 제우스

이자 새로운 질서로의 비약적 재편이다. 크로노스의 쿠데타는 창조자와 단절하고, 제우스의 쿠데타는 인간의 출현을 가져온다. 그런데 두 쿠데타 모두 두려움에서 시작되었다. 시대를 바꾸려는 노력은 다가올 미래에 대한 동경이 아니라 두려움에서 출발한다는 것을 신화는 귀띔한다.

또한 신화는 기존 질서를 뒤집는 주인공으로 모두 막내아들을 선택했으며, 우연히도 크로노스도 티탄족의 6남이고, 제우스도 여섯 번째 자식이다. 6은 또 무슨 의미일까?

성경에서도 창조를 다 이루어 끝내는 날은 여섯째 날이다. 그들은 구체제에서 마지막으로 태어난 막내아들이자, 한 시대를 마무리 짓는 여섯 번째 아들이다. 그리고 6은 불완전함을 상징하는 숫자다. 쿠데타에 성공했지만, 여전히 미완의 혁명이라는 것이다. 창조자와 결별을 선언하고 티탄족을 몰아냈지만 여전히 시대의 주체는 신들이었고, 인간의 출현과 인간의 시대는 아직 열리지 않았기 때문이다.

좋은 의미든 나쁜 의미든 사고를 치는 것은 막내이다. 부모의 자기장

磁氣場에서 멀리 있다 보니 상대적으로 통제로부터 자유롭다. 동시에 부모의 사랑에 대해서는 더욱 경쟁적이다. 그래서 크로노스도 제우스도 튀고 싶어 앞장선 것이다.

우라노스(父) ◄───► 가이아(母) + 6남 크로노스
                        └─ 승리·크로노스 집권 ───► 티탄족의 시대

크로노스(父) ◄───► 레아(母) + 6남 제우스
                        └─ 승리·제우스 집권 ───► 올림포스 12신들의 시대

한편 쿠데타의 배후 세력은 어머니다. 가이아는 우라노스에 속고, 레아는 크로노스에 속한다. 그러나 가이아는 막내아들 크로노스를 모반에 끌어들여 남편 우라노스를 거세하고, 레아는 막내아들 제우스를 앞세워 남편 크로노스를 쫓아낸다. 어머니의 선택은 둘 다 남편이 아니라 아들이었다. 대지를 품은 자, 어머니는 새로운 시대를 위해 막내아들과 손을 잡고 과거의 질서를 지배하던 아버지를 거세하고 추방한다. 모성애에 의한 어머니의 분노로.

여자는 당하지만, 어머니의 이름으로 복수한다.

우리가 알고 있는 가이아는 제임스 러브록이 만들어낸 현대판 신화 '가이아 이론'의 허구적 이미지에 불과하다.

그런데 신의 어머니이자 대지의 여신 가이아는 한 번도 아니고 두 번씩이나 남편에게 속고, 자식에게 속으며, 나중에는 손자 제우스에게도 버림받는다. 세상 만물의 생산자로 존경받을 위치인데, 왜일까? 이는 그녀의 성정 때문이 아닐까?

[그림 3] 안젤름 포이에르바흐, <가이아>, 1875.

사실 우리가 알고 있는 가이아의 이미지는 세상의 모든 선과 악을 분별없이 품어, 자연으로 되돌려 보내는 넉넉한 대지의 어머니이다. 그런데 그것은 1979년 제임스 러브록James E. Lovelock의 '가이아 이론(지구가 하나의 생명체처럼 유기적으로 연결되어 있다는 이론)'이 불러온 현대판 신화이자 허구에 불과한 건 아닐까?

지금까지 본 것처럼 《그리스 로마 신화》에서의 가이아는 전면에는 나서지 않지만 배후에서 이간질하고, 편들고, 조종하는 음모가이다. 우라노스의 저주를 아들 크로노스에게 전해준 이도 어머니인 가이아라는 설이 있다. 심지어 우라노스의 저주는 애초에 없었다는 주장도 있으니, 그렇다면 가이아는 막장 음모의 대가가 아닌가?

크로노스의 쿠데타에서는 총괄 기획자였고, 제우스의 쿠데타에서도 레아를 통해 막후 조종자의 역할을 했다. 티탄족과 올림포스족의 10년 전쟁에도 수시로 뛰어들어 엎치락뒤치락하는 전쟁에 사사건건 개입했다. 뿐만 아니라 막판에는 어둠의 신이자 자신의 아들이기도 한 타르타로스와 관계해 반인반수 괴물 티폰을 낳아, 대지 위의 모든 신들을 죽이려고 시도한다. 다행히 티폰이 제우스에 제압당하면서 수포로 돌아가지만.

그런데 이것이 끝이 아니다. 신들에 뒤이어 등장한 영웅들이 날뛰는 꼴이 눈에 거슬렸던 걸까? 가이아는 영웅들을 한곳에 모아 몰살할 음모까지 꾸민다. 이것이 가이아의 트로이전쟁 배후설이다. 전쟁을 일으키고, 이런저런 이유로 모든 영웅을 엮어 참전시킨 다음, 서로 치고받고 싸우다 차례로 죽게 하려 했다는 것이다.

어쨌든 신화를 통해 알 수 있는 것은 가이아가 세상을 품고 사랑으로 어루만지는 어머니라기보다는 대지를 관장하고 통제하려는 지배자에 가까웠다는 것이다. 직접 뛰어들거나 뒤에서 조종하거나 이간질했고, 여의치 않으면 판을 뒤집어버리려고까지 시도했으니 어쩌면 소시오패스에 가깝다고 할 수도 있지 않을까?

이후 제우스에 밀려 대비전에 감금되었지만 가이아는 끝내 그 성질을 숨기지 않았다. 20세기에 와서 제임스 러브록의 '가이아 이론'으로 우아하게 포장되긴 했지만, 가이아의 진면목은 그것이 아닐지도 모른다.

크로노스 형제들이 갇혔던 타르타로스는 창조자의 공간이다.
자궁과 입은 새로운 시대를 가로막은 과거의 공간이자 단절해야 할 과거의 시간이다.

어머니의 자궁에 갇혔던 크로노스 형제들, 그리고 크로노스의 입에 갇혔던 제우스 형제들은 쿠데타로 자궁에서 나오고 입에서 나와 새로운 시대를 연다. 쿠데타에서 패한 크로노스는 다시 자궁으로 돌아간다. 여기서 가이아의 자궁과 크로노스의 입은 무엇을 상징할까?

하늘의 신 우라노스가 대지에 떨어지면서 대지는 이제 창조자의 공간에서 벗어난다. 크로노스의 형제들이 갇혔던 자궁은 창조자의 공간이었다. 우라노스의 남근이 거세되면서 크로노스의 형제들은 창조자의 공간에서 벗어난다. 크로노스의 입 역시 티탄의 공간이다. 창조자와 신의 중간 단계의 공간. 여기서 공간은 시대다. 창조자의 시대에서 인간의 시대로 넘어오는 과정에서 자궁과 입은 새로운 시대를 막아선 과거의 공간이자 단절해야 할 과거의 시간이었던 것이다.

이렇게 두 차례의 쿠데타를 통해 공간을 교체하며 창조자의 시간은 신들의 시간으로 넘어간다.

02

청동기 시대의 마지막 전쟁
- 호메로스《일리아스》

분노

나이가 들수록 사소한 일에도 욱한다. 눈이 어두워진 탓
이다. 스스로 부끄러움만 드러낼 뿐 지혜롭기를 거부하
는 것이 분노다. 그래서 분노는 먼저 입을 열어 눈을 감
는 것이라고 한다.

불교에서도 독이 되는 세 가지 마음인 탐진치貪瞋痴의 하
나로 분노화냄, 瞋를 꼽는다. 그만큼 누구나 참지 못해 화
를 내고 또 스스로 풀기를 어려워한다. 한자의 글자대로
제대로만(眞) 보면(目) 화낼 일도 아니고, 못 풀 화도 없는
데 말이다. 나이가 들며 눈이 어두워진 탓이다.

호메로스의 《일리아스Illias, Illiad》와 《오디세이아Odysseia》는 항상 붙여 이야기하다 보니 하나의 작품으로 아는 사람이 있다. 심지어 일리아스 와 오디세이아라는 두 사람의 이야기로 아는 사람도 있다. 그러나 《일리아스》는 1만 5693행으로 이루어진 '트로이 성의 노래'이고, 《오디세이아》는 1만 2110행의 '오디세우스의 노래'로, 각각 24권에 수록된 독립된 대서사시다.

[그림 4] 호메로스의 《일리아스》와 《오디세이아》

《일리아스》는 트로이 성을 의미하는 '일리온'에서 유래된 것으로 '일리온의 노래', 즉 트로이 성의 노래라는 뜻이다. 트로이 성을 두고 10년 간 벌어진 그리스와 트로이의 전쟁 중 마지막 약 50일간의 이야기다.

신화 속의 트로이전쟁

트로이는 에게해를 가운데 두고 그리스와 마주 보고 있는 현재의 터

[그림 5] 작자 미상, <바위에 묶인 프로메테우스와 독수리>, 17세기.

키 지역에 위치해 있었다. 이곳은 에게해와 흑해를 연결하는 해협 입구에 위치한 전략적 요충지다. 또한 유럽과 아시아를 잇는 고리로서 유럽으로, 또는 아시아로 진출하려는 세력이라면 반드시 지나야 할 지점이다. 고대의 두 강자, 그리스의 미케네와 소아시아의 트로이가 운명적으로 맞부딪힐 수밖에 없는 지역이었다. 그리고 기원전 1250년경, 바로 이곳에서 유럽과 아시아, 나아가 아프리카를 차지하려는 세계 최초의 세계대전이 벌어졌다. 그것이 바로 트로이전쟁이다.

트로이전쟁은 그리스 신화로 먼저 전해졌다. 신화에서 이야기하는 전쟁의 발단은 이렇다.

바다의 님프 테티스Thetis는 미모가 뛰어났기에, 최고의 신 제우스와 바다의 신 포세이돈을 비롯해 많은 남신男神들이 그녀에게 구애했다. 출세욕과 권력욕이 적지 않았던 그녀 또한 자신의 자식만은 님프가 아니라 신이 되길 바랐고, 그래서 힘 있는 신을 남편으로 맞길 원했다.

그러나 프로메테우스Prometheus의 예언이 문제가 되었다. 그는 절대자 제우스에 불복하여 불손한 예언을 가벼이 입에 옮긴다. "제우스도 할아버지 우라노스와 아버지 크로노스와 똑같은 운명을 맞이할 것"이라고 말이다.

알다시피 프로메테우스는 헤파이스토스Hephaistos의 대장간에서 불씨를 훔쳐 인간에게 전해준 죄로 쇠사슬에 묶여 코카서스 바위산에 매달린다. 사실 그가 인간에게 전해준 불은 지혜였다. 지혜는 신만의 특권이었고, 신 중심의 지배질서를 유지하는 비밀이었다. 그런데 그 비밀을 다른 종족인 인간과 공유했던 것이다.

화가 난 제우스는 그에게 바위산에 묶여 독수리에게 간을 쪼이는 벌을 내리며, 예언의 비밀을 불라고 압박한다. 그러나 매일 독수리에 간을 쪼여 죽었다 다시 살아나 또 쪼이는, 그야말로 가슴이 찢겨나가는 고통을 3만 년 동안 겪으면서도 그는 끝내 입을 열지 않는다. 자신의 계급을 뛰어넘어 약자 편에 서서 지혜를 전파하고, 소신을 지키며 고문을 이겨내며, 그리고 가벼이 천기를 입에 올리는 프로메테우스는 오늘날 지식인의 초상이라고 할 수 있겠다.

> 프로메테우스는 제우스에게 "테티스가 아버지를 능가하는 아들을 낳을 것"이라고 예언한다.

결국 헤라클레스가 나서서 프로메테우스를 구해주자 예언의 비밀을 풀어놓는데, 그것은 "테티스가 아버지를 능가하는 아들을 낳을 것이다"라는 것이었다. 그 말은 테티스에게 구애하는 제우스가 자칫 그녀와 관계하여 아들을 낳으면 그 아들이 아버지인 제우스를 권좌에서 몰아내고 새로운 지도자가 된다는 예언이다. 그래서 '우라노스와 크로노스와 똑같은 운명'에 처한다는 것이다. 포세이돈이 테티스와 아들을 낳아도 결과는 똑같다. 결국 테티스가 신급神級 존재와 결혼하여 아들을 낳으면 그 아들이 제우스를 권좌에서 몰아낸다는 것이다.

화들짝 놀란 제우스는 서둘러 테티스를 인간 펠레우스와 결혼시킨다. 펠레우스의 아들이라면 아버지를 능가한들 인간일 뿐이고, 자신의 적수가 되지는 않을 거라고 판단한 것이다.

님프 처지에 불만을 가져, 신 중에서도 제우스나 포세이돈과 염문을 뿌리며 행복한 선택의 고민을 하던 테티스는 기가 막혔을 것이다. 졸지에 인간과 강제 결혼을 해야 하다니 울고불고 난리법석을 떨었다. 반면 돌싱이었던 펠레우스는 절대 미모의 님프 테티스와의 결혼에 반색했다. 귀가 얇은 데다 잘생긴 외모로 항상 유혹에 시달렸던 그는 사기와 모함도 잘 당해, 그간 추방과 방랑, 감옥살이를 거듭하는 인생을 살았던 것이다. 제우스의 제안은 그에게 불감청고소원不敢請固所願, 감히 청하지는 못하나 바라던 바였다.

제우스는 서둘러 결혼 날짜를 잡았고, 테티스는 마음에도 없는 결혼식이라 남의 일처럼 시큰둥했고, 펠레우스는 허둥지둥했다. 그렇다 보니 모든 신을 초대하면서 불화不和의 여신인 에리스Eris에게만 초대장을 보내지 않았다. 어쩌면 제우스는 두 사람이 다툼 없이 행복하게 살길 바랐기에 굳이 불화의 여신을 초대하고 싶지 않았을지도 모른다. 어쨌든 그 결과, 에리스의 더러운 성질을 건드렸다.

에리스는 불화의 여신답게 '세상에서 가장 아름다운 여신에게'라는 애매모호한 수신처가 붙은 황금 사과를 결혼식장에 두고 나온다.

항상 사과apple가 문제다. 인류 역사에는 몇 차례, 문제가 되는 사과가 등장한다. 이브의 사과, 뉴턴의 사과, 스티브 잡스의 애플, 그리고 또 하

[그림 6] 프랑수아 자비에르 파브르, <파리스의 심판>, 1808.

나가 바로 이 황금 사과이다.

이것은 미끼다. 당연히 미모에 뒤지기 싫은 세 여신이 서로 자신이 황금 사과의 주인이라고 나선다. 제우스의 아내이자 최고의 여신 헤라, 제우스의 정실인 메티스의 무남독녀이자 지혜의 여신 아테나, 그리고 미모라면 뒤질 수 없는 공식적인 미의 여신 아프로디테가 바로 그 세 여신이었다.

세 여신은 당시 인간 중에서 최고의 미남으로 소문난 트로이의 막내 왕자 파리스에게 누가 사과의 주인인지 판단을 맡긴다. 왜 하필 파리스 일까? 최고의 미남이라서? 그보다 어쩌면 파리스가 가장 본능적인 사 람이라서 선택권을 주지 않았을까.

세 후보는 파리스에게 각자 공약을 내건다. 헤라는 부와 권력을, 아 테나는 지혜를, 그리고 아프로디테는 아름다운 여인을 약속한다. 어쩌면 인간이 추구할 인생의 세 가지 목표를 상징하는 공약이다. 그러나 본능에 충실한, 우리의 철딱서니 파리스의 관심은 오로지 아름다운 여자였다. 그는 망설임 없이 아프로디테의 손을 들어준다. 그러자 아프로디테는 약속대로 파리스에게 당대 최고의 미녀 헬레네를 선물한다.

신화는 아프로디테가 트로이 왕자 파리스에게 스파르타 왕비 헬레네를 선물하여 트로이전쟁이 발발했다고 이야기한다.

그런데 헬레네는 이미 스파르타의 왕비, 즉 유부녀였다. 왜 하필 유부녀를?

앞 장에서 이야기했듯 아프로디테는 우라노스의 잘려나간 남근이 바다에 떨어지면서 부글부글 뿜어낸 거품에서 태어났다. 그래서 성적 욕망의 여신이기도 하다. 그녀의 기준에 결혼 유무는 넘어서는 안 될 금기의 선이 되지 않는다. 그저 약속대로 최고의 미인을 선물한 것뿐이다.

이렇게 불화의 여신 에리스의 목적이 실현된다. 트로이의 막내 왕자 파리스와 그리스 스파르타의 왕비 헬레네는 사랑에 빠지고, 사랑의 도피를 한다. 그리스에서는 사랑의 도피가 아니라 헬레네를 납치했다고 주장한다. 이것이 빌미가 되어 신과 영웅과 인간이 총동원되어 10년 동안 서로 죽고 죽이는 트로이전쟁이 일어난다. 이것이 신화가 이야기하는 전쟁의 발단이다.

역사 속의 트로이전쟁

1870년 독일의 아마추어 고고학자 하인리히 슐리만Heinrich Schliemann이 트로이 유적을 발굴할 때까지, 트로이전쟁은 그저 신화 속의 이야기로만 여겨졌다. 그러나 슐리만이 트로이의 위치를 찾은 이후, 20세기 들어 과학적 조사가 이루어지면서 트로이전쟁의 유적으로 추정되는 지층까지 찾아내게 된다. 어쨌든 트로이전쟁이 호메로스의 상상이 만들어낸 신화가 아니라 역사적 사실이라는 것이 확인된 셈이다.

트로이전쟁은 호메로스의 상상이 만들어낸 신화가 아니라 역사적
사실로 확인되었다. 역사 속 트로이전쟁의 실체는 무엇일까?

그러면 역사 속 트로이전쟁의 실체를 추적해보자. 먼저 전쟁의 발발 원인은 무엇이었을까? 신화에서 말하듯 납치혼 때문이었을까?

지층 분석으로 추정해볼 때 트로이전쟁이 발발한 시점은 기원전 1250년경으로 여겨진다. 이때는 후기 청동기 시대가 끝나가는 시점이며, 소아시아 지역 트로이 동쪽 아나톨리아 지역에서 히타이트가 철제 무기로 무장하고 새로운 역사를 열어가는, 철기 시대가 막 시작되는 시점이기도 하다. 이렇게 청동기 시대와 철기 시대가 교체되는 배경에서 전쟁의 원인을 찾아볼 수도 있지 않을까.

청동기 시대 미케네 문명을 꽃피웠던 그리스는 에게해 건너 아나톨리아 지역에서 날아오는 새로운 문명, 히타이트의 철기 문명의 향을 맡기 시작했다. 그 향이 궁금했고 탐났다. 그러나 당시 국력으로 볼 때 그리스가 소아시아 지역을 원정하거나 히타이트를 정복할 형편은 아니었다. 히타이트는 이미 독자적인 제철 기술을 발전시켜 철제 무기로 무장하고 주변국을 휩쓸고 있는 동방의 대제국이었다. 아나톨리아 지역을 근거지로 팔레스타인 지역을 거쳐 이집트 바빌론까지 그 영토를 뻗쳤고, 동으로는 오늘날 이라크의 영토인 메소포타미아 북부 지역에까지 이르렀다.

그런데 그리스가 히타이트의 철기 문명과 교류할 수 있는 길은 에게

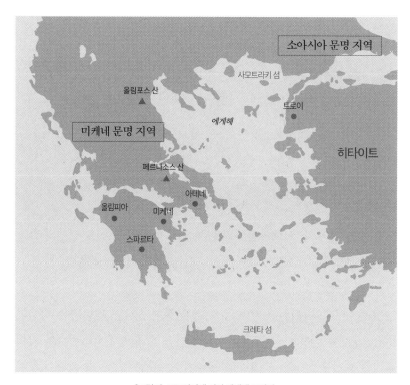

[그림 7] 트로이전쟁 시기 에게해 문명권

해를 배로 건너다니는 방법과 그리스 반도 북쪽 끝으로 올라가서 에게해와 마르마라해를 연결하는 다르다넬스 해협을 건너다니는 방법뿐이었다. 어느 쪽이든 당시로서는 안정적이고 지속적으로 문명을 교류할 수 있는 루트가 아니었다.

그때 트로이 성이 그리스의 눈에 들어왔다. 트로이 성은 다르다넬스 해협 입구에 버티고 있는 전략적 요충지이자 동서 간 문명 교류의 고리와 같은 요지였다. 더욱이 강대국 히타이트의 본토가 아니라 위성국 트로이의 영역이라는 점도 솔깃했다. 이 성을 점령하여 교두보로 삼으면 히타이트의 철기 문명을 제대로 받아들일 수 있지 않을까 생각한 것이다.

그래서 그리스는 트로이 성을 노렸다. 신화에서는 트로이 왕자 파리스가 스파르타 왕비 헬레네를 납치한 것을 전쟁의 원인으로 보고 있다. 호메로스뿐 아니라 페르시아전쟁을 기록한 《역사Historiae》의 저자 헤로 도토스Herodotos도 '납치당한 그리스 여자 한 명'이 전쟁의 발발 원인이 라고 기술했다. 적어도 결벽주의자 헤로도토스라면 구전되어온 진술이 라도 있었기에 자신의 저서에 기록으로 남겼을 것이다. 그러나 당시에 유목민족들 사이에서 횡행하던 납치혼이 10년간 이어진 동서대전의 원인이라고 보기는 어렵다. 헬레네의 납치는 단지 '울고 싶은데 뺨을 때 린 사건'으로 전쟁의 명분에 불과하지 않았을까.

또 신화는 트로이전쟁을 그리스와 트로이, 동서의 대표 선수들이 맞 붙은 전쟁으로, 양국의 내로라하는 영웅들이 총출동하고 신들까지 개 입한 세계대전으로 그리고 있다. 그러나 앞서 살펴보았듯이 그리스는 당대 최강국 히타이트와 맞장뜨는 것을 극도로 꺼리며 핀셋 식 전쟁을 선택했다. 당시 아프리카 전통 강자인 이집트가 히타이트에 맥없이 무 너졌다는 소식 정도는 이미 알고 있었기 때문이다. 그래서 선택한 곳이 트로이 성이었다. 또한 트로이는 동방의 대표 선수도 아니다.

또 트로이전쟁은 앞서 살펴본 대로 그 성격상 10년씩이나 계속되면 서 죽기 아니면 살기로 맞붙을 전쟁도 아니었다. 그리스의 동기와 당시 실력으로 볼 때, 그리스 입장에서 소아시아 지역에 대한 노크의 성격이 강했다. 찔러서 여지가 생기면 교두보로 차지하고, 그렇지 못하면 한 차 례 약탈할 생각이었다. 트로이 고토에서 화염의 흔적과 트로이 성 복구 의 지층이 발견되었다고 하니, 한 차례 원정으로 공성전이 벌어져 트로 이 성이 함락되고 그리스의 약탈이 벌어진 정도가 아니었을까 싶다.

딱 그 정도다. 엄격히 말하면 트로이도 여전히 청동기 시대에 머물고 있었지만, 시대 교체기에 우연히 두 동서 문명이 빗맞은 일회성 마찰이 아니었을까? 쌍방이 서로 잦은 약탈과 납치혼을 반복하다 한 차례 정 규전이 벌어진 정도. 그리스는 트로이 성을 함락했지만 결국 교두보로 확보하지 못하고 약탈에 그쳐야 했고, 트로이는 성이 함락당하고 화염에 휩싸였지만 다시 성을 재건하며 왕조를 추슬러야 했던 전쟁이 아니었을까 싶다.

트로이전쟁, 그 시작은 미약하나

트로이전쟁이 역사 속의 실제 전쟁으로 확인되었지만 전쟁의 발단과 경과, 그 결과는 추측뿐이다. 호메로스의 대서사시 두 편을 통해 트로이전쟁을 추적할 수밖에. 그래서 그리스인 호메로스의 상상대로 당대 모든 신과 영웅, 지혜로운 인간들이 총출동한 최초의 동서 세계대전으로 살펴보고자 한다.

다툼의 시작은 항상 사소하다. 트로이 왕자 파리스가 스파르타 왕비 헬레네를 납치한 것에서 시작된다. 문제는 헬레네의 남편 메넬라오스가 하필 그리스의 맹주 미케네의 왕인 아가멤논의 동생이었던 것이다. 시아주버니 아가멤논은 분노한다. 그러나 그의 속마음은 '잘 걸렸다'였다. 그는 마치 기다렸다는 듯이 그리스 전체에 총동원령을 내려 연합군을 이끌고 트로이로 향한다.

그래서 헬레네의 납치가 사랑의 도피였다는 후세의 주장이 더 설득력 있어 보인다. 이는 당시 트로이의 주장이기도 했다. 이웃 나라에 가서 여인을 납치해와 아내로 삼는 소위 납치혼, 보쌈은 당시는 물론 그 이후까지 오랫동안 횡행했던 일이고, 상호 보복으로 이어질 뿐 이처럼 대규모 전쟁으로 이어지진 않았기 때문이다. 파리스의 헬레네 납치도 그리스인들이 그 이전에 소아시아 여인들을 납치해 간 것에 대한 보복이라는 주장도 있다.

파리스는 트로이 왕 프리아모스의 막내아들이다. 자신의 불장난으

로 번진 전쟁이니만큼 조국을 위해, 아니면 연인 헬레네를 위해서라도 목숨을 걸고 싸워도 부족할 판인데 싸움은 뒷전이고 자신의 투구를 장식하고 광을 내는 데 여념이 없다. 한마디로 철딱서니가 없다.

본격적인 전투에 앞서 당시 관례대로 전쟁 발발의 당사자인 두 사람이 먼저 나선다. 전쟁의 원인이 된 헬레네를 걸고 스파르타 왕 메넬라오스와 파리스가 일대일 대결을 벌이는 것이다. 물론 처음부터 상대가 되지 않는다. 파리스는 몸을 부대끼며 칼싸움하길 두려워해, 멀찌감치 떨어져 화살이나 핑핑 날리고 후방을 기웃거리던 자였다.

그러니 두 사람의 대결은 일방적으로 기울어진다. 안 되겠다 싶었던 파리스는 승부의 규칙을 어기고 죽음을 피해 트로이 진영으로 도망친다. 이를 지켜보던 연인 헬레네조차 돌아가 싸우라고 성 위에서 신경질적으로 소리 지르고, 아버지와 형 헥토르도 이건 아니라며 도망치는 파리스의 이름을 나무라듯 외친다. 그러나 파리스는 형 헥토르의 다리를 붙들고 살려달라며 우는 등 바닥을 드러낸다. 또 그렇게 도망쳐 목숨을 건지고도 그날 밤 헬레네의 처소에 들어가 잠자리까지 요구한다. 그야말로 최악이다.

한편 헬레네는 거의 모든 그리스 폴리스의 왕과 귀족들이 다투어 구혼자로 나서는 바람에 정혼자를 간택하기 전에 페어플레이를 한다는 각서까지 받아낼 정도로 당대 뭇 남성들이 인정하는 최고의 미인이었다. 그리고 미케네 왕 아가멤논의 동생이자 스파르타의 왕인 메넬라오스가 낙점된다. 그는 화려하거나 매력적이지는 않으나 용맹한 사나이로서, 이들은 당시 그리스 최고의 셀럽 커플이 된다.

그런데 이런 헬레네는 스파르타로 도망 온 대책 없고 나약한 남자 파리스와 하룻밤 사고를 치고, 그가 찌질이인 것을 깨닫고도 그리스로 돌아가지 않고 소아시아의 험한 벌판을 운명처럼 함께 떠돈다. 우리 주변에도 이런 찌질이와 미녀 커플의 미스터리가 없지는 않지만, 대체 왜 미녀는 찌질이를 떠나지 못하는 걸까? 모성애 때문일까? 아니면 자신의 선택을 부정하지 않으려는 자존심 때문일까?

어떻든 이렇게 전쟁이 시작되었고, 9년 넘게 우여곡절을 겪으며 지리한 공방이 계속된다. 여기에는 복잡한 사연이 있다. 전쟁이 벌어진 기원전 1250년경, 이 전쟁은 영웅들만의 것이 아니었다. 전쟁의 변곡점마다 신들이 개입했다. 그러나 공정한 심판도 아니고, 선악을 나누어 어느 한 편을 들어준 것도 아니었다. 신들은 인간보다 더 변덕스러웠다. 거기에 신과 인간의 혈연관계와 애증 관계까지 얽혀, 도무지 한 치 앞도 내다볼 수 없는 반전의 연속이었다. 《일리아스》가 시작하는 종전 50일 전까지도 상황은 엎치락뒤치락했다.

> 호메로스의 《일리아스》는 그리스 영웅 아킬레우스의 분노를 노래
> 한 시다.

《일리아스》 서문에서 호메로스는 시의 여신에게 분노憤怒를 노래해 달라고 외치며 시작한다. 《일리아스》는 그리스의 영웅, 아킬레우스의 분노가 왜 일어나는지, 어디로 발전하는지, 어떻게 끝나는지를 그린 기 승결 구조를 보인다. 그러나 호메로스가 정작 노래하고 싶었던 것은 그 분노가 어떻게 일어나 어떻게 사그라지는지가 아니라, 어떻게 승화하 는지였다. 그러므로 우리도 이를 기승전결의 구조로 접근해 살펴보자.

여전히 신의 개입과 변덕이 전쟁을 좌우했지만, 여기서는 트로이전 쟁을 역사적 사실로 보고, 《일리아스》를 그 기록으로만 해석하여 신들 의 출현과 개입을 배제했다.

(기) 아킬레우스의 첫 번째 분노

아킬레우스의 분노가 시작된 발단은 사소하다. 승리를 눈앞에 둔 그 리스 진영에 전염병이 돈다. 이에 전군 지휘관 회의가 열리는데, 여기서 아킬레우스는 전염병이 도는 이유가 아가멤논이 아폴론의 신관 크리 세스의 딸 크리세이스를 돌려주지 않았기 때문이라고 주장한다. 이에 버럭 한 아가멤논은 크리세이스를 돌려줄 테니 아킬레우스도 전리품 인 브리세이스를 내놓으라고 요구한다. 그리고 그것에 다시 화가 난 아 킬레우스는 트로이 전선을 이탈한다.

'내 전리품 돌려줄 테니 네 전리품 내놓아라'라는 아가멤논이나, 전 리품인 여종을 빼앗긴 것에 분노하여 전선을 이탈해버리는 아킬레우 스나 참으로 유치하다. 요즘 애들도 이렇게는 안 싸울 텐데 말이다.

그러나 전리품이 당시 그리스인들의 명예라면? 그리고 아킬레우스에게 브리세이스가 단순한 전리품이 아니라 사랑하는 여인이었다면? 상황은 좀 달라진다.

이때 아킬레우스의 어머니 테티스가 제우스에게 달려가 아들의 명예가 모욕당했다며 울분을 토한다. 테티스? 맞다! 바로 제우스와 포세이돈이 다투어 구애하던 올림포스 절세의 미녀이자, 그녀가 낳는 아이가 아버지를 능가할 것이라는 예언 때문에 인간 남자와 강제로 결혼하게 된 님프. 그리고 그 테티스가 낳은 아들이 바로 아킬레우스였다.

인간 남자와 결혼해 아들을 낳은 테티스는 맹모삼천지교孟母三遷之敎의 맹자 어머니보다는 명문대 보내겠다고 자식들을 학원으로 뺑뺑이 돌리는 강남 엄마 쪽에 더 가까운 행보를 보인다. 님프인 자신의 처지도 불만이었는데, 유한有限한 생명인 인간과 결혼해 인간 아들을 낳을 수밖에 없게 된 그녀는 자신의 아들만은 신처럼 죽지 않는 불사不死의

[그림 9] 앙투안 보렐, <스틱스강에 아킬레우스를 담그는 테티스>, 18세기.

존재로 만들고 싶었던 것이다. 그래서 여섯 아들을 낳는 족족 불사신으로 만들겠다며 불 속으로 집어넣어 다 죽인다. 섬뜩하지 않은가?

아킬레우스는 그녀의 일곱 번째 아들이다. 여섯 번의 시행착오 끝에 불 대신 택한 것이 물이었다. 아킬레우스를 스틱스의 강물에 담근 것도 그녀 나름의 또 다른 불사 의식이었다.

테티스는 "아들이 트로이전쟁에서 죽는다"라는 예언을 듣자 아킬레우스를 병역에서 빼내기 위해 여자로 변신시켜 시녀들 속에 숨기지만, 들통나는 바람에 어쩔 수 없이 아킬레우스는 전쟁에 나서게 된다. 또 "트로이 땅에 처음 발을 디디는 그리스 장수는 죽는다"는 예언을 들은 테티스는 선봉에 선 아킬레우스가 배에서 제일 먼저 내리려 하자, 바다에서 튀어나와 아들 앞을 가로막는다. 그런데 몸까지 던지길 주저하지 않은 테티스의 믿음대로, 아킬레우스 대신 먼저 내린 장수는 정말로 트로이전쟁에서 가장 먼저 죽는다. 대치동 쪽집게 선생의 예언이 이루어진 것 아닌가?

스포일러지만, 결국 아킬레우스는 트로이전쟁에서 죽는다. 역시 예언대로다. 테티스는 품속의 아들을 떠나보내고 나서야, 거들떠보지도 않았던 인간 남편과 함께 바다로 돌아가 여생을 보낸다. 집착을 끊으라고 아무리 말한들 소용이 없다. 집착의 대상이 떠나고 나서야 그때까지 눈에 들어오지도 않았던 소중한 것이 보이기 시작한다. '소중한 건 옆에 있다'는 노래도 있지 않은가.

분노는 사소한 감정에서 시작하여 감정의 언덕을 구르며 눈덩이처럼 불어나 그 처음을 아무도 알지 못한다. 더 큰 분노가 닥칠 때까지.

다시 아킬레우스와 아가멤논의 대립으로 돌아가보자.

아킬레우스는 아가멤논이 브리세이스를 거론하자 욱해서 그를 죽이려고 칼까지 뽑았다가 아테나 여신의 만류로 겨우 칼을 거둔다. 또 아가멤논은 아킬레우스가 다시 전선으로 돌아왔을 때 브리세이스를 돌려주며 굳이 "그녀에게 손 하나 대지 않았다"고 맹세까지 한다.

사실《그리스 로마 신화》최고 막장 가문의 장자인 아가멤논의 맹세는 신뢰하기 힘들지만, 아킬레우스의 분노나 아가멤논의 구차한 변명과 맹세를 보면, 브리세이스는 단순히 아킬레우스의 전리품이 아니라 그의 말대로 '내 영혼 깊은 곳으로부터 사랑하는 여성, 아내와 같은 존재'였는지 모른다. 그럼에도 아킬레우스와 아가멤논의 갈등은 발단부터 표출, 풀어내는 방식까지 모두 바라보기조차 민망하다.

《일리아스》의 주제인 분노, 아킬레우스의 첫 번째 분노는 이런 '사소한 감정'에서 시작한다. 항상 큰일은 사소한 갈등에서 시작하여 감정의 언덕을 구르며 스스로 눈덩이처럼 불어난다. 결국 분노는 분노를 낳아 그 처음을 아무도 알지 못한다. 더 큰 분노가 덮칠 때까지.

(승) 분노는 분노를 낳고

아킬레우스의 전선 이탈로 성안까지 몰렸던 트로이는 저항에서 벗어나 맹공을 퍼부으며 그리스를 바닷가까지 밀어낸다. 그제야 정신을 차린 아가멤논이 오디세우스를 보내 아킬레우스와 화해를 요청하지만 아킬레우스는 요지부동이다.

그러자 트로이 왕세자 헥토르가 이끄는 트로이군이 항구에 정박한 그리스 함선까지 쳐들어와서 불을 지른다. 그리스 장수들은 하나둘 부상을 당하고, 절체절명의 위기 상황. 더 이상 개인적 분노에 사로잡혀 조국 그리스의 위기를 외면할 수 없었던 아킬레우스는 친구이자 핵심 참모인 파트로클로스를 대신 출정하게 한다. 스스로 나서지 않는 것을 보면 아직 뒤끝이 남아 있다는 거다. 원래 남녀 문제로 얽힌 갈등은 이토록 질기고 찌질한 법이다.

> 아킬레우스의 찌질함이 친구를 죽음으로 내몰며 분노는 새로운 전기를 맞는다.

파트로클로스는 아킬레우스의 갑옷을 입고, 그의 마차를 타고 전선의 선두에 나선다. 아킬레우스가 돌아왔다고 생각하고 겁에 질린 트로이 병사들은 싸우지도 않고 도망가고, 전세는 한순간에 역전한다. 도망가는 병사들을 추스르지 못해 엉거주춤하던 헥토르와 트로이 병사들을 뒤쫓던 파트로클로스가 마침내 마주한 일대일 상황, 헥토르도 아킬레우스와의 대결은 무리라 생각하여 피하려는데, 파트로클로스는 한 방에 전세를 끝내려고 달려든다.

항상 이럴 때를 조심해야 한다. 돌아서는 사람의 뒤를 치지 마라. 자존심을 건드리면 그가 어떻게 변할지 모른다. 돌아서는 사람을 붙잡지도 마라. 말없이 돌아서는 데는 다 이유가 있다. 부끄러워하는 사람은 확인하려 하지 말고 내버려두라. 스스로에게도 마찬가지다. 렛 잇 비Let it be.

애초에 아킬레우스는 갑옷과 마차를 내주면서 파트로클로스에게 트로이군을 몰아낼 뿐 절대 공격하지는 말라고 신신당부했다. 아킬레우스도 안다, 파트로클로스는 헥토르의 상대가 못 된다는 것을. 선수는 선수를 알아본다. 그것이 예禮다. 나를 알고 상대를 알면 예가 생긴다. 그것을 벗어나면 화禍를 입는다. 결국 파트로클로스는 헥토르의 창에 찔려 죽는다.

> 선수는 선수를 알아본다. 그것이 예다. 나를 알고 상대를 알면 예가 생긴다.

자신의 분노가 친구 파트로클로스를 죽였다고 생각한 아킬레우스는 자책으로 통곡한다. 아니, 자책보다는 부끄러움 때문이 아닐까. 인간은 내면의 부끄러움을 감출 외부의 대상을 항상 가지고 있으며, 그 대상을 공격함으로써 부끄러움을 덮는다. 부끄러움이 밖으로 튀어나오려고 꿈틀거릴수록 공격의 강도도 커진다. 그는 복수를 맹세한다. 자신의 부끄러움을 꼭꼭 숨기기 위해서라도 분노를 더 키워야 한다.

이렇게 불타오른 더 큰 분노는 한순간에 '사소한' 분노 따위 덮어버린다. 아가멤논에 대한 분노는 헥토르로 향한다. 이렇게 아킬레우스의 분노는 새로운 전환을 맞는다.

(전) 분노는 복수로 해소될까?

아킬레우스는 어머니 테티스가 준비해준 새로운 갑옷을 맞춰 입고 다시 전선의 선두에 선다. 그는 자신을 대신해 죽은 친구의 복수를 위해 천하무적으로 변신한다. 누구도 그의 앞에 나서려 하지 않고, 신들의 방해나 후원도 그의 분노를 잠재우지 못했다.

트로이 왕 프리아모스는 전군에게 성안으로 퇴각하도록 명했다. 그러나 아킬레우스는 이미 성 앞에 이르렀다. 그 앞에는 헥토르만 지키고 섰다. 그는 아킬레우스와 싸워 이길 수 없다는 것을 잘 안다. 그의 부모도 싸움을 피하고 성안으로 어서 들어오라고 눈물로 호소한다. 그러나 헥토르는 자신과 함께 싸우다 죽은 장병들을 생각하며 일신의 안위보다 떳떳한 죽음을 불사한다.

호메로스는 제우스의 입을 빌려 헥토르도, 아킬레우스도 "가엾다"며 혀를 찬다.

헥토르는 프리아모스의 장남으로, 트로이의 왕세자이다. 그 역시 아킬레우스와 마찬가지로 트로이전쟁에서 죽을 운명임을 알았지만, 조국을 지키겠다는 사명감으로 참전했다. 사실 그는 트로이의 수호자였다. 프리아모스에게 자랑스러운 아들이었고, 형제들은 물론 납치당해 온 헬레네에게도 유일하게 기댈 수 있는 시아주버님이었으며, 트로이 병사들에겐 기꺼이 목숨을 바칠 수 있는 영웅이었다. 호메로스도 헥토르를 다룰 때는 유독 조심스럽게 서술한다.

헥토르는 전투력에서 아킬레우스의 상대가 못 된다. 누가 뭐래도 아킬레우스는 트로이전쟁 최고의 전력을 지니고 있다. 트로이를 편드는 신들까지 나섰으나 헥토르의 운명을 구할 수는 없었다. 헥토르가 마지막 승부수를 던지지만 노련한 아킬레우스는 기다렸다는 듯이 헥토르의 목에 창을 꽂는다. 헥토르가 숨을 헐떡이며 시신만은 트로이로 돌려보내달라고 부탁하지만, 친구를 잃은 분노에 사로잡힌 아킬레우스는

[그림 10] 피터 폴 루벤스, <헥토르를 공격하는 아킬레우스>, 1630-1635 추정.

자비를 베풀 생각이 조금도 없다.

헥토르가 말한다. "이제야 그대를 제대로 알 것 같군." 죽음을 앞둔 그는 자신과 닮은 한 영웅의 운명이 눈앞에 떠오른 것이다. 그러자 아킬레우스가 담담하게 답한다. "나도 내 운명을 아네."

동서를 대표하는 두 영웅은 죽음을 앞에 두고 서로를, 서로의 운명을 함께 마주한다. 상대의 비극적 운명을 보는 것도 힘들지만, 자신의 비극적 운명을 스스로 알고 있다는 것도 마음 아픈 일이다. 그래서 아킬레우스의 어머니 테티스는 그토록 불사 의식에 집착했던 걸까.

아킬레우스는 헥토르의 갑옷을 벗긴 뒤 그를 전차 뒤에 매달고 성 앞을 내달렸다. 성 위에서 이를 지켜보는 연로한 프리아모스 왕 부부는 기가 막힌다. 신들도 아킬레우스의 분노를 막지 못해, 겨우 헥토르 시신의 훼손만 막을 뿐이었다.

아가멤논에게 향했던 아킬레우스의 첫 번째 분노는 헥토르를 향한 더 큰 분노로 덮였다. 헥토르를 향한 두 번째 분노는 시신까지 욕보이는 복수로 해소하는 듯했으나 복수의 끝에는 승자가 없는 법. 분노는 타고 나면 재만 남는 불이다. 아킬레우스는 헥토르를 전차에 매달고 울부짖으며 친구 파트로클로스에게 복수를 알린다. 그러면서 자신의 분노도 태운다.

호메로스는 제우스의 입을 빌려 시신이 훼손당하는 헥토르도, 아킬레우스도 모두 "가엽다"며 혀를 찬다. 복수라는 것이 이렇게 허망한 것임을 그 순간에는 결코 알지 못한다.

(결)《일리아스》의 분노가 아킬레우스의 눈물에 씻기다

아킬레우스의 이 복수를 끝으로 이야기를 마무리하기가 아쉬웠던 것일까. 늦은 밤 프리아모스는 늙은 마부만 대동해서 죽음을 무릅쓰고 그리스 진영으로 아킬레우스를 찾아간다. 신의 도움으로 아킬레우스의 막사에서 마주한 두 장수. 프리아모스는 망설이지 않고 아킬레우스 앞에 무릎을 꿇고 자신의 아들을 죽인 그의 손에 입을 맞춘다. 그리고 "고향에서 당신의 무사 귀향만을 빌고 있을 아버지를 생각해서 죽은 자식의 시신만이라도 수습하려는 내 마음을 이해해달라"라고 하소연한다.

그 말에 아킬레우스는 눈물을 흘린다. 《일리아스》는 분노가 복수로 해소되는 것이 아니라 눈물로 지워진다는 말을 뒤에 남기고 싶었던 것이다. 아킬레우스는 발아래 무릎 꿇은 늙은 프리아모스를 내려다보며 고향에 있을 아버지의 마음을 읽고, 죽은 파트로클로스에 대한 복수로 타올랐던 분노를 흐르는 눈물로 씻었다.

그는 프리아모스를 일으켜 세우고 막사를 나가 헥토르의 시신을 트로이 성으로 함께 돌려보낸다. 그리고 12일간 휴전을 선언해 트로이 사람들에게 헥토르의 죽음을 충분히 슬퍼할 수 있는 시간을 준다. 《일리아스》도 영웅 헥토르를 노래하는 것으로 끝난다.

"일리온은 영웅에게 예의를 갖추었다. 그래서 위대한 헥토르의 영혼도 편히 잠들었다"라고.

《일리아스》 이후 트로이전쟁

《일리아스》는 이렇게 끝맺지만, 트로이전쟁에는 한 편의 신화가 더 필요했다. 《오디세이아》의 주인공 오디세우스가 기획했다는 트로이 목마 신화가 그것이다.

헥토르가 죽은 후 며칠이 지나지 않아 아킬레우스는 어이없게 죽음을 맞는다. 찌질이 왕자 파리스가 쏜 독화살이 아킬레우스의 발뒤꿈치에 꽂힌 것이다. 아킬레스건이라고 부르는 위치, 어머니 테티스가 불사 의식으로 아킬레우스를 스틱스 강물에 담글 때 잡았던, 그래서 강물에 젖지 않았던 그 발목에 독화살을 맞고 결국 아킬레우스는 예언대로 트로이전쟁에서 숨을 거둔다.

양 진영의 대표 장수들이 죽자 다시 지루한 공성전이 이어졌다. 이때 그리스의 꾀돌이, 오디세우스가 나서 30명의 특공대를 조직한다. 그리고 전쟁의 여신 아테나에게 바치는 대규모 제사의 상징물로 거대한 목마를 만들어 그 안에 숨어든다. 그리스군은 트로이 성 앞에서 제사를 지내고 목마를 남기고 철수한다. 트로이군은 완전한 승리를 자축하고자 기념물로 그리스군의 목마를 성안으로 가져가고, 그날 밤 목마에 숨어 있던 특공대가 나와 성문을 열고, 잠복해 있던 그리스군이 쳐들어오면서 마침내 10년간 계속된 트로이전쟁은 종지부를 찍는다.

이 이야기는 그야말로 '믿거나 말거나'다. 트로이 목마는 《일리아스》에는 등장하지도 않는다. 다음에 소개될 《오디세이아》에도 자세한 이

[그림 11] 조반니 도메니코 티에폴로, <트로이 성내로 끌려 들어가는 트로이 목마>, 1760.

야기 없이 대화 과정에서 에피소드로 살짝 거론될 뿐이다. 다만 소실된 다른 대서사시에 소개된다는 이야기만 전해져, 신화로 남았다. 그러나 지금도 그 실체의 단서를 찾기 위해 소아시아 벌판을 헤집고 다니는 아마추어 고고학자들이 있다.

03

청동기 시대 오디세이
- 호메로스 《오디세이아》

귀향

한창때는 잊고 살았는데 나이가 들면서 자주, 문득 고향
에 가고 싶다. 어릴 때 잠깐 살았을 뿐, 이제 거기에는 부
모님도 안 계시고, 옛 친구도 남아 있지 않고, 특별한 추
억도 없는데.

어느 시인의 말대로 그립다는 것은 이미 그 가슴에 상처
가 깊어진 것이다. 사는 데 지쳐 훈장처럼 난 상처들을
토닥이고 싶은 마음에 문득 고향이 그리운 것이다. 그래
서 나이가 들면 고향은 찾아가야 할 어딘가에 있는 것이
아니라, 이미 마음속에서 커가고 있다.

《오디세이아》는 트로이전쟁에 참전했던 오디세우스가 고향 이타카로 돌아가는 과정을 그린 노래다. 《일리아스》의 주제가 아킬레우스의 분노였다면, 《오디세이아》의 주제는 오디세우스의 귀향歸鄕이다. 《일리아스》가 트로이전쟁의 마지막 50일, 아킬레우스의 분노를 시간의 흐름에 따라 기승전결로 풀어냈다면, 《오디세이아》는 오디세우스의 10년에 걸친 귀향길 중 마지막 40일 동안을 현재와 과거의 회상에서 다시 현재로, 시간과 공간을 넘나들며 그려낸 것이다.

흔들리는 귀향

첫 1~4권은 오디세우스가 떠난 뒤 홀로된 아내 페넬로페와 그녀를 유혹하는 주변 귀족들의 이야기로 시작한다. 주인공 오디세우스는 5권째가 되어서야 등장한다.

전쟁이 끝나 다른 그리스 용사들은 모두 돌아왔는데 오디세우스에게서는 연락조차 없다. 귀족들은 그가 이미 죽었다며 페넬로페에게 더욱 노골적으로 접근한다. 한둘도 아니고 백 명이 넘는다고 《오디세이아》는 기록하고 있다. 그리스 남자들의 정열도 대단하지만, 페넬로페의 아름다움이 그 열정을 자극했을 것이다. 사실 페넬로페는 트로이전쟁의 원인이 되었던 그리스 최고의 미인 헬레네의 사촌이다. 그 집안의 유전자를 타고났으니 그녀의 미모도 나라를 위태롭게 할 경국지색傾國之色이 아니었을까.

페넬로페는 먼저 시아버지의 수의를 짜야 한다며 수의 마련이 끝나면 정혼자를 선택하겠다고 미룬다. 그러면서 낮에는 수의를 짜고 밤이 되면 짠 베를 다시 풀기를 반복한다. 밤낮없이 일해도 끝나지 않는 일을 가리켜 '페넬로페 베 짜기'라는 말이 여기에서 나왔다.

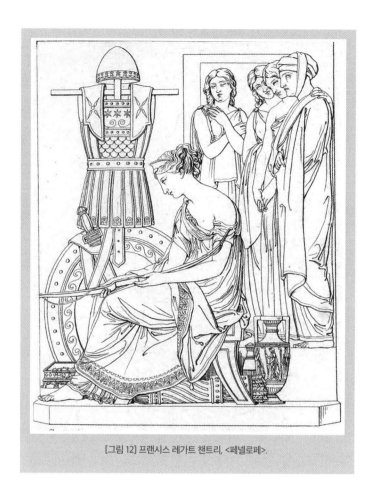

[그림 12] 프랜시스 레가트 챈트리, <페넬로페>.

어쨌든 노골적인 구혼에 대한 그녀의 태도는 단호하다기보다 좀 구차하다. 주저하고 망설인다는 느낌이어서, 비집고 들어갈 여지가 없지는 않아 보인다. 적어도 정열적인 그리스 구혼자들에게 포기하지 않고 집적댈 명분을 준다. 하긴 전쟁까지 포함하면 벌써 20년이니. 이렇게 주인이 비운 사이 오디세우스의 이타카 궁은 주변의 음탕한 귀족들이 제집처럼 활개를 치고, 여주인마저 흔들리니 이를 눈치챈 시녀들까지 위아래 없이 방탕하다.

> 오디세우스의 귀향 이야기는 고향 이타카와 아내 페넬로페의 불안
> 한 모습으로 시작된다.

한 남자의 귀향 이야기의 서두는 이렇게 시작된다. 마침내 돌아가야 할 고향 이타카, 그토록 그리워하는 아내 페넬로페의 근황부터 불안하게 그려낸다. 《일리아스》가 이후 역사서에 영향을 끼친 데 반해 《오디세이아》가 후대 문학작품에 다양한 모티브를 제공했다는 평가는 이런 형식과 복선도 하나의 이유일 것이다.

한 남자의 귀향 이야기를 출발지에서부터 시작하지 않고 그가 돌아가야 할 도착지에서 시작한다. 그곳은 그가 기대하는 귀향의 동인動因이자 안식처가 아닌, 긴장과 갈등의 불씨를 피워 이후 작품 전개에 연막을 치는 배경으로 그려진다. 오디세우스가 고향 이타카에 도착했을 때 과연 아내 페넬로페는 당당히(?) 그를 맞이할 수 있을까? 아니, 페넬로페는 이타카 궁에 남아 있을까? 24권 내내 독자의 궁금증을 들었다 놓았다 하려는 호메로스의 밑밥이 1~4권에 깔려 있다.

지혜로운 자, 오디세우스

오디세우스, 그는 누구인가? 신들은 《그리스 로마 신화》에서 '가장 지혜로운 자'로 그를 평한다. 《오디세이아》를 제대로 감상하기 위해서는 먼저 그가 누구인지 알아봐야 한다.

처음에는 오디세우스도 당대 최고의 미녀 헬레네에게 마음이 있었다. 그러나 수많은 구혼자와 비교하여 경쟁력이 떨어진다는 것을 스스로 깨닫고, 차선으로 그녀의 사촌 페넬로페에게 접근한다.

1. 본능에 충실하면서도 자신의 처지에 맞게 욕심을 조절할 줄 아는 지혜

오디세우스의 미덕은 당시의 신과 영웅들답게 본능에 충실하지만, 망가지기 전에 자신의 처지에 맞게 욕심을 조절할 줄 안다는 것이다. 그래서 마인드 콘트롤이 되는, 당시로서는 매우 독특한 인간이다. 그래서 그는 지혜로운 자라는 명예를 얻는다. 그러나 귀향길 10년 내내 의심과 질투로 가슴 조이게 될 줄은 몰랐다. 제 발등을 찍은 첫 번째 지혜.

페넬로페를 아내로 얻기 위해 오디세우스는 그녀의 큰아버지인 헬레네의 아버지 문제를 풀어주어야 했다. 즉 헬레네의 수많은 구혼자 중 선택받지 못한 자들의 보복을 두려워한 그의 고민을 해결해야 했다. 그것이 페넬로페를 얻는 조건이었다. 그래서 지혜로운 그는 헬레네의 정혼자를 결정하기에 앞서 모든 구혼자에게 '누가 헬레네의 남편이 되더라도 그 권리를 인정하고 그 부부를 지켜주겠다'는 서약부터 받아내라는 해결책을 제시한다. 기막힌 묘수.

2. 얽힌 실타래를 단칼에 풀어내는 묘수를 짤 줄 아는 지혜

이로써 그는 페넬로페를 얻는다. 그러나 나중에 헬레네 납치 사건이 터지자 '헬레네 부부를 지켜주겠다'는 이 서약이 근거가 되어 그리스 전 폴리스의 모든 구혼자에게 총동원령이 내려지고, 그 역시 참전의 화근이 된다. 제 발등을 찍은 두 번째 지혜다.

결혼하여 아들도 낳고, 예쁜 아내와 알콩달콩 신혼생활을 보내지만, 1년 만에 트로이전쟁이 터지고 그도 참전을 요구받는다. 사실 오디세우스는 헬레네의 구혼자가 아니었고, 그 후보로서 서약하지도 않았기 때문에 참전 의무는 없다. 그러나 그의 지혜를 눈여겨보았던 헬레네의 남편 메넬라오스의 요청을 거절하기도 어려웠다. 그래서 지혜로운 오디세우스는 당나귀가 끄는 쟁기로 밭을 갈고 소금까지 뿌리며 미치광이 행세를 한다. 세계 최초의 병역기피자가 아닐런지.

그러나 그의 잔머리를 눈치챈 메넬라오스의 사촌이 쟁기 앞에 슬쩍 오디세우스의 아들을 내려놓자, 그는 깜짝 놀라 쟁기를 옆으로 피한다. 그렇게 코스프레가 들통나는 바람에 오디세우스는 하는 수 없이 이를 빠득빠득 갈면서 전선에 끌려나간다. 그리고 전쟁에 나가 그 메넬라오스의 사촌을 모함하여 사지로 몰아넣는다. 잔머리를 굴리는 자답게 꽁한 데가 있다.

3. 현실을 회피했으나 일단 현실로 복귀하면 누구보다 발 빠르게 현실에 적응하는 지혜

그는 병역을 기피했으나 일단 동원되자 연합군 지도자 아가멤논의 일등 책사로 활약한다. 발 빠른 현실 적응 능력, 지혜로운 자다운 처신이다. 그는 용맹이 뛰어나거나 무술에 능하지도 못하고 체구마저 왜소한 터라 전선이 아닌 막사에서 전쟁의 승패를 좌우하는 책략에 관여한다. 그 첫 번째 임무가 바로 아킬레우스를 참전시키는 일이다.

아킬레우스가 전쟁에 나가면 반드시 죽는다는 예언 때문에 극성스러운 어머니 테티스는 그를 여자로 변장시켜 시녀들 틈에 숨겨두었다. 당대 최고의 화력 아킬레우스도 사실은 병역기피자였다니. 그는 오디세우스에 이은 두 번째 병역기피자이다.

4. 여신의 마법도 풀어내는 간특한 지혜

여신의 술수이니 누구도 그를 찾아내지 못한다. 그때 지혜로운 오디세우스가 시녀들 앞에 나가 투구와 칼을 던진다. 모든 시녀가 놀라 피하지만 아킬레우스는 본능적으로 그 투구와 칼을 자연스럽게 손에 잡는다. 논리적으로 밝혀낼 수 없을 때는 본능을 자극해 스스로 드러나게 하는 간특한 지혜다.

아킬레우스가 참전한 뒤 아가멤논에게 삐져서 전선을 이탈했을 때에도 그를 설득하러 간 자는 지혜로운 자, 오디세우스다. 아킬레우스가 끝내 전선 복귀를 거부하자 그의 친구이자 핵심 측근인 파트로클로스를 움직이는 쿠션을 넣는다. 결국 파트로클로스는 아킬레우스를 대신하여 전선에 나섰다가 죽음에 이르고, 이에 분노한 아킬레우스는 스스로 전선의 선두에 나선다. 이 전체 시나리오를 기획한 것 역시 오디세우스라는 설이 있다. 목적과 수단의 순서가 바뀌며 기획의 정당성이 왜곡된다. 지혜가 위험해지기 시작한다.

5. 목적을 위해 수단을 가리지 않는 위험한 지혜

아킬레우스는 예언대로 전쟁 막바지에 트로이 왕자 파리스가 쏜 아폴론의 화살에 발뒤꿈치를 맞고 죽는다. 헬레네를 납치하여 트로이전쟁을 일으키더니, 불사조라 불리는 전사 아킬레우스까지 화살 하나로 쓰러뜨린 파리스는 그야말로 《그리스 로마 신화》의 대표 트러블 메이커가 아닐 수 없다. 아이돌 뺨치는 꽃미남 스타, 하는 짓마다 관종이다.

6. 사람의 마음을 읽고 행동을 끌어내는, 경지를 넘어선 지혜

아킬레우스가 죽자 그리스는 트로이 성을 끝내 함락하지 못한 채 공방을 계속한다. 이때 그 유명한 트로이 목마를 기획하여 트로이 성을 무너뜨리고 트로이전쟁을 끝낸 자가 오디세우스다. 몇 수 앞까지 내다보는 지략의 경지가 지혜를 넘어섰다.

이상한 나라의 오디세우스

오디세우스는 병역을 기피하기 위해 미친 척할 만큼 비겁하고, 잔머리를 굴려 아킬레우스의 유품인 투구를 빼앗아 입고도 주특기인 도망을 제대로 못 할 만큼 허약한 자였다. 그러나 위와 같은 그의 지혜로움 때문일까? 이어지는 모험의 주인공으로 발탁된다.

《오디세이아》 24권 중 5~12권은 호메로스 편 '이상한 나라의 오디세우스'다. 오디세우스가 트로이에서 출발하여 고향 이타카까지 10년 동안 경험하는 열한 번의 모험을 담고 있다. 모험 가득한 긴 여정을 뜻하는 '오디세이Odyssey'라는 말도 여기서 유래한 것이다. 각 모험마다 오디세우스의 잔머리와 냉혈함이 지혜로 빛을 발하며, 타고난 역마살이 그 수명을 다할 때마다 그답지 않은 귀소歸巢 본능을 발동하여 신들까지 속인다. 감동한 신들의 배려를 받아 마침내 귀향으로 끝을 맺는다는 옴니버스 구조다.

먼저 지혜로운 오디세우스.

그가 세 번째 이상한 나라의 동굴에 갇혔을 때를 보자. 거기에는 눈이 하나뿐인 폴리페모스Polyphemos라는 식인 괴물이 살고 있었다. 그는 큰 바위로 입구를 막아, 음식을 구하러 동굴에 들어온 오디세우스 일행을 가둬두고 매일 두 명씩 잡아먹기 시작했다. 괴물을 칼로 찔러 죽일 수도 있지만 그가 죽으면 동굴을 막고 있는 큰 바위를 치울 수 없게 되어, 영영 갇힐 수밖에 없다. 이때 오디세우스는 꾀를 낸다. 폴리페모스에게 포도주를 먹여 곯아떨어지게 한 다음 특공대를 조직해 그의 눈을 날카로운 말뚝으로 찔러 장님을 만든다. 그 후 그가 스스로 큰 바위를 치우고 동굴을 뛰쳐나갈 때 가축들 틈에 숨어 탈출한다. 그의 잔머리는 식인 괴물과 싸워 이기는 것이 아니라 동굴에서 탈출해야 하는 목표에 맞춰져 있기 때문에 지혜로 빛나는 것이다.

다음은 철없는 호기심쟁이 오디세우스.

그가 키르케 섬을 떠나 세이레네스 섬을 지날 때다. 세이레네스Seirens의 노래에는 불가사의한 힘이 있어, 그 노래를 들은 모든 사람은

[그림 13] 존 윌리엄 워터하우스, <오디세우스와 사이렌>, 1891.

유혹에 못 이겨 스스로 물에 빠져 죽는다.

오디세우스는 부하들에게 밀랍으로 귀를 막고 노를 젓게 한다. 그러나 정작 본인은 그 노래를 한번 들어보기 위해 돛대에 자신의 몸을 묶게 한다. 인생에서 유혹이란 피하는 것이 아니라 이겨내는 것이라고 호기豪氣를 부린다. 용기가 있다기보다는 오히려 잔꾀 많은 비열한 자에 가까운 그가 부릴 호기는 아니다. 그래서 그의 호기는 호기好奇에 더 가깝다. 호메로스가 오디세우스를 서사시의 주인공으로 발탁한 이유는 사실 그가 지혜로운 자여서가 아니라 이렇게 철없는 호기심을 지닌 자였기 때문인지도 모른다.

> 호메로스가 오디세우스를 주인공으로 발탁한 이유는
> 지혜로운 자여서가 아니라 그의 철없는 호기심 때문일지도 모른다.

그러나 노랫소리가 들리자마자 밧줄을 풀어달라고 호통치고 애원까지 하는 오디세우스. 안타깝게도 이렇게 오디세우스가 돛대에 묶여 괴로워하며 울부짖는 모습이 명화名畵로 우리에게 전해진다. 그러나 밀랍으로 귀를 막은 부하들 귀에는 정작 그의 울부짖음이 전해지지 않는다. 어쨌든 그렇게 유혹을 이겨내고 섬을 통과한다.

한편 세이레네스는 자신의 노래를 오디세우스가 무시했다는 치욕감을 견디지 못하고 스스로 물에 뛰어든다. 그리고 3천 년이나 훌쩍 지나, 1971년 미국 시애틀에서 아라비카 원두 판매점 간판에 그 모습을 다시 드러낸다. 소설《모비딕》의 일등 항해사 스타벅Starbuck의 이름과 함께.

[그림 14] 스타벅스 로고에 그려진 세이레네스

마지막으로 냉혈한 오디세우스.

괴물 스킬라Skylla와 카립디스Charybdis가 양편에 도사리고 있는 해협을 지날 때다. 한쪽은 뱀같이 긴 목을 가진 개 형상의 머리 여섯 개가 3중 이빨로 지나가는 사람들을 잡아먹는 스킬라, 다른 한쪽에는 영원히 채워지지 않는 허기를 달래려 하루에 세 번 바닷물을 들이켰다 토해내며 지나가는 배를 집어삼키는 카립디스. 이 무시무시한 해협을 통과해야 하는 오디세우스는 스킬라 쪽을 택한다. 왜? 카립디스의 구토질로 배가 뒤집혀 다 죽을 수는 없다. 그래서 해협을 지나는 동안 여섯 명의 부하가 스킬라의 3중 이빨에 물어뜯기는 쪽을 택한 것이다.

리더는 항상 선택을 하는 자다. 리더는 대를 위해 소를 희생할 줄 알아야 한다. 그러나 오디세우스는 자신의 목숨을 위해서 부하를 희생시키기도 한다. 그에게 대의는 오직 자신이고, 자신이 살아서 귀향하는 것뿐이다. 사실 리더는 그런 자다.

나쁜 남자, 오디세우스

그런데 오디세우스는 다들 며칠, 혹은 몇 달이면 오는 길을 어떻게 10년씩이나 걸려 돌아왔을까? 기이한 괴물들을 만나 시련을 겪고 그때마다 온갖 꾀를 짜내느라 10년이나 걸린 것인가? 그러나 열한 번의 모험에서 죽음의 고비를 넘기는 시련만 있었던 것은 아닌 듯싶다. 그렇다면 그는 10년의 기간을 도대체 어떻게 보냈을까? 그것이 알고 싶다.

먼저 오디세우스가 장기 체류한 지역부터 살펴보자. 그는 10년 중 키르케 섬에서 1년, 그리고 칼립소 섬에서 7년을 머물었다. 먼저 거기부터 가봐야겠다.

> 오디세우스는 귀향길 10년 중 무려 8년을 두 섬에서 보낸다. 귀향할 의지도 없이.

키르케 섬에서 그는 마녀 키르케와 1년을 함께 지내며 아들까지 낳는다. 그리고 부하를 다 잃고 혼자 간 칼립소의 섬에서는 무려 7년이나 머문다. 또 칼립소로부터 불사신으로 만들어줄 테니 영원히 함께 살자는 제안까지 받는다. 이 두 섬에서 귀향길 10년 중 무려 8년을 보낸 것이다. 그 8년 동안 키르케와 칼립소로부터 엄청난 유혹을 받은 것도 사실이지만, 또 서둘러 귀향하려는 의지도 보이지 않는다. 이 정도면 귀향을 포기한 게 아닐까? 왜 그랬을까? 그 이유를 알아보자.

키르케의 섬에 머물 때 그는 그녀의 도움을 받아 저승을 방문한다. 그리고 거기에서 먼저 죽은 아가멤논을 만난다. 아가멤논은 오디세우스를 보자마자 이승에서의 마지막 날 밤의 이야기를 털어놓는다. 그 이야기는 오디세우스의 마음 깊은 곳에 오래전부터 불안하게 감추어져 있던 불씨에 확 불을 질렀다.

아가멤논은 트로이전쟁을 승리로 이끌고 영웅이 되어 10년 만에 조국 미케네로 금의환향한다. 그러나 그를 기다리는 것은 사랑하는 아내와 아들, 딸과의 행복한 만찬이 아니라, 정부情夫 아이기스토스와 한편이 되어 만찬 전에 욕실로 유혹해 그를 내리치는 아내 클리타임네스트라Klytaimnestra의 도끼였다.

아가멤논은 상상력이 풍부한 오디세우스에게 자신의 비극을 속삭이며 '여자를 믿지 말라'고 못다 한 유언처럼 말한다. 그러면서 '아내에게 모든 걸 다 털어놓지 말라'는 동서고금 남자들의 생활수칙까지 귀띔한다. 지혜로운 자는 기본적으로 귀가 얇다. 더욱이 이런 생생한 경험담은 간담을 서늘케 할 만큼 사무친다.

이후 오랜 타지 생활을 끝내고 귀향하는 남자는 모두 오디세우스가 된다. '나는 아가멤논과 다르다'고 자기 위로를 하면서도 욕실 뒤에 나타나는 아내와 그 정부의 실루엣에, 귀향길 내내 밤새 뒤척인다. 아가멤논의 운명이 남의 일 같지 않다. 그런 불안한 심리에 나타난 키르케와 칼립소의 유혹은 충분히 매혹적이었을 것이다. 갈등의 숲과 유혹의 늪을 헤쳐 나오기에 8년의 시간은 오히려 짧았을지 모른다.

그런데 오디세우스는 왜 키르케와 아들을 버리고, 칼립소의 불사신

제안까지 뿌리치며 굳이 돌아가겠다고 했을까? 8년 동안 퇴화했던 귀소 본능이 갑자기 되살아난 걸까? 아가멤논의 경고를 무시할 만큼 아내 페넬로페에 대한 믿음이 새로 생긴 걸까?

그러나 그는 아가멤논의 말에 따라 자신의 귀향을 아내에게만은 철저하게 비밀에 부친다. 심지어 신분을 숨긴 채 페넬로페가 벌인 재혼남

[그림 15] 휴버트 마우러, <오디세우스와 키르케>, 1785년경.

선발 오디션에 참가하여 다른 구혼자들을 물리치고 최종 승리자로 그녀 앞에 나설 때까지. 그러고도 그는 페넬로페를 믿지 않고 마지막 순간까지 의심하고 시험했다. 그러니 아내에 대해 없던 확신이 생겨났기 때문에 귀향한 것은 아니다. 그의 귀향 의지에 감동하여 눈물 흘린 신들까지 감쪽같이 속였다.

오디세우스는 누구인가? 그는 타고난 역마살 때문에 《오디세이아》의 주인공이 되었다. 20년 만에 해후한 아내 페넬로페와 고향 이타카에서 조용히 여생을 보내지 않고, 얼마 못 가 다시 고향을 떠나 여러 나라를 방랑한다. 그 여정에서 또 다른 여자들을 만나고, 결혼하고, 아들을 낳는다. 그리고 그들을 남겨둔 채 또 떠났다. 그는 체질적으로 한 지역에 뿌리를 내리고 가족과 여생을 보낼 위인이 못 되는 것이다.

결론적으로 오디세우스는 잔머리가 비상한 데다 호기심이 많아 모험을 즐기고, 문약하여 미인의 보호 본능을 자극하면서도 역마살이 돋아 어느 날 훌쩍 그녀 곁을 떠나버리는, '나쁜 남자'의 원형이 아닐까.

트로이전쟁, 그 이후

청동기 시대 마지막 전쟁, 트로이전쟁은 그리스의 승리로 끝을 맺지만, 전쟁에 참여한 트로이는 물론 그리스의 영웅들까지 모두 불행한 운명을 맞는다. 트로이전쟁을 통해 점점 그 수가 불어 통제 불능에 가까워진 영웅들을 한 방에 정리하려 했던 가이아의 뒤틀린 심보가 에게해 양안을 적셨다.

트로이전쟁으로 그리스와 트로이의 영웅들은 역사의 무대에서 사라지고, 새로운 시대의 주인공이 등장했다.

아가멤논은 전쟁을 승리로 이끌고 의기양양하게 미케네 왕궁으로 귀향했지만, 그날 밤에 10년 동안 복수의 칼날을 갈며 기다렸던 아내 클리타임네스트라의 도끼질 한 방에 저승으로 날아간다. 이 비극적인 막장 드라마는 다음 장에서 다룰 그리스 3대 비극 작가 중 한 명인 아이스킬로스의 《오레스테이아Oresteial》에서 실연實演된다.

최고사령관 아킬레우스는 출정 전에 이미 트로이전쟁에서 전사할 것이라는 예언을 받았다. 결국 전쟁 막판에 파리스가 쏜 독화살에 어이없게 쓰러진다. 그리고 아킬레우스의 갑옷을 물려받으려던 이인자 아이아스는 오디세우스의 잔머리에 놀아나 갑옷을 뺏기고 만다. 그 갑옷은 대장장이의 신 헤파이스토스의 작품이며, 트로이전쟁 최고 영웅에게 돌아가야 할 것이었다. 결국 그는 화를 끝내 참지 못하고 전쟁 중에 자결한다.

그리스 책사 오디세우스는 자신의 역마살 탓이긴 하나, 전쟁이 끝나고도 10년 동안 에게해를 떠돈다. 고향에 가서도 정착하지 못하고 여생을 방랑으로 끝을 맺는다. 스파르타 왕 메넬라오스 역시 승리하여 아내 헬레네를 되찾고도, 아내를 내버려둔 채 평생을 방랑길에 나선다. 그렇게 트로이전쟁은 두 사람에게 정착이라는 따뜻한 아랫목을 끝내 허용하지 않았다.

전쟁에서 패한 트로이도 상황은 마찬가지다. 아킬레우스에게 목숨을 잃은 헥토르는 시신이 수레에 묶인 채 트로이 성 주변을 질질 끌려다녀야 했다. 헥토르의 아버지이자 트로이의 마지막 왕인 프리아모스도 끝까지 항전하다 아킬레우스의 아들 네오프톨레모스에게 잔인하게 살해당한다. 프리아모스의 막내아들 파리스도 아킬레우스를 독화살로 잡은 후 건들거리다가, 히드라의 독이 묻은 헤라클레스의 화살을 맞고 끔찍한 고통 속에 온몸을 비틀며 숨을 거둔다.

인과因果다. 아킬레우스가 헥토르를 죽이고, 파리스가 아킬레우스를 죽이고, 네오프톨레모스가 프리아모스를 죽이고…. 두 가문은 대를 이어 피로써 복수한다. 그러나 당대의 전통에 따라 네오프톨레모스는 헥토르의 아내 안드로마케를 첩으로 맞아 12명의 자식을 얻어 아킬레우스의 대를 잇는다. 둘 사이에서 나온 자식들의 후손에서 알렉산드로스 대왕과 피로스 1세가 나온다. 그렇게 아킬레우스는 영원히 전장을 떠돈다. 업보業報다.

트로이전쟁이 청동기 시대 마지막 전쟁이라 한 것은 시기적인 까닭도 있으나, 한 시대의 영웅들이 한꺼번에 역사의 무대에서 사라졌기 때문이기도 하다. 그리고 다음 시대를 열 주인공이 또 이 전쟁에서 나타난다. 그는 바로 트로이 명장 아이네이아스Aeneas이다. 《일리아스》에 트로이가 멸망한 이후 트로이를 재건할 새로운 리더로 예언된 자다.

아이네이아스는 트로이 성이 무너질 때 그리스에 항전하다 마지막에 겨우 성을 빠져나온 후 예언대로 잔존세력을 규합하여 트로이 성을 재건한다. 실제로 유적지를 조사한 결과 트로이 성이 불탄 후 재건한 흔적들이 발견되었다. 물론 그 주체가 아이네이아스와 그 세력들인지는 확인할 길이 없지만.

어쨌든 아이네이아스는 이후 트로이를 떠나 새로운 땅을 찾아 나선다. 그는 신들의 섬 크레타를 지나며 오디세우스 못지않은 모험을 겪고, 또 그리스를 피해 북아프리카 연안으로 이동하며 오늘날의 튀니지인 카르타고 왕국에서 오디세우스 부럽지 않은 로맨스도 즐긴다. 그리고 시칠리아섬을 거쳐 로마가 있는 라티움 지방에 정착한다.

거기서 아이네이아스는 라티움 왕 라티누스의 신임을 얻어 공주와 결혼하고, 왕국도 인계받아 자신의 왕국을 새로 세운다. 그리고 마침내 라틴족으로 새로운 삶을 시작한다. '라틴'은 바로 라티누스 왕의 이름에서 따온 것이다.

그런데 천 년이 지난 후 로마제국의 초대 황제에 오른 아우구스투스가 베르길리우스에게 《아이네이스Aeneis》를 짓게 한다. 이 로마판 용비어천가에서 아이네이아스가 고대 로마왕국의 시조로 부활한 것이다. 뜬금없다. 노력형 천재 베르길리우스도 민망했는지 눈을 감기 전에 탈고가 덜 끝난 《아이네이스》를 불태우라고 유언한다. 그러나 굳이 아우구스투스가 미완 원고를 공식 발행하여 오늘에 전했다.

사실 아이네이아스가 세웠다는 나라와 고대 로마왕국을 연결 짓는 것은 무리다. 하물며 로마제국과는 더 맞지 않는다. 그러나 여기에 그치지 않고 《아이네이스》는 아이네이아스가 율리우스 가문의 시조이고, 그 가문이 율리우스 카이사르까지 이른다고 주장한다. 아우구스투스 황제가 또 카이사르의 외조카이니, 로마의 시조인 아이네이아스의 피가 자신에까지 흐르고 있다는 주장을 편다. 아이네이아스 아들의 별명이 이울루스Iulus인데, 거기서 율리우스Iulius가 나왔다는 것이다. 그러니 아이네이아스가 율리우스 가문의 시조라는 근거부터 황당하다.

왜 아우구스투스는 이렇게 무리하면서까지 로마제국과 가문의 시조로 아이네이아스를 내세울까? 정녕 뿌리를 원했다면 고대 로마왕국의 전설적인 영웅이자 라틴족의 조상인 라티누스 왕을 내세울 법한데, 굳이 멀리 외지 트로이에서 굴러온 이방인을 불러왔을까?

이러한 의문은 로마인들이 그리스보다 트로이를 자신의 뿌리로 삼고 싶어 했다는 이유 외에 설명할 길이 없다. 그렇다면 로마인은 왜 그리스가 아니라 트로이를 자신의 뿌리로 삼으려 했을까? 아우구스투스 시대에 이미 로마제국은 트로이 지역을 자신의 영토 안으로 넣었다. 그런데 왜 정복지를 자신의 출발지로 삼았을까? 역사는 그리스에서 로마로 이동하는데, 로마인은 트로이에서 시작한다? 역사와 당시 사람들의 생각 차이가 아닐까?

어쨌든 트로이전쟁은 수많은 영웅을 역사의 무대에서 퇴장시키며 한 시대의 막을 내렸다. 그리고 새로운 영웅들의 출현을 기다리며 새 시대의 막을 조심스럽게 들추고, 아이네이아스라는 인물을 찾아내 역사의 무대를 그리스에서 로마로 조금씩 이동시키기 시작했다.

04

아테네 민주정과 그리스 비극

- 그리스 3대 비극작가

운명

어느덧 지난날을 돌아보는 나이가 되었다. 그렇게 되돌아본 거기에는 오르락내리락하는 굴곡도 있고, 좌충우돌하며 그렸던 갈지자도 있다. 죽고 못 살았던 사람들이 잊히고, 밤잠 설치며 가슴 졸였던 일들이 기억나지 않는다. 몹시도 원망하고 미워했던 이의 안부가 이제는 궁금하다. 다시 생각하면 다 내가 지은 대로 받는 게 운명이 아닌가 싶다. 이제라도 "소리에 놀라지 않는 사자처럼, 그물에 걸리지 않은 바람처럼, 진흙에 더럽혀지지 않은 연꽃처럼" 그렇게 살고 싶다. 그래서 이제부터는 소리도 없고, 그물도 없고, 진흙도 없는 인연을 지으며 살고 싶다.

역사의 중심은 아테네로

트로이전쟁 이후 그리스로 갈 시간이다.

전쟁 후 그리스 반도에는 권력 공백 상태가 나타난다. 혹자들은 청동기 시대 말에 나타난 가뭄, 질병, 홍수 등 계속된 자연재해로 반도의 기본적인 사회질서가 붕괴된 것에서 그 이유를 찾는다. 그러나 전쟁의 후유증 또한 컸다. 트로이전쟁의 주역이었던 미케네와 스파르타가 기원전 1100년경 북쪽 대륙에서 내려온 도리아인들에 의해 정복된다.

트로이전쟁 이후 그리스의 중심은 미케네에서 아테네로 이동한다.

우리가 아는 스파르타는 이후 도리아인이 세운 동명이족同名異族의 국가다. 당시 도리아인의 침략에 살아남은 폴리스는 아테네가 유일하다. 그래서 그리스 반도에는 도리아인이 차지한 펠로폰네소스 반도의 스파르타와, 미케네 문명을 일으킨 초기 그리스인 아카이아계가 지켜낸 아테네, 두 폴리스가 맹주가 된다. 이제 역사의 중심은 미케네에서 아테네로 옮겨간다.

아테네는 기원전 6세기 솔론의 개혁으로 다른 폴리스와 달리 민주정이 시작된다. 솔론의 개혁은 노예와 다름없는 처지로 내몰린 시민들과 그들의 동요에 위기의식을 느낀 귀족 간 타협의 산물이었다. 솔론은 그 중개를 위해 추대된 지도자였다. 그의 개혁은 귀족 출신으로서 한계가 있었으나, 그가 검손하게 표현한 대로 '봉합과 조정'만은 아니었다. 오늘날의 의회와 같은 민회가 중심이 되어 모든 시민이 참여하는 직접민주주의를 제시했다.

[그림 16] 솔론

그것은 시대적 한계와 당시 계급 간 역관계로 완벽하지는 않았으나, 가히 혁명적이었다. 그러나 독자적인 힘으로 뒷받침되지 않은 개혁안은 결국 양 계급 모두로부터 거부당했다. 귀족들은 같은 귀족 출신인 솔론에게 뒤통수를 맞았다고 생각했고, 시민들은 솔론에게 더 많은 것을 기대했다. 결국 솔론은 아테네를 떠나야 했지만 그가 제안한 개혁의 정신은 그대로 남아 아테네 민주정의 골격을 이루었다.

한편 솔론의 출현은 그의 의도와 달리 아테네 민주정의 기형아를 낳았다. 그 첫째가 포퓰리스트다. 그들은 시민의 대변자로 자처하며 나서 그들의 입맛에 맞는 구호를 외치며 권력을 추구하는 인간들이다. 때로 시민의 인기를 얻어 지배자, 참주에 오르며 아테네 민주정을 위협하기까지 했다.

두 번째는 이런 참주의 출현을 막기 위해 도입한 도편추방제도다. 도자기 조각에 독재자가 될 위험한 인물을 적어내 10년간 국외로 추방하는 제도다. 그러나 이 제도는 정적을 제거하는 수단으로 변질되었고, 기득권자들이 개혁적 지도자들을 모함하여 숙청하는 데 활용되었다.

아테네의 민주정은 당시로는 과격했고, 지금에서 보면 당연히 불완전했다. 참정권을 가진 것은 성인 남성으로 제한되었으며, 그래서 비판의 대상에 오르기도 한다. 그러나 기원전 5~6세기경에 모든 시민을 독립적인 인격체로 전제하고 접근했다는 것만으로도 충분히 평가할 만한 시스템이다. 그래서 세계 최강 페르시아제국과 세 차례 전쟁에서 매번 우왕좌왕 좌충우돌하면서도 최후의 승자가 되고, 발언권을 가진 약 3만 명의 시민들이 시도 때도 없이 광장에 모여 떠들어대면서도 서방 최초로 에게해의 지배자 자리에 오를 수 있었다.

민주정은 아테네인의 '피와 땀'을 담을 수 있는 유일한 그릇이었다.

투키디데스Thukydides는 《펠로폰네소스 전쟁사》에서 해양 제국으로 성장한 아테네가 펠로폰네소스전쟁에서 스파르타에 참패를 당하며 그리스의 패권을 잃고 민주정까지 유린당한 이유가 바로 불완전한 민주정 때문이라고 비판했다. 그러나 스파르타에 의해 참주정이 강제 이식되지만 그들은 단 1년 만에 민주정을 회복했고, 알렉산드로스의 마케도니아 왕국에 점령당하고도 민주정을 지켜냈다. 로마의 숙주가 되면서 아테네의 정치체제가 그 수명을 다할 때까지, 그들은 끝까지 민주정을 유지했다. 민주정은 페리클레스의 웅변대로 아테네인의 '피와 땀Blood and Toil'을 담을 수 있는 유일한 그릇이었는지 모른다.

주신 디오니소스와 그리스 비극

그리스 비극은 봄에 나온 새 술을 디오니소스Dionysos에게 바치는 디오니소스 대축제 기간 중 아크로폴리스 신전에 딸린 디오니소스 극장

[그림 17] 디오니소스

에서 상연되었다. 이렇게 그리스 비극은 디오니소스로 시작해서 디오니소스로 끝나는, 디오니소스와 뗄 수 없는 관계다.

디오니소스는 포도의 신, 포도주의 신, 주신酒神이다. 제우스와 인간 세멜레 사이에서 태어난다. 세멜레는 제우스의 아내 헤라의 질투를 받아서 그녀의 꾐에 넘어가 인간으로서 드러내서는 안 될 호기심을 보여 죽음에 이른다. 디오니소스는 어미 없이 제우스의 허벅지에서 산달을 채우고 태어나 신이 된다.

홀로 자라게 된 디오니소스는 허구한 날 좋아하는 포도 넝쿨 아래서 뒹군다. 그러다 우연히 맛본 달콤한 포도주에 빠져든다. 그의 스승인 실레노스 또한 항상 고주망태로 술에 취해 사는 지혜로운 노인이다. 성룡에게 취권을 전수하던 소화자처럼. 성룡이 무림의 고수가 되듯 디오니소스는 주신으로 무럭무럭 자란다. 이런 환경에서 주신이자 욕망과 광란의 신 디오니소스가 탄생한다. 그런 그에게 새 술을 바치는 대축제

기간에 그리스 비극이 공연된다.

그리스 비극은 기원전 5세기에 전성기를 이룬다. 그 배경에 페이시스트라토스Peisistratos라는 포퓰리스트가 있다. 그는 아테네 귀족 출신이면서도 '민중'을 입에 달고 살았다. 권력을 잡기 위해서라면 누구와도 손잡을 수 있고, 지지를 얻기 위해서라면 무엇이든 퍼줄 준비가 되어 있는 인물이었다. 그러나 두 번에 걸쳐 계략으로 집권하고서도 매번 귀족들에게 축출당하자 마지막에는 무력을 동원해 쿠데타로 권력을 탈취한다.

그에게는 권력이 정치 공학적 계략이자, 필요하다면 무력으로도 탈취할 수 있는 대상에 불과했다. 또 민중 역시 자신의 권력욕을 채울 수단이자 대상에 불과했다. 그는 친서민 정책과 선동으로 인기를 끌어모아 집권한 뒤 친위세력을 앞세워 민주정을 폐하고 스스로 참주에 오른다. 아테네 민주정의 전형적인 기형아다.

이런 자가 위험하다. 민주주의는 서민을 짓밟는 반민주주의자보다 친서민 정책을 펼치는 포퓰리스트에 의해 더욱 왜곡된다. 민주주의의 역주행. 민주주의는 시혜 대상이 아니다. 인민의 각성과 비판과 투쟁으로 수호되고 발전할 뿐이다. 자칭, 타칭 어떤 민주주의로 포장하든 인민의 이성을 마비시키려는 시도를 한다면 그는 가짜다. 페이시스트라토스가 디오니소스 대축제 기간에 열리는 비극 공연에 경연제를 도입한 것처럼.

그러나 이 오디션을 통해 그리스 3대 비극 작가인 아이스킬로스, 소포클레스, 에우리피데스가 출현한다.

아이스킬로스의 《오레스테이아》 3부작,
누가 그녀에게 돌을 던질 수 있을까?

아이스킬로스는 페이시스트라토스가 만든 오디션에서 무려 13회나 우승한 스타다. 그가 오디션 스타에 등극할 수 있었던 것은 독재자의 오디션 의도에 가장 충실했기 때문이 아닐까 싶다.

어느 독재자든 시민이 정치와 권력에 관심 두길 원하지 않는다. 그래서 다른 곳으로 눈을 돌리게 한다. 스포츠Sports, 스크린Screen, 섹스Sex의 3S처럼. 시민이 열광하고 푹 빠질, 디오니소스 대축제도 그 하나다.

그러나 3일간 밤낮없이 부어라 마셔라 하며 뿜어져 나오는 광기가 되려 위험하다고 느꼈을까. 이 광기가 엉뚱한 방향으로 틀어지기 전에 사전 정화淨化, Catharsis가 필요했다. 그리고 집단적 정화와 아테네 시민

[그림 18] 피에르 나르시스 게랭, <클리타임네스트라와 아가멤논>, 1817.

의 '위 아 더 월드We are the world'를 가져오기에는 그리스 비극이 딱이었다. 그것을 더 극적으로 만들기 위해 경연제까지 도입한 것이다.

비극의 공포는 시민의 광기를 잠재우고, 어쩔 수 없는 운명이 가혹할수록 시민은 현실에 만족한다. 그래! 더욱 운명적으로, 보다 비극스럽게 경쟁시키자. 오디션 기획자의 의도가 딱 맞아떨어진다.

《오레스테이아Oresteia》는 아가멤논의 아들 오레스테스의 이야기다. 클리타임네스트라가 연인과 짜고 남편 아가멤논을 죽이자 아들이 그 복수로 어머니를 죽인다는 막장 드라마. 예나 지금이나 소시민들이 쉽게 빠져드는.

아가멤논 가문은 《그리스 로마 신화》에 나오는 대표적인 양대 막장 가문 중 하나다. 오레스테스의 고조부인 탄탈로스로부터 그 전통은 시작된다. 탄탈로스는 제우스와 자연 정령 플루토 사이에서 태어나 신들의 사랑을 독차지했다. 그것이 오만을 낳았다. 결국 집으로 초대해 막내아들 펠롭스를 죽

[그림 19] 아가멤논

여 그 고기로 국을 끓여 대접했다. 아침 드라마는 물론이고, 어느 막장과 비교해도 출발부터가 차원이 다르다.

신들은 격노했다. 탄탈로스는 가이아의 자궁인 지옥 타르타로스로 추방되고, 그의 후손들에게는 피비린내 나는 골육상쟁을 벌이게 될 거라는 저주를 내린다. 그 저주는 증손자 아가멤논에 꽂힌다. 아가멤논은 사촌과 조카를 사촌의 아내가 보는 앞에서 비참하게 죽이고, 그 피범벅 위에서 그녀를 겁탈하고 아내로 삼는다. 그녀가 바로 클리타임네스트라다. 이 정도면 호러 장르로 분류해야 할 정도다.

전남편과 아들을 살해한 자와 한집에 사는 그녀, 보통 여자였다면 미

쳤을 거다. 그러나 아가멤논과의 사이에서 2녀 1남을 두게 되자 자식들만 생각하며 겨우 목숨을 이어간다. 그런데 여기서 끝나지 않는다. 아가멤논은 그녀에게 큰딸을 아킬레우스와 결혼시킨다며 데려가고는, 트로이전쟁에서 신의 노여움을 풀기 위한 제물로 바친다.

큰딸은 "아직은 햇빛을 보는 게 더 달콤하다"고, 클리타임네스트라는 "그러고도 당신의 무사 귀환을 기도해주길 바랄 수 있겠느냐"며 애원하고 협박하지만, 그는 결국 딸을 제단에 올린다. 결국 돌아버린 그녀는 10년 만에 전쟁터에서 돌아온 아가멤논을 도끼로 쳐 죽인다.

과거를 모른다면 정부와 짜고 남편을 죽인 요부妖婦라 하겠지만, 아가멤논의 광기에 돌아버린 그녀의 10년을 이해한다면 과연 탓할 수 있겠는가? 저승에서 만난 오디세우스에게 분통을 터뜨리며 "여자를 믿지 말라"는 아가멤논의 하소연에 누가 공감할까? 클리타임네스트라에게 누가 돌팔매질을 할 수 있을까?

막장의 유일한 문학적 장치는 악인도 악행할 최소한의 근거를 깔아둔다는 것이고, 이는 고금동서가 동일하다.

《오레스테이아》는 그녀를 어머니로 둔 오레스테스와 누이 엘렉트라가 주인공이다. 오레스테스는 어머니의 과거를 알지 못했나? 아버지 아가멤논의 광기를 어떻게 이해했을까? 아버지가 가족들을 속이고 큰누나를 신의 제물로 바친 것에 배반감을 느끼지 않았나? 어머니 클리타임네스트라의 잃어버린 10년에 공감하지 못했나? 이런 의문들이 쏟아진다.

그래서일까? 클리타임네스트라는 아들에게 마지막으로 호소하고, 오레스테스는 잠시 갈등한다. 그러나 탄탈로스의 오만이 빚은 저주는 5대에 걸쳐 골육상쟁을 불렀고, 마침내 오레스테스가 어머니를 죽이는 것으로 클라이맥스를 맞는다.

아이스킬로스의 비극은 복수의 막장으로 치닫다가 마지막에는 극적
화해로 마무리한다.

어머니를 죽인 오레스테스는 스스로에게 말하듯 '당신이 당신을 죽
인 것'이라며 두려움과 괴로움에서 벗어나려 소리친다. 비겁하다. 스스
로 옳고 그름을 판단하지 못하고 상황에 이끌려 행동하는 자들이 내뱉
는 마지막 변명이다. 어떠한 이유든, 누구에게든 자식이 어머니를 죽인
다는 상황을 받아들이기는 힘들다. 비극은 주인공의 슬픔이 깊을수록
시민이 흥분한다는 속성을 최대한 활용한다.

이후 오레스테스는 신들의 재판에 회부되어 가까스로 무죄로 방면
되며, 가문의 저주도 풀린다. 그러나 신도, 작가도, 관객도 오레스테스
에게 내린 관용을 클리타임네스트라에게는 내리지 않았다. 복수의 인
과에 대한 편파적인 반응이다. 그래서 이후 작가들은 클리타임네스트
라의 변명에 귀를 기울이고, 신화의 스토리를 달리 구성한다.

이렇게 가족 간에 죽고 죽이며 막장으로 치닫던 아이스킬로스의 비
극은 마지막에 이르러 극적인 화해로 마무리한다. 오디션을 기획한 위
정자의 의도를 교묘하게 간파한 배려이자 무려 13회나 우승한 자다운
노회한 마무리다.

소포클레스의《오이디푸스 왕》,
이 세상 누구도 행복하다고 노래하지 마라

디오니소스 대축제의 비극 오디션은 계속되고 그 인기는 절정에 오
른다. 그러나 초기 아이스킬로스의 비극은 시들해지고 예술적 순도를
높인 절대 비극이 시민들에게 호응을 얻는다. 그래서 그리스 3대 비극

작가 중 최고로 손꼽히는 것은 소포클레스다.

 그 역시 오디션 18회 우승자다. 그는 위정자의 구미에 맞추느라 섣부르게, 느닷없는 화해 모드로 연극을 끝내지 않는다. 어쩔 수 없는 가혹한 운명에 맞서 싸우다 비참하게 쓰러져가는 인간의 무력감을 드러내는 것만으로는 더 이상 성공할 수 없다는 것을 알게 되었다. 스스로의 선택으로 비록 무대에서는 죽지만 관객의 마음에서 부활하는, 한 발 더 객석으로 다가가는 정화 과정을 그려낼 때 절대 비극이 완성된다는 걸 눈치챘다. 그 대표작이 바로《오이디푸스 왕》이다.

[그림 20] 귀스타브 모로,
〈오이디푸스와 스핑크스〉, 1864.

프로이트는 어린 남자아이가 어머니를 독차지하려고 아버지를 경쟁 상대로 느끼는 감정을 오이디푸스 콤플렉스라고 명명했다.

테바이의 왕 라이오스는 아내 이오카스테와 오래도록 자식을 갖지 못하자 델포이 신탁을 찾는다. 신탁은 그에게 "네가 얻게 될 아들은 장차 아버지를 죽이고 어머니와 결혼하게 될 것"이라고 예언한다. 참으로 잔인하다. 그리고 얼마 되지 않아 이오카스테는 아들 오이디푸스를 낳는다. 이렇게 태어나기도 전부터 가혹한 운명이 그를 기다리고 있다. 어쩔 수 없는 운명이 비극의 모티브가 되는 것이 초기 비극과의 차별점이다.

오이디푸스의 비극은 우리의 인생이 그렇듯 우연의 연속이다. 오이디푸스는 자신을 키워준 부모가 양부모인 줄 모르고, 자신이 아버지를 죽인다는 신탁의 예언을 듣자 그 운명에서 벗어나기 위해 스스로 떠난다. 그렇게 떠난 여행길에서 우연히 시작된 싸움으로 사람을 죽이게 되는데, 그 상대가 바로 친아버지인 라이오스다. 도망칠 수 없는 예언, 운명이다.

졸지에 왕을 잃은 테바이는 사람을 잡아먹는 스핑크스를 퇴치하는 자에게 왕의 자리와 왕비를 주겠다고 공표한다. 이때 우연히 스핑크스를 만난 오이디푸스가 그가 낸 수수께끼 두 개를 다 풀자 스핑크스는 분에 못 이겨 자살한다. 그래서 오이디푸스는 테바이의 왕에 오르고, 어머니 이오카스테를 아내로 얻는다. 그렇게 피하고 싶었던 신탁은 모조리 실현된다.

그리고 이 가슴 저미는 사실을 오직 관객들만 알고 있다. "아이고 이를 우야노?" 극장 이곳저곳에서 절로 추임새가 터져 나온다.

그러나 비극은 지금부터다. 이제 당사자들이 이 기막힌 운명을 확인할 차례. 이전의 비극들과 달리 관객은 다 아는데 정작 무대 위 주인공들은 모르는 운명, 그 진실을 확인하는 현대의 드라마 같은 이 전개가 바로 소포클레스가 그리스 비극의 완성자로 평가되는 이유이다. 아리스토텔레스가《오이디푸스 왕》을 비극의 전형이라고 했던 이유이기도 하다. 배우 황정민이 열연했던 연극 〈오이디푸스〉도 여기서부터 시작한다.

작가는 오이디푸스 스스로가 현재의 문제를 해결하기 위해 과거의 사건을 하나씩 역추적하고, 그럴 때마다 조금씩 자신의 정체를 확인해 가는 구조로 이야기를 풀어나간다. 오이디푸스도, 이오카스테도 천천히 드러나는 사실들을 힘겹게 부인하지만, 드러날 진실을 불안해한다.

부정할 수 없는 진실들이 속절없이 하나하나 고개를 들면서, 그때마다 주인공들은 서서히 가라앉는다. 주인공과 함께 비극은 심연 속으로 빠져들고, 몰입한 관객들의 감정도 바닥으로 치닫는다. 마침내 이오카스테가 목을 매 자살하고, 오이디푸스는 아내이자 어머니의 브로치로 두 눈을 찌른다. 관객들은 두 눈을 질끈 감으며 자신의 목을 확인한다. 살아 있음에 안도의 숨을 쉰다.

오이디푸스는 왜 자신의 눈을 찌를까? 그는 두 눈을 갖고서도 진실을 보지 못한 것을 자책한다. 아버지를 알아보지 못해 죽이고, 어머니를 알아보지 못해 아내로 맞이한 스스로의 두 눈을 저주하고, 내면의 진실을 보지 못한 어리석음을 도려내고 싶었던 것이다.

그러나 작가도 관객도 추방당하는 그를 미워하거나 책임을 묻지 않는다. 아니, 우리는 그의 비극을 함께 슬퍼한다. 운명은 의도적인 행위가 아니라 사소한 실수에서 시작된다는 것을 알기 때문이다.

연극 〈오이디푸스〉에서는 눈이 먼 황정민이 터벅터벅 객석 속으로 들어오며 엔딩을 맞는다. 당연히 추방을 표현하는 것만은 아니다. 두 눈을 잃고서야 비로소 보이는 새로운 세상을 찾아 나서는 것을 표현하고 싶었을 것이다. 이제 모두가 하나 되는 대화해의 결말은 관제管制스럽고 괜스레 쑥스러운 감정이다. 그저 각자에게 다가오는 감정들을 조용히 받아들이는 것으로 족하다. 비극은 이렇게 개별화하며 내면화된다.

그리스 비극은 "사람의 몸으로 태어난 이는 운명으로 정해진 마지막 날까지 옷깃을 여미어라. 어떤 괴로움 없이 삶의 저편에 이르기 전까지는 이 세상 누구도 행복하다고 노래하지 말라"라는 코러스의 노래로 조용히 막을 내린다.

에우리피데스의 《메데이아》, 너무 서툰 사랑 이야기

소포클레스가 전형적인 그리스 비극의 정점을 찍었다면 뒤이어 등단한 에우리피데스는 이제 새로운 변화를 모색한다. 신과 영웅에게서 눈을 돌려 인간의 목소리에 귀 기울이고, 종교와 정치적 규범에서 벗어나 사실적이고 합리적인 논리 구조를 취한다. 당대에는 소포클레스만큼 인기를 얻지 못했지만, 근대에 와서 그의 비극은 다시 주목받는다. 그의 대표작은 그리스 신화의 대표적 마녀 《메데이아Media》 이야기다. 메데이아의 미친 사랑과 이아손의 배신.

이올코스의 왕 크레테우스가 죽자 펠리아스는 적법한 왕위 계승자인 아이손을 쫓아내고 왕권을 빼앗는다. 이아손은 바로 그 밀려난 아이손이 유배지에서 낳은 아들이다. 장성한 이아손은 아버지를 대신해 왕위를 되찾기 위해 펠리아스를 찾아간다. 그는 이아손에게 잠들지 않는 용이 지키고 있는 콜키스의 황금 양털을 가져오면 왕위를 돌려주겠다고 말한다. 물론 이는 돌려주지 않겠다는 심보. 그러나 주인공 이아손은 이 조건을 받는다.

이아손은 지금의 동유럽 그루지아 서쪽에 위치한 콜키스에 황금 양털을 찾으러 갈 특공대를 조직하는데, 그리스 신화의 웬만한 영웅들이

[그림 21] 로렌조 코스타, <아르고호>, 1500.

다 동참한다. 헤라클레스가 뛰어들고, 트로이전쟁 최고의 영웅 아킬레우스의 아버지, 2인자인 아이아스의 아버지, 제우스의 쌍둥이 아들까지 막강 용병들이 아르고호에 승선한다. 그 유명한 아르고호 원정대의 결성. 애니메이션이나 게임의 스토리로도 손색 없는, 〈어벤저스〉의 그리스 신화 버전이 아닐까?

그러나 콜키스 왕은 마법사다. 영웅들도 풀기 어려운 과제를 던진다. 이때 콜키스의 공주 메데이아가 등장한다. 이아손에게 첫눈에 반한 그녀는 아버지가 걸어놓은 마법을 풀어 과제를 대신 해결해주고, 잠들지 않는 용도 잠재워 황금 양털을 얻게 도와준다. 그리고 이아손과 함께 아르고호에 승선한다. 서울에서 잠깐 놀러 온 빼질이 머스마에 반해서 시골 깡촌을 탈출하려고 야간 기차에 무작정 올라타는 순둥이 가스나처럼.

그러나 황금 양털을 뺏긴 콜키스 왕이 아르고호를 추격한다. 위기의 순간, 메데이아는 놀랍게도 인질로 끌고 온 남동생을 죽여 사지를 갈기갈기 찢어 바다로 던진다. 왕은 어쩔 수 없이 추격을 포기하고 자식의 시신을 거둔다. 콜키스를 벗어나게 되었지만 한편으로 메데이아의 행동에 '이건 뭐지?' 당황하는 이아손.

황금 양털을 가지고 펠리아스를 찾아가지만, 예상대로 그는 왕위를 내주지 않는다. 이때 다시 메데이아가 나선다. 그녀는 아버지를 회춘시켜주겠다고 펠리아스의 딸들을 유혹하고, 마법을 걸어 거짓 시연을 보인다. 이에 속은 딸들은 아버지를 죽여 잘게 썰어 솥에 넣고 약초와 함께 삶는다. 그러나 늙은 숫양이 어린 양으로 바뀌었던 마법은 펠리아스에게는 일어나지 않는다. 결과적으로 자식들이 아버지를 죽여 시신을 토막 내고, 솥에 삶는 상상하기조차 힘든 패륜을 저지르도록 만든 것이다.

왕권 회복은커녕 이아손과 메데이아는 추방된다. 부모의 원수를 갚았지만, 조국 이올코스의 왕위를 되찾지 못하고 이웃 나라로 피신해야 하는 이아손은 메데이아를 바라보며 '이건 아닌데…?' 뭔가 잘못 엮인 듯 기분이 더럽다.

에우리피데스의 《메데이아》는 여기에서부터 시작한다. 메데이아는 남편 이아손을 위해 아버지도 버리고 남동생도 죽였다. 또 시아버지의 원수를 갚기 위해 천륜과 인륜을 모두 무시했다. 그리고 사랑하는 남편과의 사이에 두 아들을 낳고 너무 행복하다.

그러나 이아손은 메데이아가 부담스럽다. 그녀의 집착이 무섭다. 그녀의 사랑에서 피 냄새가 난다. 이때 망명국 공주가 눈에 들어온다. 그녀는 피부가 하얀 그리스 도시 처녀. 그녀의 아버지인 왕도 이아손이 마음에 든다. 그러나 이아손의 흔들리는 마음을 눈치채지 못할 메데이아가 아니다.

오직 사랑을 위해 모든 윤리를 파괴했고, 그 사랑이 배신당하자 저
주하듯 자신의 세계를 불태웠다. 메데이아는 몰랐다. 너무 서툰 사
랑은 사랑이 아니었음을.

마침내 왕은 이아손을 사위로 삼기 위해 메데이아에게 국외 추방을
명한다. 그러나 메데이아를 단단히 잘못 봤다. 추방령을 내리면 울며불
며 보따리 싸 들고, 눈보라 날리는 밤 어린 자식들과 조용히 떠날 줄 알
았다. 그러나 추방령의 의미와 남편의 묵인도 모르는 메데이아가 아니
다. 더 이상 물러설 곳이 없는 그녀에겐 복수뿐이다.

어느 날 메데이아가 선물한 옷과 관을 입고 쓴 공주는 순식간에 화염
에 휩싸여 녹아버린다. 공주가 놀라 왕을 부둥켜안자 결국 두 사람 모
두 불에 타 죽는다. 소식을 접한 이아손은 불길한 예감에 급히 메데이
아를 찾지만, 그녀는 이미 두 아이의 시체를 품고 용이 끄는 수레를 타
고 사라져간다. "오오, 저주스러운 내 자식들아, 어서 떠나거라, 아버지
와 함께."

여기에서 배우자에 대한 분노를 자식에게 대신 퍼붓고, 미안해하는
심리 상태를 '메데이아 콤플렉스Medeia Complex'라고 하게 되었다.

메데이아는 그리스 신들도 혀를 내두를 정도로 잔인한 마녀다. 오직
사랑을 차지하기 위해 모든 관계를 버리고 모든 윤리를 무시했다. 그래
서 그 사랑이 배신당하자 자신을 저주하듯 자신의 세계를 불태웠다. 사
랑이 서툴렀던 거다. 그러나 너무 서툰 사랑은 사랑이 아니었음을, 그녀
는 몰랐다.

에우리피데스는 연극에 특별히 메데이아의 독백을 많이 넣었다. 표
현은 매우 거칠지만, 그녀의 마음을 온전히 관객들에게 전해주고 싶었
을 것이다.

아테네 민주정과 그리스 비극

지금까지 소개한 그리스 3대 비극작가들은 아테네 민주정의 우여곡절과 함께한다. 이들의 전성기는 바로 페르시아전쟁(기원전 492~기원전 479년) 이후 펠로폰네소스전쟁(기원전 431~기원전 404년)까지다. 이 시기는 민중파와 귀족파의 대립이 극에 달한 시기이지만, 아테네 민주정이 가장 꽃 핀 시기이기도 하다.

페르시아전쟁을 승리로 이끈 살라미스 해전의 영웅 테미스토클레스Themistocles는 10만 양병설을 주장한 율곡 이이와 명량대첩의 이순신, 노회한 선조를 합쳐놓은 인물이 아닐까 싶다. 페르시아의 재침에 대비하여 전쟁의 승패는 해전에 있음을 예견하고 200척의 갤리선을 건조하자고 주장한 것은 율곡을 닮았다. 좁은 살라미스 해협으로 페르시아 연합함대를 끌어들여 몰살시킨 전술은 명량대첩의 데자뷔다. 그리고 계략을 꾸며 정적을 도편추방시킨 후 전쟁이 일어나 다급해지자 다시 불러와 머리를 빌리고, 그를 이용해 내부의 동요를 진정시켜 권력을 유지하는 비상한 정략과 술수는 선조에 비해서도 떨어지지 않는다.

이런 그도 정쟁政爭은 비껴가지 못했다. 귀족파의 영수 키몬의 공격을 받아 도편추방을 당하고, 반역죄까지 덧씌워진다. 결국 적국 페르시아로 망명했다가, 로마판 권선징악 교범인 플루타르코스Plutarchos 《영웅전 Bioi Paralleloi》에서는 '스스로 부끄러워' 자살했다는 오명까지 얻게 된다.

페르시아전쟁이 끝나자 민심은 귀족파로 돌아섰다. 민중파가 전쟁을 승리로 이끌고도 아테네 철수 작전으로 민중의 삶을 힘들고 지치게 한 까닭이다. 거기에 민중파의 리더였던 테미스토클레스의 비애국적 처신도 실망스러웠다. 그러나 10년 넘게 계속된 세 차례의 전쟁에 소요된 막대한 재정적 부담을 귀족들은 묵묵히(?) 떠안았다. 거기에 전쟁에 지친 민중들에게 자신의 재산을 아낌없이 내놓은 귀족파 키몬이 있었다.

키몬은 마라톤전투의 영웅 밀티아데스의 아들이다. 그 역시 살라미스 해전에 참전한 제독이었다. 무엇보다 조국이 위기에 처했을 때 앞장선 노블리스 오블리제, 아테네의 자랑스런 애국적 귀족 가문 출신이었다. 그리고 부드럽고 관대했다. 지나치게 영악한 테미스토클레스에 지친 민심은 키몬에게 쏠렸고 그는 이후 정국을 장악했다.

그러나 민중파의 반격 또한 만만치 않았다. 스파르타에서 농노 반란이 일어났을 때 키몬은 경쟁국 스파르타를 약화하기 위해 몰래 반란군을 지원했다. 그런데 민중파는 이를 경쟁국 스파르타를 지원한 것으로 호도하여 키몬을 도편추방시켰다. 민주정의 안전판으로 기획되었던 도편추방은 이렇게 민중파 테미스토클레스에 이어 귀족파 키몬까지 축출하면서 권력투쟁의 수단으로 자리 잡았다.

이제는 뛰어난 웅변력과 탁월한 설득력으로 키몬의 숙청에 앞장섰던 페리클레스가 민중파의 새로운 리더로 등장했다. 그는 권력을 쟁취한 후 대대적으로 친서민 정책을 펼치며 전형적인 포퓰리즘을 드러냈다. 이러한 내부의 포퓰리즘을 기반으로, 그의 집권 기간동안 아테네는 주변 도시국가들을 델로스 동맹으로 묶어내며 급속히 제국주의화가 진행되었다. 그러면서 경제적 부가 넘쳐났고, 문화적 풍요 역시 절정을 맞았다.

페리클레스는 도시국가 아테네를 해양 제국으로 키우고, 직접 민주주의를 최고조로 끌어올린 지도자의 반열에 오른다. 그리스 3대 비극 작가들의 작품과 공연도, 디오니소스 대축제에서 비극 오디션의 최고 시청률도 바로 페리클레스 시대 30년 동안 나왔다.

그러나 페리클레스의 무리한 제국주의화는 결국 그리스 반도의 또 다른 한 축인 펠로폰네소스 동맹의 맹주 스파르타와의 대결로 치닫는다. 델로스 동맹과 펠로폰네소스 동맹, 각각의 맹주인 아테네와 스파르타는 그리스 반도의 주도권을 두고 펠로폰네소스전쟁을 벌인다.

하지만 아테네는 당시 최고의 육군을 자랑하는 스파르타의 상대가 되지 못했다. 일방적으로 몰려, 성안으로 숨어 들어가 버티는 것이 유일한 방책이었다. 성 밖은 무참하게 유린당하고, 성안에는 결국 역병이 돌았다. 그 역병으로 페리클레스도 죽는다.

> 아테네인들의 피와 땀을 담아야 할 민주정의 그릇이
> 광란과 탐욕의 술잔으로 바뀌는 순간 산산조각나고 만다.

페르시아전쟁으로 전성기를 구가하던 아테네는 펠로폰네소스전쟁으로 파국을 맞는다. 그 사이의 100년이 아테네의 황금시대였다. 아테네인들의 피와 땀을 담아야 할 민주정의 그릇이 광란과 탐욕의 술잔으로 바뀌는 순간 산산조각이 나고 만 것이다. 그리스 비극도 그와 함께 불꽃처럼 타올랐다가 시들어갔다. 페르시아전쟁 직후에 태어난(기원전 469년) 소크라테스도 펠로폰네소스전쟁에서 패배한 직후 독약을 마시고 죽는다(기원전 399년). 고대 그리스 철학도 아테네의 민주정과 부침을 같이했다.

아테네가 그리스의 고대사에서 밀려나면서 그 주도권이 테베를 거쳐(기원전 400~기원전 340년) 알렉산드로스 대왕의 마케도니아로 넘어갔다가(기원전 340~기원전 300년) 결국 그리스는 로마에 복속된다(기원전 300년).

05

세계 최초의 동서 세계대전,
페르시아전쟁
- 헤로도토스 《역사》

결벽

말을 하려다 순간 입을 닫는다. 점차 그런 일이 잦아진다. 혹 나도 모르게 내 주장을 내세우고, 고집을 피우는 것이 아닌가 하는 생각이 번뜩 들어서다. 세상이 얼마나 빠르게 변하고 바뀌는데, 내 생각이 얼마나 고루한 채 머물고 있을지 모르는데, 겁 없이!

내 생각은 틀릴 수 있다. 그때는 맞았더라도 지금은 틀릴 수 있다. 다른 사람이 내 생각과 다르면 다른 측면에서 보고 있다고 서둘러 스스로를 타이른다. 나이가 드니 눈앞에 떨어진 흰 머리카락만 보인다. 그것도 결벽이다.

편집증에 결벽증까지

세계 최초의 동서 세계대전은 호메로스가 《일리아스》로 노래한 트로이전쟁이다. 그러나 신이 등장하여 전쟁의 흐름을 좌지우지하는 등 아직은 실재 여부가 애매하다. 그런 점에서 공인된 세계 최초의 동서 세계대전은 역시 페르시아전쟁이 아닐까. '역사의 아버지'로 불리는 헤로도토스도 트로이전쟁이 아니라 페르시아전쟁을 《역사》에 기록했다.

'역사'의 어원은 '조사하다historíai, 히스토리아이'에서 유래한다. 《역사》는 헤로도토스가 바빌론에서 이탈리아까지, 그리고 우크라이나에서 이집트까지 당시의 '세계'를 일주하며 페르시아전쟁에 대해 신관들을 닦달하고 뱃사공을 붙들고 묻고 또 물어 수집한 이야기를 정리한 것이다. 물론 페르시아전쟁을 기록하겠다는 의도에서 출발했지만, 많은 지역을 돌며 다양한 사람들을 취재하다 보니 전쟁의 배경뿐 아니라 당시 세계의 자연과 풍속까지 다뤄, 사료적 가치가 대단하다.

> 헤로도토스도, 사마천도 역사의 아버지의 자리에 오른 것은
> 편집증에 결벽증까지 철저함이 몸에 밴 까닭이다.

물론 그 기록의 정확성은 의심된다. 당시 기록 매체가 없고 유일한 저장 매체가 사람들의 기억이다 보니 이는 불가피한 일이다. 그래서 편집증에 결벽증까지 겸비한 우리의 헤로도토스는 반드시 "어디서 누구에게 들은 바에 따르면"이라는 단서를 단다. 거기에 정보원을 이중으로 점검하는 것은 물론, 유사 지역의 실제 사례와 비교도 꼼꼼히 한다. 그래도 불안하면 스스로 정보의 합리성을 판단해 기록은 하되 "이건 좀 의심스럽다"라는 의견을 달기도 했다.

또 그는 법조문도 시로 기록하던 시대에 역사를 산문으로 정리했다.

당시 사람들에게는 산문이 더 어려운 형식이었을지 모르지만, 역사적 사실을 다룸에 있어 감정을 배제하고 추상적 표현을 피하려는 의도에서 선택했을 것이다.

역사가는 모두 똑같다. '아버지' 급에 오르려면 이 정도 철저함이 몸에 배야 한다. 《역사》가 나온 뒤 300년쯤 후에 중국에서 《사기》를 쓴 사마천도 그러했다. 두 사람 모두 역사를 집필한 시간만큼 산 넘고 물 건너 역사를 찾으러 다닌 것도 이런 철저함에서 비롯된다.

광장에 촛불이 꺼지지 않은
아테네의 무모함

헤로도토스는 《역사》 서문에서 "이 글은 무엇보다도 헬라스인(그리스인)들과 비헬라스인들이 서로 전쟁을 하게 된 원인을 밝히는 데 있다"라고 적고, "그리스는 납치당한 여자 한 명(헬레나) 때문에 (트로이)전쟁을 일으켜 트로이를 멸망시켰다. 이때부터 페르시아인은 그리스인을 적으로 간주하였다"라고 말한다. 그리고 총 9권 28강 중 6권부터 페르시아 전쟁에 대해 서술한다. 전쟁은 기원전 490년에 1차, 기원전 480년에 2차로 벌어진다. 기원전 492년 트라키아 원정까지 포함하여 3차 전쟁으로 분류하기도 한다.

전쟁의 당사자는 페르시아제국 대 아테네를 중심으로 한 그리스의 폴리스, 도시국가들이다. 반세기 만에 세계적인 제국으로 급부상 중인 페르시아가 마침내 '서양 오랑캐'의 버릇을 고쳐주기 위해 벌인 정복 전쟁이자, 민주주의의 맛을 막 보기 시작한 그리스 시민들이 자유를 지키기 위한 방어전이라는 것이 이 전쟁의 성격이다.

발단은 에게해 오른편 지금의 터키 지역 연안 이오니아 지역에 있는 그리스 도시국가들의 반란이다. 이들은 오래전부터 페르시아에 조공을 바치는 식민도시들이었다. 그런데 그들이 본토의 민주화 바람을 타고 식민으로부터 해방을 선언하고, 본토 그리스에 지원을 요청했다.

동유럽의 89혁명, 튀니지의 재스민 혁명에서 이집트의 코샤리koshary 혁명까지, 민주화의 바람은 전염되고 유행을 탄다. 그러나 춘래불사춘 春來不似春, 봄바람은 꽃망울을 터뜨리지 않고 가지만 꺾기 일쑤다. 최강 스파르타를 비롯해 대부분 도시국가들은 페르시아의 기세에 눌려 고개를 돌린다. 그런데 이제 막 참주를 몰아내고 민주정으로 돌아선 아테네만 지원에 나선다.

촛불이 아직 꺼지지 않은 광장에 남아 있던 시민 정신 때문이었을까? 반란의 지도부가 아테네 혈통이기 때문이었을까? 페르시아로 망명한 전 아테네 독재자의 복귀를 두려워한 탓일까? 어떤 이유에서든 아테네와 페르시아의 역관계만 볼 때 아테네의 선택은 분명 무모했다. 더욱이 전함 20척 정도의 지원은 반란군에게 현실적 도움은 되지도 않고 페르시아의 그리스 정복 충동의 빌미만 제공할 뿐이었다. 그렇다고 바로 꼬리를 내린 스파르타의 처신도 미덥잖다. 결과와 관계없이, 그리스 반도의 맹주로서 아테네는 적어도 명분은 챙겼다.

예상대로 페르시아의 막강 기병대에 그리스 지원군은 패주하고 반란군도 진압되었다. 봄바람만으로 세상이 바뀌지는 않는다. 그러나 빌미는 강자에게 코에 걸면 코걸이다. 페르시아의 다리우스 1세는 울고 싶은데 뺨 맞은 꼴이다. 제국은 정복으로 유지된다. 아테네를 응징한다는 빌미로 그리스 북쪽으로 정복에 나선다. 아테네 시민들은 그제야 자신들의 경솔함을 후회하고, 스파르타는 똥물이 튈까 몸을 사리며 눈치만 본다.

그러나 거칠 것 없이 내달렸던 페르시아 대군의 말 먼지는 아토스곶에서 폭풍을 만나 지원 함대가 난파당하면서 트라키아에서 멈춘다. 아테네 시민들은 다시 촛불을 들고 거리로 나와 신께 감사의 기도를 드렸을지 모른다. 스파르타는 조금은 후회했을지 모른다. 그러나 이 원정으로 그리스 도시국가들은 아티카 반도 아래에만 옹기종기 모여 있을 뿐, 북쪽 트라키아와 마케도니아는 페르시아의 세력권에 편입된다.

'우리가 이겼노라'는 유럽이라는 아기가 태어나는 소리

《역사》6권은 이런 배경에서 벌어지는 페르시아 1차 전쟁을 다룬다. 스스로 '전 세계를 지배할 사명을 띤 자'라고 생각하는 왕중왕 다리우스 1세는 그리스 도시국가들에게 "흙과 물을 바쳐라"라고 요구하며 사신을 보낸다. 페르시아제국의 신하가 되라며 군신 관계를 요구한 것이다.

지난 페르시아 원정이 자연재해로 좌절되었건만 페르시아의 말발굽 소리를 직접 듣지 못한 탓일까? 아테네는 사신을 재판에 회부해 처형시킨다. 스파르타는 다시 맹주의 체면을 살려보겠다는 의지를 과시하듯, 흙과 물을 가져가고 싶으면 직접 가져가라며 사신을 우물에 던져버렸다. 영화 〈300〉에는 페르시아 사신을 웅덩이에 처박는 이 장면이 나오는데, 영화에서는 10년 뒤 2차 페르시아전쟁을 배경으로 하고 있어, 시점이 틀리다.

어쨌든 그리스인의 자존심은 인정해줘야 한다. 프라우드 그릭Proud Greek! 다리우스 1세는 기가 찬다. 지난 원정의 좌절이 더 아프다. 그는 쿠데타로 이복형을 몰아내고 반란을 진압하고 권력을 탈취한 자다. 그 과정에는 당연히 엄청난 음모와 계략이 숨어 있다.

그는 자신이 가고자 하는 길에 걸림돌이 되는 자는 집요하게 찾아내고 반드시 제거해서 제왕의 자리에 오른 인물이다. 그런 자일수록 뒤

끝에 더 민감하다. 생각할수록 이오니아 반란 때 지원에 나선 아테네와 에레트리아가 더 괘씸하게 느껴진 그는 '그래, 먼저 그 두 놈부터 친다!' 라고 결심한다. 따지고 보면 재판이라는 절차도 거치지 않고 우물에 처박아버린 스파르타가 더 괘씸할 법도 할 텐데 말이다.

다리우스 1세는 동생 아르타페네스와 다티스 장군을 지휘관으로 연합군을 구성해, 이번에는 북쪽으로 우회하지 않고 페르시아와 아티카 반도를 연결하는 에게해 키클라데스 제도를 따라 바로 아테네로 직진했다. 지난 아토스곶의 경험도 있고, 이번에는 훑기식 원정이 아니라 핀셋식 타격이 목적이기 때문이다. 먼저 에레트리아를 완전히 몰살하고 아티카 반도로 넘어와 아테네 북동쪽 약 40킬로미터 떨어진 마라톤에 상륙한다.

페르시아가 아티카에 상륙했다는 소식이 그리스 전역에 퍼지자, 그리스는 패닉에 빠진다. 서둘러 스파르타에 지원을 요청한다. 그러나 스파르타는 페르시아가 그리스 땅을 밟기 전과 후가 다르다. 지금은 페르시아 대군이 이미 아테네 근교에 진을 치고 있다. 이 기세면 아테네는 물론 스파르타까지 한 번에 훑을지도 모른다. 그들은 '보름달이 떠야만 출전할 수 있다'는 종교적 이유를 내걸고 끝내 지원군을 보내지 않는다.

여기서 페르시아의 전략을 먼저 짚어보자. 페르시아의 주력은 막강 기병대에 있다. 그러나 아테네는 시민 각자가 자기 비용으로 무거운 청동 투구와 갑옷을 껴입고 어깨가 붙을 정도로 횡대로 서서 청동 방패로 전방을 둘러싼 뒤 장창만 쭉 내민 밀집대형을 이루어 오와 열을 맞춰 '하나둘, 하나둘' 하고 전진하는 고슴도치 대형이 전술의 전부다. 지금까지는 그랬다. 그래서 페르시아의 전략은 방어에는 뛰어날지 모르나 기동력과 공격력이 떨어지는 아테네의 주력을 먼저 탁 트인 마라톤 평야로 유인해 묶어두고, 그 틈에 병력을 빼 함선을 타고 아테네로 바로 쳐들어간다는 것이었다. 나쁘지 않은 전략이다.

하지만 전쟁은 아테네의 승리로 끝난다. 현장으로 가 직접 확인해보자. 페르시아의 전략대로 말 많은 아테네 지도부는 아테네를 지킬 것인지 마라톤으로 출정할 것인지를 두고 오랜 토론 끝에 전쟁 경험이 하나도 없는 문신文臣의 웅변술에 넘어가 고슴도치 전력을 마라톤으로 출전시킨다. 페르시아는 작전대로 서둘러 텅 빈 아테네를 향해 막강 기병대 주력을 빼내 함선에 태운다. 여기까지는 페르시아의 계획대로 진행되었다.

예상이 빗나가는 순간이 위기의 순간이다.

그런데 여기서 페르시아가 예상하지 못한 두 가지 패인이 발생한다. 하나는 주력이 빠져나가고 마라톤에 남겨진 페르시아 전력의 문제다. 페르시아는 제국 연합군인데, 마라톤에 남겨진 비 페르시아 병력은 식민국에서 차출된 병력으로 전투력은 물론 의지조차 없는 오합지졸이었다. 둘째는 하필 마라톤전투에 출전한 당시 그리스의 지휘관이 명장 밀티아데스Miltiades였다는 점이다.

최고사령관 밀티아데스는 페르시아의 주력이 빠져나간 것을 눈치채자 서둘러 공격을 개시한다. 진을 치고 죽칠 거라는 예상이 완전히 빗나갔다. 그러나 페르시아는 '고슴도치가 공격을 먼저 하다니?'라고 비웃으며 궁병을 앞세워 '하던 대로' 전투를 시작한다. 그리고 예상이 빗나가는 순간이 위기의 순간임을 깨닫는 데에는 15분도 걸리지 않았다.

여기서 세계 전쟁사에서 이제는 널리 알려진 양익 포위 전술이 최초로 등장한다. 열세인 병력을 고려하여 중앙을 얇게, 좌우를 최정예로 두텁게 하여 천천히 전진하다가 페르시아 궁병의 사정거리에 도달했을 때 좌우로 벌어지면서 진군 속도를 낸다. 그리고 좌우의 최정예군이 페르시아 진영의 양 측면 허리를 자른다. 이렇게 하여 페르시아 대열이

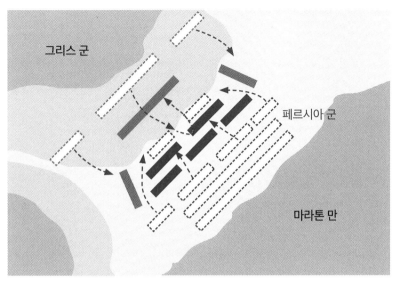

[그림 22] 마라톤 전투에서 그리스 군의 양익 포위 전술

무너지는 데 걸린 시간이 단 15분이었다.

한편 함선을 타고 아테네로 향하던 페르시아 주력은 너무도 빠르게 마라톤전투에서 패배했다는 소식에 충격을 받고 아테네 상륙을 포기하고 조용히 아티카 반도를 빠져나간다.

세계 최강 페르시아를 또다시 물리친 아테네. 이 1차 전쟁에서 밀티아데스 장군의 감각적인 결단과 탁월한 전술은 그리스의 승리를 확인시켜주었을 뿐이다. 전쟁의 승패를 결정한 것은 페르시아의 오만이었다. 한 번도 지상전에서 패한 적이 없다는 자만이 빚은 참사다.

한편 이유를 막론하고 결과에 따라 전과 후가 전혀 다른 세상이 되는 일이 일어난다. 때로는 사소한 원인이 상상도 못한 엄청난 결과를 빚는다. 그리고 이 어처구니없는 전쟁 패배로 판 페르시안Pan Persian 시대는 정점을 찍고 내리막길로 접어들고 그리스, 아니 서양이 세계사의 중심으로 서서히 부상하게 된다. 한 역사가는 "마라톤전투의 승리는 곧 유럽이라는 아기가 태어나면서 내는 소리와 같다"라고까지 말했다.

참고로 헤로도토스는 《역사》에서 오늘날 마라톤의 기원에 대해 다르게 언급한다. '우리가 이겼노라'는 마라톤전투의 승전보를 아테네에 전하고 숨진 병사에게서 마라톤이 유래했다고 널리 알려져 있지만, 그는 이 전령이 마라톤전투가 있기 전 스파르타에 지원을 요청하는 것으로 출연시킨다. 아마도 헤로도토스의 기록이 정확할 것이다. 우리는 스토리의 극적 구성을 위해 팩트를 왜곡한 예를 수없이 보아왔지만, 지루하고 심심하더라도 역사만은 묵묵히 진실을 증언해야 하기 때문이다.

뜨거운 문이 지옥의 문이 되다

10년 뒤, 페르시아는 다시 그리스 정복에 나선다. 그 사이 다리우스 1세가 죽고 그의 아들 크세르크세스Xerxes가 등장하여 페르시아의 주장主將이 바뀌었다. 그리스의 상황도 바뀌었다. 우선 페르시아에 대한 공포가 사라졌다. 그리고 그리스 도시국가들은 아테네와 스파르타를 중심으로 똘똘 뭉쳤다. 그렇게 기원전 480년, 2차 전쟁이 시작된다.

크세르크세스는 장자가 아닌 자신에게 왕위를 넘긴 아버지 다리우스 1세의 한을 풀어 자신이 제왕에 오른 정당성을 보여주고 싶었다. 몇 년 동안 트라키아 원정과 1차 전쟁을 몇 번이고 되씹어보았을 것이다. 그리고 엄청난 병력과 물자를 총동원하여 육, 해군이 동시에 진격했다. 막강 육군이 트라키아, 마케도니아, 테살리아를 거쳐 북쪽에서 아래로 아티카 반도를 훑어 내려가고, 해군 역시 연안을 따라 병행 이동하다 아테네로 직행하는 진로였다.

이에 대항하여 그리스는 지상군이 강한 스파르타가 페르시아 육군을 막고, 해군력을 강화한 아테네가 페르시아 해군을 각각 막기로 역할을 나누었다.

그리스의 전략을 확인해보면, 그리스는 하나가 되어 연합 전선을 구축했지만 페르시아와 전면전을 할 전력이 못 된다는 것을 잘 알고 있었다. 그래서 남하하는 페르시아 육군을 그리스 중부 산악 지역의 협곡에 위치한 테르모필레에서 스파르타가 저지하고, 연안을 타고 내려오는 페르시아 해군을 에우보이아 곶에서 아테네가 저지하기로 했다. 또 그 사이 아테네 시민들은 모두 철수하여 살라미스섬으로 이주하고 도시를 텅 비우기로 했다. 말하자면 두 저지선에서 최대한 시간을 끌어 아테네 시민들을 살라미스섬으로 철수시키고, 제대로 된 전쟁은 살라미스로 넘긴 것이었다. 페르시아는 지상전에 강한 반면 해전에 약하고, 그리스는 그 반대인 것을 반영한 것이다.

마침내 뜨거운 늦여름날 테르모필레에서 지옥 같은 전쟁이 3일간 계속된다. 사자의 아들, 스파르타 왕 레오니다스 1세는 밀려오는 크세르크세스 대군을 이틀간 협곡에서 틀어막았다. 그러나 한 그리스인의 배신으로 협곡을 우회한 페르시아군에게 포위된다. 마지막 3일째, 영화 〈300〉처럼, 다만 스파르타 전사 300명만이 아니라 다른 도시국가 병사들까지 포함해 1천 명 가까운 그리스 연합군이 레오니다스 1세와 함께 그 자리에서 장렬하게 전사한다.

"이곳을 지나가는 자여, 가서 스파르타 사람들에게 전하라.
우리는 스파르타의 군법에 복종하여 모두 이곳에 누워 있노라고."

헤로도토스는 "여기서 그들은 최후의 1인까지 싸웠다. 검을 쓸 수 있는 자는 검을 썼고, 그렇지 않은 자는 주먹과 이빨로 저항했다"라고 소개했다. 그리고 "크세르크세스는 언덕을 포위하고, 그리스군이 모두 쓰러질 때까지 화살 비를 퍼부으라고 명령했다"라고 기록하고 있다. 그리스어로 '뜨거운 문'인 테르모필레 언덕에는 그날 쓰러져간 스파르타 영

[그림 23] 작자 미상, <스파르타와 페르시아의 테르모필레 전투>.

웅들을 기리는 비석이 있다. "이곳을 지나가는 자여, 가서 스파르타 사람들에게 전하라. 우리는 스파르타의 군법에 복종하여 모두 이곳에 누워 있노라고."

이렇게 육상 저지선 테르모필레가 먼저 무너지고, 페르시아는 그리스 도시들을 차례대로 유린하며 아테네까지 무혈 입성한다. 그러나 작전대로 아테네에는 개미 새끼 한 마리 없었다. 테르모필레가 무너졌다는 소식을 들은 아테네 해군은 페르시아 해군에 맞서 에우보이아 섬을 중심으로 며칠을 공방하다 작전대로 살라미스로 철수한다. 상대의 행동에 각이 있으면 계획이 있다는 거다. 그러니 조심해야 한다. 동네 양아치들도 아는 패싸움의 기본이다.

그리스는 다 계획이 있었다

이제 헤로도토스 《역사》의 대미, 마지막 살라미스 해전이다.

여기서 또 두 가지 사실을 짚고 갈 필요가 있다. 첫째, 크세르크세스가 굳이 살라미스 해전을 치를 필요가 있었는가 하는 점이다. 그는 이미 아테네가 있는 아티카 반도를 점령했다. 스파르타를 포함한 남은 도시국가들까지 다 소탕하고 싶다면 지상을 통해 펠로폰네소스 반도로 바로 진군하면 된다. 그 작은 살라미스섬은 그냥 건너뛰어도 된다. 더욱이 페르시아는 육군이 주력이고, 해군은 점령지에서 징발한 연합함대다. 왜 무리수를 두었을까?

거짓 정보에 속아 출전했다고 역사는 기록하고 있으나 이는 크세르크세스의 성정 탓이 클 것이다. 말 많고 내분 잦은 아테네 시민들이 좁은 섬에서 언제까지 버틸 것인가. 그러나 크세르크세스는 기다리는 것도 전략인 줄 모르고, 기다리지 못한다. 역사든, 성경(성경에는 '아하수에로'라는 이름으로 등장한다)이든, 영화든, 게임이든 서구에서 창작된 모든 기록에는 크세르크세스가 인내심이 부족하고 불같은 성격의 폭군으로 묘사된다. 심지어 에일맥주 병에 그려진 음흉한 라스푸틴처럼, 때로는 포도주에 찌든 로마 황제에게나 어울리는 돼지처럼 그리기도 한다. 그가 서구의 영웅들을 몰살시킨 동양의 '오랑캐 수장'인 까닭이다.

그러나 동서고금 전쟁사에서 공명 같은 책사에 얹혀 간 유비 같은 지도자를 제외하면, '기다리는 전략'으로 전쟁을 승리한 지도자가 과연 얼마나 될까? 이것은 알면서도 쉽게 수용하기 힘든 전략이고, 또 막상 그런 상황에 닥쳐서는 떠올리기도 힘들다. 크세르크세스도 마찬가지였을 뿐이다. 그는 세상을 깊이 들여다보지 못하고 사람을 의심하지 못해 가는 길마다 많은 것을 흘리고 곳곳에 구멍을 내지만, 단지 그런 그의 뒤를 챙겨줄 공명이 없었을 뿐이다.

둘째로, 그리스는 1차 전쟁 이후 10년 동안 페르시아의 재침공에 대비했다. 살라미스 해전의 영웅 테미스토클레스는 전쟁 전에 이미 다음 전쟁의 승패가 해군에 있음을 간파하고 3단선을 건조했다. 3단선은 이름 그대로 기존 2단에 한 단을 더 올리고 노잡이 수를 늘려 기동력을 강화한 배다. 거기다 이물에 쇠 돌기를 달아 최고 속력으로 돌진하여 적선에 부딪쳐 적선을 침몰시킬 수 있었다. 3단선의 장점을 최대한 발휘할 수 있는 곳이 바로 아티카 반도와 살라미스섬 사이 좁은 해협이다. 그리고 살라미스 해전이 바로 이곳에서 벌어진다. 그리스는 다 계획이 있었던 것이다.

살라미스 해전은 2000년 뒤 명량해전에서 재연된다.

날이 밝았다. 페르시아의 압도적인 수의 함선이 좁은 해협으로 서서히 다가온다. 페르시아의 전술은 해협 양 입구로 동시 진입하여 아테네의 함선을 해협 안에서 포위하여 몰살하겠다는 것이었다. 강자가 선택할 수 있는 뻔한 전술. 테미스토클레스는 페르시아 함선이 다 진입한 것을 확인한 후 3단선에 돌격 명령을 내린다. 폭이 2~3킬로미터 정도밖에 안 되는 좁은 해협에서 수적 우세는 의미가 없다. 빠른 기동력으로 쇠 돌기를 거침없이 적선에 내리치는 3단선. 좌우 없이 휘두르는 쇠 돌기에 침몰하는 페르시아 연합함대. 피할 수도 퇴각할 수도 없이 빽빽하게 들어선 페르시아 함대의 수적 우세는 오히려 장애물이 되었다. 어디서 본 듯한 장면, 데자뷔인가? 그렇다, 명량대첩!

7시간 만에 살라미스 해전의 승패는 결정이 났고, 이로써 2차 페르시아전쟁도 끝났다. 크세르크세스는 페르시아로 발길을 돌렸다. 테미스토클레스는 페르시아 함대를 추격하지 않았고, 크세르크세스에게 이 사실도 알렸다. 쥐도 구석에 몰리면 고양이를 문다고 하는데 비록 패하

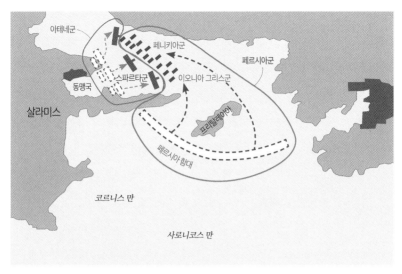

[그림 24] 살라미스 해전도

고 돌아가지만, 페르시아는 하물며 쥐가 아니라 고양이였다. 예의를 챙기는 듯했으나 전쟁을 끝내는 계략이 숨겨진 교활한 수였다.

그러나 테미스토클레스의 이 판단은 전쟁 후 그가 정치적으로 몰렸을 때 페르시아와 내통했다는 모함의 근거로 활용된다. 결국 반역죄로 사형선고를 받은 그는 적국 페르시아로 망명했다. 헤로도토스도 그의 비리 사실을《역사》에 남겼다. 플루타르코스는《영웅전》에서 그가 망명지에서 황소의 피를 마시고 자살로 여생을 끝맺었다고 기록했지만, 이는 확인되지 않은 사실이다. 교훈을 주려는 의욕이 과하여 팩트를 뛰어넘은 사례의 하나다.

어떻든 테미스토클레스는 10만 양병설을 주장한 율곡과 판옥선을 건조해 명량해전을 승리로 이끈 이순신을 합쳐놓은 듯한 영웅이었다. 민주주의는 위기가 오면 영웅을 찾지만, 위기가 사라지면 영웅을 무서워한다. 아테네는 민주정을 위해 그를 희생양으로 바쳤다.

그의 비리와 독선이 화를 재촉했을 수 있지만, 그는 또한 지나치게 정치적이었다. 그가 주장하는 대의에 공감하지만, 그의 말과 행동 뒤에 어른거리는 음모의 그림자는 대의를 의심케 했고, 툭툭 터져 나오는 비리의 악취는 결국 인민들조차 지치게 했다.

그의 망명은 억울해서라고 하더라도 분명 서툴렀다. 결국 그의 마지막 선택은 조국을 배신했다는 불명예를 남겼고, 그에게 사형선고를 내려 망명으로 내몬 아테네의 권력투쟁에 정당성을 부여했다.

"살라미스 섬을 지배하는 자가 바다를 지배할 것이다."

살라미스섬은 바다의 신 포세이돈이 아들을 낳은 곳이다. 이 섬을 점령한 자가 바다를 지배할 것이라는 전설이 내려오는 곳이다. 살라미스 해전은 세계 최강 페르시아를 몰락으로 이끌었고, 이후 아테네가 에게해를 지배했다. 이렇게 세계의 중심이 동에서 서로 넘어갔다.

고대 그리스 전쟁사 표

연대(기원전)	기록	사건	결과
1250년경	호메로스 《일리아스》, 《오디세이아》	**트로이전쟁** 그리스 도시국가(미케네) × 트로이	고대 그리스, 에게해 지배
1100~ 800년경		도리아인 남하	고대 그리스 암흑기
700년경		그리스 도시국가 출현	아테네, 스파르타, 테베 등
492~ 479년	헤로도토스 《플루타르코스 영웅전》	**페르시아전쟁** 그리스 도시국가(아테네, 스파르타 등) × 페르시아	아테네, 지중해 장악
431~ 404년	투키디데스 《펠로폰네소스 전쟁사》	**펠로폰네소스전쟁** 델로스 동맹(아테네) × 펠로폰네소스 동맹(스파르타)	스파르타, 그리스 맹주
371년		**레욱트라전투** 보이오티아 연맹(테베) X 스파르타	테베, 그리스 맹주
371년		**카이로네이아전투** 마케도니아 × 그리스 연합군(테베)	마케도니아, 그리스 반도 지배
197년		**키노스케팔라이 전투** 로마 × 마케도니아	로마, 그리스 속국화

06

로마왕국, 로마공화국
그리고 로마제국의 등장
- 오비디우스《변신 이야기》

마음

섭섭한 일이 잦아진다. 그래서 마음에 담긴다. 그러지 않
려고 툴툴 털지만, 전보다 오래간다. 생각해보니 이는 기
대가 있었던 까닭이다. 준 만큼 받으려는 생각이 앞서서
다. 결국 마음만 어지러울 뿐.

놓아야 하는데 그게 쉽지 않다. 응무소주 이생기심應無
所住 而生其心, 어디에도 머무는 바 없는 그 마음을 내라고
부처는 가르친다. 나이가 들수록 마음 연습을 더 해야 한
다. 그렇게라도 해야 덜 허망해진다.

로마왕국, 로마공화국 그리고 로마제국

우리가 아는 로마에는 로마공화국과 로마제국이 섞여 있다. 역사는 그 앞에 고대 로마왕국을 세우고, 로마제국을 서로마제국과 동로마제국으로 나누고, 그 뒤에 다시 신성로마제국까지 붙인다. 여기서는 고대 로마왕국에서 로마제국의 등장까지를 연결시켜보자.

로마왕국	기원전 753 ~ 기원전 509년
로마공화국	기원전 509 ~ 기원전 27년
로마제국	기원전 27 ~ 기원후 1453년
서로마제국	395 ~ 476년
동로마제국	395 ~ 1453년

로마왕국은 기원전 753년경에 출발한다. 신화에서는 라티누스의 알바롱가 왕조 후손인 쌍둥이 로물루스와 레무스가 정쟁에 밀려 강가에 버려지는데, 지나가던 늑대가 발견하여 젖을 물려 살려낸다. 이후 장성한 두 형제는 외할아버지의 원수를 갚은 뒤 북쪽으로 자리를 옮겨 나라를 세운다. 그곳이 바로 오늘날 로마이고, 그 나라가 고대 로마왕국이라는 것이다. AS로마 축구팀의 엠블럼에 그려진 늑대의 젖을 먹는 쌍둥이가 로물루스와 레무스다.

그러나 역사는 조금 구차하고 거칠다. 당시 이탈리아반도는 그리스반도와 달리 소외된 변두리여서 사람이 잘 살지 않는, 살기 힘든 지역이었다. 처음에는 난민이나 사고 치고 도망 온 사람, 부랑아들이 모여들기 시작하며 부락을 이루었다. 그러나 로마는 반도 중앙을 가로지르는 아펜니노 산맥 때문에 반도로 남하하려면 반드시 거쳐야 할 요지인 데다 테베 강이 감싸며 상대적으로 비옥한 평야를 끼고 있어 이런 떠돌이

집단에 남겨둘 땅이 아니었다.

로물루스가 이 지역으로 들어와 여러 무리를 평정하고 통합하며 포로로마노에 왕국을 세운 것도 이런 배경에서다. 신화적 인물 로물루스가 진짜 알바롱가 왕조의 후손인지, 늑대의 손에서 자랐는지는 알 수 없다. 다만 로마왕국이 기원전 753년경에 세워졌고, 250여 년 존속했으며 여러 왕이 존재했다는 것만 유적을 통해 확인할 수 있다.

왕국은 로마의 7개 언덕을 중심으로 외부의 끊임없는 공격을 막아내며, 점차 외부의 문명을 흡수하고 여러 종족과 통합하며 도시국가 형태를 띠기 시작했다. 그러나 크고 작은 전쟁 과정에서 군사력 확보와 전리품 배분이라는 현실적 문제가 불거지면서 왕의 존재는 점차 무력해지고, 그 자리에 정치적 입지를 넓히려는 귀족들이 등장한다. 결국 왕정은 7대를 넘기지 못하고 귀족들의 집단지도체제인 과두정이 현실화되면서 공화정으로 정체를 바꾼다.

로마의 공화정은 그리스와 달리 귀족과 시민이 대등한 입장에서 서로의 존재를 인정하고 윈-윈을 추구하는 파트너 관계였다. 적어도 초기에는 그랬다. 귀족은 군 통수권을 가진 막강한 집정관에 오를 수 있었고, 원로원을 통해 그 권한을 통제할 수 있었다. 시민은 그 원로원의 결의를 거부할 수 있는 평민회를 가졌고, 그들의 권리를 대변할 호민관도 내세울 수 있었다. 그래서 공화국은 과두정에서 민주정으로 한발 더 나아간다.

로마공화국은 이렇게 귀족과 시민이 공생체제를 강화해가면서 먼저 라티움 지역을 통합하고, 이어 이탈리아 중부까지 세력을 뻗친다. 페르시아전쟁 이후 그리스의 아테네와 마찬가지로 이웃 도시국가들에 영향력을 확대하면서, 덩치가 커짐에 따라 점차 주변 강대국들과 패권을 놓고 경쟁하게 된다. 그 첫 상대가 바로 발칸반도의 에페이로스 왕 피로스Pyrrhus 1세다.

피로스 1세는 사실 좀 생소한 인물이다. 아킬레우스의 아들 네오프톨레모스와 트로이 영웅 헥토르의 아내였던 안드로마케 사이에서 태어난 피엘로스의 후손으로 알려져 있다. 당대 최고의 화력을 이어온 대단한 가문의 출신이다. 야사에서 한니발이 자신을 3위로 두고, 피로스를 알렉산드로스 대왕 다음으로 뛰어난 명장이라고 평하기도 했다. 그러나 한편으로는 '피로스의 승리'라는, 승자의 저주를 가리키는 용어의 주인공으로도 등장한다. 실제로 피로스 1세는 이탈리아 남부 도시국가들에 대한 지배권을 두고 로마와 카르타고와 연이어 전투를 벌여 연거푸 승리하고도 병참에 실패하여 결국 이탈리아반도에서 철수한다. 실속 없는 승리의 주인공으로 불명예스러운 경고문에 이름을 남긴 것.

어떻든 이탈리아 남부까지 차지한 로마는 이번에는 황금의 땅 시칠리아를 두고 카르타고와 100년에 걸쳐 세 차례의 전쟁을 치른다. 바로 포에니 전쟁Punic Wars이다. 이 전쟁의 압권은 일명 '한니발 전쟁'이라고 일컬어지는 2차 포에니 전쟁이다. 또 세계 전쟁사에서 최고의 명장면 중에서도 백미로 꼽히는, 한니발과 스키피오가 맞붙은 자마 전투가 바로 이때 벌어진다. 다음 장 《플루타르코스 영웅전》에서 이 전투의 실황 중계를 만날 수 있다.

한편 포에니 전쟁에서 승리한 로마공화국은 마침내 지중해를 지배하는 세계 최강국이 되고, 로마는 이제 세계의 수도가 된다. 그러나 전 세계로부터 쏟아져 들어오는 전리품과 노예는 공화국의 권력 질서를 한순간에 뒤집는다. 아슬아슬하게 유지해오던 귀족과 시민의 팽팽한 균형선이 거듭되는 전쟁 회오리 속에 느슨해지는가 싶더니, 아무도 주목하지 않은 어느 순간 균형추가 귀족 방향으로 빠르게 기울어졌다. 균형이 깨지자 공화정은 뿌리째 흔들리기 시작했다.

전 세계로부터 쏟아져 들어오는 전리품과 노예가 공화정을 뿌리채 흔들었다.

로마의 권력투쟁은 시민을 구경꾼으로 돌리고 귀족 내부 투쟁으로 옮겨갔다. 전쟁 중에 새롭게 부상한 신진 세력들이 기득권 세력인 원로원 보수파에 대항하여 그들끼리 권력을 분점하는 삼두정치에 합의했다. 두 차례 이어진 삼두정치는 말 그대로 3인 과두정이지만, 제국으로 넘어가기 위한 과도적 단계에 불과했다. 카이사르Caesar가 스스로 임페라토르Imperator, 최고사령관에 오르며 삼두정치를 끝내는 듯했지만, 얼마 못 가 원로원파의 반격으로 암살당한다. 그러나 카이사르의 양자 옥타비아누스가 악티움 해전에서 정적 안토니우스를 물리치고 두 번째 삼두정치를 끝내면서 상황은 달라진다.

그리고 양부 카이사르가 왜, 어떻게 죽음을 맞았는지 기억하는 옥타비아누스는 삼두정치를 끝내고 제국을 선포할 수 있는 모든 권력을 쥐었지만, 자신에게 부여된 모든 특권을 원로원에 반납하고 공화정 지지를 선언한다. 신중하고도 영악하게 황제의 자리로 접근한 것이다. 원로원은 그에게 존엄한 자라는 의미의 아우구스투스라는 존칭을 부여하고, 옥타비아누스는 그 아우구스투스라는 이름으로 사실상 황제에 등극한다. 로마공화국도 사실상 해체된다.

로마왕국의 250년, 로마공화국의 500년이 지난 기원전 27년, 로마제국이 역사에 처음 등장한다. 그리고 이후 서로마제국으로 476년까지 500년, 동로마제국이라는 이름으로 1453년까지 1500년을 이어나가며 서양의 고대사와 중세사의 주 무대가 된다.

문재 오비디우스

오비디우스Ovidius는 창조의 기원과 그리스 신의 계보를 정리한 헤시오도스의 《신통기》를 모방해 창조의 기원과 그리스 로마 신들의 《변신 이야기Metamorphoses》를 썼다. 오늘날 우리가 읽고 있는 《그리스 로마 신화》는 토머스 불핀치가 1855년 소설로 정리한 《그리스 로마 신화》에서 가져왔는데, 불핀치는 오비디우스의 《변신 이야기》를 토대로 신화를 풀어냈다. 정리하면 우리가 읽고 있는 《그리스 로마 신화》의 원전이 바로 오비디우스의 《변신 이야기》인 셈이다.

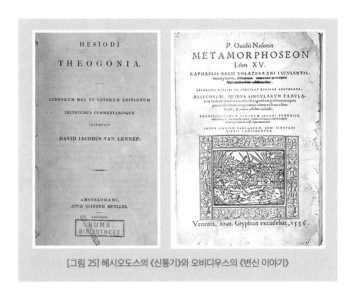

[그림 25] 헤시오도스의 《신통기》와 오비디우스의 《변신 이야기》

오비디우스는 기원전 43년에 이탈리아 중부 술모나의 부유한 기사 계급 집안에서 태어났다. 부친의 소망에 따라 로마로 유학하여 법조계 진출 과정을 밟았으나 법률 공부보다 시작詩作을 즐겼다. 법정 변론을 하려 해도 말이 저절로 시가 되었다고 스스로 밝혔는데, 사실 당시 법조문도 시였다.

결국 감출 수 없는 문재文才, 문학적 재능은 그를 문단으로 이끌었고, 그는 등단하자마자 문단의 기린아로 올라섰다. 특히 당시 유행하던 사랑을 주제로 한 엘레게이아 풍(슬픈 사랑의 노래 '엘레지'의 어원) 연애시의 최고수가 되었다. 그리고 유복한 환경에서 자라 구김이 없고, 타고난 비유와 수사, 반짝이는 재치에 능수능란한 처신까지 겸비한 그는 일약 사교계의 스타가 되었다.

그가 활약하던 시기가 바로 옥타비아누스가 삼두정치를 끝내고 아우구스투스라는 칭호를 받으며 공화정에서 제정으로 넘어갈 때다. 로마제국의 황금기가 시작되는 시기다. 모든 것이 넘쳐나고 모든 것이 하나로 집중되는 시기. 오비디우스는 이우구스투스의 총애를 받으며 궁중 작가로서 거침없이 문학적 재능을 뿜어내었다.

하지만 과하면 탈이 난다고, 아우구스투스는 칙령으로 그를 로마에서 추방한다. 명분은 그의 저서 《사랑의 기술Ars Amatoria》이 너무 외설적이라는 것. 미풍양속을 해친다는 말인데, 당시 로마 궁중의 미풍양속보다 더 외설적일 수 있을까?

《사랑의 기술》은 3부로 구성된 엘레게이아 풍 계몽시(?)인데, 1부 여자의 마음을 사로잡는 기술, 2부 사랑하는 사람을 지키는 기술, 3부 남자의 마음을 사로잡는 기술로 구성되어 있다. 제목 그대로 매우 기술적이며, 서술도 지나치게 생생하다. "눈물을 흘릴 정도로 모든 수단을 동원해 일단 여자의 마음을 얻으라. 그러면 그녀와 육체적으로 가까워지는 것은 시간문제다."(1부) "적당하게 거리를 두어 여성이 긴장할 수 있도록 하고, 때로는 여성의 질투심을 이용할 필요도 있다."(2부) "일단 남자의 사랑을 확인하고 나면 다른 남자와도 사귀는 것이 좋다."(3부) 등등, 오늘날에도 먹힐 실전 테크닉들이 즐비하다. '2000년을 이어온 작업의 정석'이라는 부제로 번역 출간되어 있다.

어쨌든 그는 서문에 "외설을 가르칠 의도가 아니라 허가받은(!) 은밀

한 행위만 노래할 것"이라고 미리 밝혔으며, 외설적이라는 비난에 결코 미풍양속을 해치지 않았다고 반박했다. 추방령이 내려진 후 오비디우스는《사랑의 기술》이 외설적이어서가 아니라 아우구스투스의 집안과 관련된 '어떤 시구와 어떤 과실' 때문이라고 변명했다. 사실 여부는 확인할 수 없지만, 사교계 스타다운 변명처럼 보인다. 하지만《사랑의 기술》은 기원후 2년에 발표했고, 그의 추방 칙령은 8년에 나왔으니 6년의 시차가 있다. 즉, 그의 말대로 추방의 원인은《사랑의 기술》이 아닐 수 있다.

《변신 이야기》는《사랑의 기술》이후의 작품이나, 언제 집필을 시작하고 언제 완성되었는지는 확인할 수 없다. 어떤 이는 오비디우스가 추방된 이후에는 사랑을 주제로 한 어떤 작품도 쓰지 못하고 추방 철회를 애원하는 편지만 썼다며,《변신 이야기》는 추방 전에 이미 완성했다고 주장한다. 또 어떤 이는 아우구스투스의 추방 칙령이 내려진 후 뒤늦게 자신의 경솔함을 깨닫고 아우구스투스를 찬양하여 추방 철회를 구걸하기 위해 썼다고 주장하는데, 모두 주장일 뿐이다.

이제《변신 이야기》를 살펴볼 차례다. 추방의 원인이《사랑의 기술》이 아니라면 무엇일까?《변신 이야기》집필을 시작한 시점과 완성한 시점을 추적해보면 그 주제와 집필 목적에 조금 더 가까이 갈 수 있지 않을까? 그리고 추방에 얽힌 비밀도 풀 수 있지 않을까?

로마판《용비어천가》

《변신 이야기》는 천지창조에서 시작해 신과 영웅들의 이야기, 역사적 인물들의 이야기, 나아가 트로이전쟁 이후 아이네이아스를 통해 그리스에서 로마로 공간을 옮긴 뒤 아우구스투스의 대부인 카이사르까지 다루는 15권 128편의 대서사시다. 로마제국 버전의 《용비어천가》라 할 수 있다. 《용비어천가》는 기껏해야 태조 이성계의 4대조인 목조에서 출발하지만, 오비디우스는 아우구스투스를 찬양하기 위해 천지창조에서부터 시작한다. 스케일이 남다르다. 정작 아우구스투스는 오비디우스의 문적文敵인 베르길리우스에게 아이네이아스를 귀띔했는데, 아우구스투스도 놀랐을 것이다. (아우구스투스는 베르길리우스에게 《아이네이스》를 집필하게 했다.)

또 여기서 그치지 않고 아우구스투스의 대부, 카이사르를 슬쩍 승천시켜 신좌神座에 앉힌다. 그리고 마침내 아우구스투스를 유피테르Jupiter, 로마 신화의 제우스급으로 올린다. 이 정도에서만이라도 멈췄으면 아우구스투스가 조금은 민망해도 화를 불러일으키진 않았을 것이다. 그러나 오비디우스의 상상력은 차원이 달랐다.

타고난 천재형 오비디우스, 《변신 이야기》는 어느 순간 그의 손을 떠났다. 그의 이성이 아니라 그의 운명이 시를 쓰고 있었다.

문재에는 두 부류가 있다. 노력형 천재와 타고난 천재. 노력형 천재는 머리를 쥐어짜 문장과 표현 하나하나를 한 땀 한 땀 엮어나간다. 반면 타고난 천재는 어느 순간에 이르면 신내림을 받은 듯 말과 글이 그의 머리와 몸보다 앞서나간다. 오비디우스는 스스로 말했듯 '입만 열면 시가 나오는' 타고난 천재형. 《변신 이야기》는 어느 순간 그의 손을 떠났다. 그의 이성이 아니라 그의 운명이 시를 쓰고 있었다.

상대의 마음을 얻고 싶으면 그 사람의 마음속으로 들어가라는 말처럼, 오비디우스는 아우구스투스의 마음을 들여다보았다. 아우구스투스는 황제를 꿈꾼다. 그러나 로마 시민들은 여전히 카이사르를 암살한 브루투스처럼 '로마를 더 사랑한다.' 그들에게 공화정에서 제정으로의 변화를 받아들이도록 해야 한다. 그 변화의 정당성을 노래하는 것이 아우구스투스의 마음을 얻는 길이라고 사명감을 불태웠을지 모른다. 그래서 천지창조의 시간으로 먼 길을 떠난다.

오비디우스는 우주의 역사를 변화의 역사로 본다. 맞는 이야기다. 천지창조도 카오스(혼돈)에서 코스모스(질서)로 변화하는 과정이며, 이는 정당한 주장이다. 그는 이후 신과 영웅의 이야기 또한 그 변화에 대한 이야기라고 주장한다. 그리고 마침내 공화정(카오스, 혼돈)을 끝내고 제정(코스모스, 정돈)으로 변화를 완성할 자가 다름 아닌 아우구스투스라고 결론 내린다. 그래서 용비어천가를 노래하기 시작한다.

그는 이 주장에 권위를 더하고자 헤시오도스의 《신통기》를 끌어들이고, 변화의 원동력으로 에로스를 찾아낸다. 에로스가 만물을 낳고, 에로스를 통해 만물은 카오스에서 코스모스로 변화한다고. 그래서 그리스 신들을 등장시켜 에로스에 의한 《변신 이야기》를 보여주려 했다. 결국 엘레게이아 대가의 상상력은 마침내 건국신화조차 연애 신화로 변신시킨다.

그는 머리말에 "새로운 몸으로 변신한 형상들을 노래하라고 내 마음이 나를 재촉"한다며 신께 영감을 달라고 말한다. 신내림을 위한 주술이다. 타고난 문재가 슬슬 시동을 건다.

오비디우스의 변신은 로마를 불편하게 한다

이렇게 오비디우스는 역사적 사명감을 안고 그리스 신들의 《변신 이야기》를 신들린 듯 써 내려간다. 변신 이후의 형상에는 동물이 가장 많고, 식물과 함께 돌이나 별, 샘, 비 같은 무생물도 나온다. 또 사물이 인간으로 변신하기도 하고 남성이 여성으로, 여성이 남성으로 전환하는 경우도 있다. 변신의 동기는 대부분 사랑에서 시작되지만, 말이 사랑이지 절대 권력자인 신이 여성을 농락할 때 주로 활용한다. 그리고 이런 신의 불장난에 질투를 느낀 다른 신이 복수(처벌)할 때 또 변신을 이용한다. 변신하거나 변신시키거나, 모두 신의 영역이니까.

최다 변신의 주인공은 역시 제우스다. 그는 황소로 변신해 페니키아의 공주 에우로페를 납치하는가 하면, 청동 탑에 갇힌 아르고스의 공주 다나에를 얻기 위해 심지어 황금 비Gold Rain로 변신해 그녀의 치마 속에 스며든다. 징글맞다. 손자에게 죽음을 당할 거라는 신탁을 믿은 아버지가 대를 끊기 위해 딸 다나에를 탑에 가두었지만, 그녀는 황금 비로 변신한 제우스의 사랑을 받아 페르세우스를 낳는다. 이후 페르세우스는 원반던지기 대회에 나가 원반을 던지는데, 하필 그 원반이 관중석에 앉아 있던 왕의 머리를 강타한다. 그렇게 또 신탁의 예언은 정확하게 실현된다.

[그림 26] 티치아노 베첼리오, <다나에>, 1544-1545.

제우스는 남편을 누구보다 마음속으로 존경하는 여인 알크메네도 그냥 놔두지 않는다. 전쟁터에 나간 그녀의 남편으로 변신해, 하룻밤을 세 배로 늘려 긴 밤을 함께 보낸다. 그렇게 태어난 쌍둥이 중 한 명이 바로 헤라클레스다.

다음 상대는 숲속에서 지쳐 화살통을 베고 자는 아르테미스의 여전 사인 아르카디아 요정. 제우스는 아르테미스 여신으로 변신해 그녀를 겁탈하고, 뒤늦게 이를 알게 된 헤라는 질투와 복수심에 불타 그녀를 곰으로 변신시킨다. 제우스는 이렇게 사랑을 위해 황소로, 황금 비로, 남의 남편으로, 여신으로 다양하게 변신한다. 그의 뒤를 쫓아 헤라도 그 때그때 변신하며 벌을 주고, 변신시켜 복수한다.

본격적인 변신 이야기에 접어들자 오비디우스의 신들린 상상력과 표현은 그 신들을 마치 현실에서 눈으로 보는 듯 생생하게 그려낸다. 그는 당대 이 분야 최고의 기술자가 아닌가. 그리고 《변신 이야기》에 등장하는 인물들은 그리스 로마 신화 속 인물들이 아니라 바로 지금 아우구스투스가 지배하는 로마에 살아 있는 인물들과 겹쳐진다. 로마 시민들은 《변신 이야기》에 등장하는 신과 로마 귀족 사회의 실존 인물을 연결 짓고, 《변신 이야기》에 나오는 사건을 최근 로마 궁정에서 일어난 어느 스캔들로 해석하기 시작한다. 어쩌면 오비디우스도 이를 염두에 두었을지 모른다. 아니, 그보다는 그의 문학적 재능이 독자들을 몰입하게 하여 상상력을 불러일으키게 했다는 것이 더 공정한 추론일 것이다.

오비디우스가 서시를 썼을 때만 해도 그의 집필 목적은 분명했다. 제정으로의 변화에 정당성을 부여하고, 카오스에서 코스모스로의 변화의 종결자가 바로 아우구스투스라는 것을 밝히는 것이었다. 그러나 그의 신들린 감성은 신들의 변신 이야기에 접어들며 이성을 뛰어넘은 듯하다. 그가 누구인가? 당대 최고의 연애시 대가가 아닌가? 그는 신들의 에로스를 누구보다 생생하게 표현하고, 그들의 심리를 누구보다 치명적으로 묘사할 수 있었다. 춤추는 그의 펜을 통해 그리스 로마 신화는 기억 속에서 사라져가는 흑백사진 속의 전설이 아니라 당대 로마 귀족 사회에서 은밀하게 일어난 컬러 스캔들로 뒤바뀌었던 것이다.

한편 아우구스투스는 여러모로 불편했을 것이다. 정치적 아버지인 카이사르가 어떻게 쓰러졌는가. '로마를 더 사랑하는 사람들'의 비수가 언제 어디서 자신의 옆구리를 쑤시고 들어올지 아직은 조심해야 한다. 그래서 그는 로마에 처음 발을 들인 아이네이아스를 정치적 뿌리로 삼으려 했다. 그런데 느닷없이 오비디우스가 그리스 신화를 끌어와 자신을 유피테르에 비유한다. 민망함을 넘어 정치적으로도 득이 안 된다.

[그림 27] 아우구스투스

아우구스투스는 모든 의사결정을 정략적으로 내리고 정치 공학적으로 풀어내는 당대 로마가 만든 괴물이었다.

변화는 필요하다. 말 많은 공화정도, 어정쩡한 삼두정치도 이제 더이상 로마를 담기에는 거추장스러운 정치체제다. 그래서 오비디우스의 《변신 이야기》가 변화를 화두로 꺼낸 것은 시의적절하다. 그런데 뭔가 이상하다. 자신을 비유한 유피테르, 제우스의 변신은 지금 필요한 변화와 차원이 다르지 않은가. 제우스의 에로스는 사랑이 아니라 성추행이고 성폭력에 가깝다. 너무 나갔다고! 또한 《변신 이야기》가 당대 로마 상류사회의 이야기로 각색되어 회자되는 것도 불편하지만, 무엇보다 그리스의 신을 로마의 인물로 짝 짓다 보면 역모로 이어진다.

오비디우스는 아우구스투스를 몰라도 너무 몰랐다. 아우구스투스는 양부이자 외종조부인 카이사르와 비교해볼 때 외모로만 보면 훨씬 매력적이나, 인간성이나 공감 능력은 비교가 안 될 정도로 제로 수준이다. 그는 가족 문제까지 포함하여 모든 의사결정을 정략적으로 내리고 정치 공학적으로 풀어내는, 당대 로마가 만든 괴물이었다.

오비디우스는 《사랑의 기술》이 외설적이고, 어느 시구가 아우구스투스의 딸과 관련된 스캔들을 노래했기에 자신이 추방된 줄 안다. 그러나 문제는 《사랑의 기술》이 아니라 《변신 이야기》다. 그것이 아우구스투스와 로마를 불편하게 했던 것이다.

시인 오비디우스의
이승에서의 마지막 바람

오비디우스의 철없는 천재성은 《변신 이야기》의 맺음말에서 마침내

[그림 28] 오비디우스

폭발한다.

"이제 내 작품은 완성되었다. 이 작품은 유피테르의 노여움도, 불도, 칼도, 게걸스러운 노년의 이빨도 없앨 수 없을 것이다. 내 육체밖에 앗아가지 못할 운명의 날은 언젠가 찾아와 내 이승의 삶을 앗아갈 것이다. 그러나 나의 영혼은 영속하는 저 높은 별들 위로 올라갈 것이고, 내이름은 영원히 사라지지 않을 것이다. 로마가 정복하는 나라면 어디서나 그 백성들은 내 시를 읽을 것이다. 시인의 예언이 빗나가지 않는다면 나의 시를 통해 나는 영원히 살 것이다."

이승의 마지막 순간이 다가오고 있음을 예감하는 천재의 마지막 영감은 신의 목소리 그 자체였다. 오비디우스는 하늘의 별이 되고《변신이야기》는 빛이 되어 수천 년이 지나 토머스 불핀치에 닿았고, 오늘날 로마가 정복한 적 없는 나라까지 전 세계인들의 머릿속에 《그리스 로마 신화》로 되살아났다. 그의 예언은 그의 상상을 넘어 실현되었다. 그렇다면 이 신들린 맺음말을 오비디우스는 과연 언제 썼을까? 즉 《변신 이야기》는 언제 완성되었을까?

앞부분의 미묘한 표현을 보자. '유피테르의 노여움도 없앨 수 없다'는 말. 그는 앞서 아우구스투스를 유피테르에 비유했었다. '게걸스러운 노년의 이빨'도 덧없는 세월을 표현한 것만이 아니라 혹 일흔이 넘은 아우구스투스를 빗댄 것은 아닐까? 즉 아우구스투스도 나의 작품 《변신 이야기》를 없앨 수 없다고. 나를 이 벽지로 추방하여 "내 육체를 앗아갈 수는 있어도 나의 영혼과 나의 시는 영원하다"고.

이렇게 해석한다면, 한 가지 분명한 것은 그가 추방당하기 전에는 감히 이런 맺음말을 쓸 수 없었을 것이라는 사실이다. 그는 맺음말을 쓰기 전에 이미 추방당했던 것이다! 수차례 추방령 해제를 애원했지만, 아우구스투스가 거들떠보지도 않자 마음이 돌아선 후에 맺음말을 쓴 것으로 보아야 타당하다. 더 이상 로마에 대한 미련을 버리자, 마지막으로 붙잡을 것이라고는 자신의 명예와 작품밖에 없었을 것이다. "나의 시를 통해 나는 영원히 살 것"이라는 표현은 춥고 황량한 섬에서 이승을 마감해야 하는 불우한 천재의 마지막 자존심인 것이다.

정리해보자. 로마에서 추방령이 떨어지기 전 오비디우스는 아우구스투스의 마음을 읽어내고 용비어천가 《변신 이야기》를 쓰기 시작한다. 그러나 어느 시점에 이르러 신들린 듯 오비디우스의 붓이 지나치게 달려나가고, 불편해진 아우구스투스는 굳이 6년 전에 발표한 《사랑의 기술》을 문제 삼아 오비디우스에게 추방령을 내린다. 추운 흑해 연안의 섬으로 쫓겨나서야 정신을 차린 오비디우스는 구걸하고 애원하는 편지를 몇 년 동안 아우구스투스에게 보낸다. 그러나 묵묵부답. 어느새 늙고 지쳐 죽음이 다가옴을 느끼는 오비디우스는 더 이상 이승에서의 영화에 미련이 없다. 자신의 이름 앞에 '시인詩人'이면 족하다는 그는 《변신 이야기》의 맺음말에 예언처럼 자신의 바람을 남긴다.

07

그리스와 로마의 비교
-《플루타르코스 영웅전》

시비

옳고 그름을 분별하는 것도 자기 안에 경계가 있기 때문
이다. 좋고 싫고, 맞고 틀렸고, 다 자기 마음이 먼저 구분
하고 가리는 것이다. 거기에 법이든 도덕이든 기준을 세
워 들이댈 수 있다. 그래서 그 경계를 다른 사람에게 요
구할 수도 있다.

공자는 '칠십이종심소욕불유구七十而從心所欲不踰矩'라고
했다. 나이 일흔이 되면 마음 이는 대로 해도 어긋나지
않는다는 말이다. 경계를 벗어나지 않는다는 말인가, 아
니면 무경계에 이른다는 말인가? 도대체 대자유大自由란
어떤 경지일까?

《플루타르코스 영웅전》과 〈사기열전〉,
참 많이 닮았고 또 다르다

《플루타르코스 영웅전》(이하《영웅전》)의 원제는 'Bioi Paralleloi(삶의 비교)'로, 로마의 위대한 인물과 이에 필적하는 그리스의 위대한 인물의 삶을 비교한 책이다. 로마인과 그리스인 각각 한 명씩 21쌍 42명과 두 명씩 한 쌍을 이룬 4명, 그리고 짝을 짓지 않은 4명까지 총 영웅 50명의 삶이 비교되고 있는데, 그리스 테베의 영웅 에파미논다스와 로마의 명장 스키피오 분은 소실된 것으로 전해진다.

플루타르코스Plutarchos는《영웅전》에 들어가기에 앞서 집필 방향을 분명히 했다. 다른 전기물과 달리 영웅들의 삶을 시간의 흐름에 따라, 혹은 가장 뛰어난 업적을 중심으로 기술하려 하지 않겠다고. 영웅들의 영혼이 드러나는 포인트에 집중하겠다고 말한다. 그러면 "화가들은 표정과 눈빛만으로 성격이 드러나는 초상화를 그리고, 몸의 다른 부분에는 큰 신경을 쓰지 않는다"라고 자신을 화가에 비유했다.

또한 아무리 뛰어난 업적이라도 꼭 거기에 그 영웅의 흠이나 미덕이 다 드러나는 것은 아니라면서, 오히려 그의 말 한마디나 농담 한마디가 그의 진면목을 더 잘 드러낸다고 말한다. 원래 본성은 잘 드러나지 않는 법. 인간은 삶의 위기나 충격의 순간에도 본성을 감추려는 경향이 있다. 플루타르코스는 이를 "선한 사람은 이성의 통제로, 악한 사람은 주변의 경계심과 본인의 이익을 위해 자제력으로 본성을 감춘다"라고 말한다.

그는 영웅들의 감추려는 본성을 드러내고, 그것이 드러나는 순간을 찾아내 기록하려 한다. 그 본성을 통해 그의 삶이 진정 성공했는지 실패했는지가 드러나기 때문이라는 것이다. 그래서 로마와 그리스의 영웅을 짝지어 비교한 것이다. 인물의 업적을 비교하려 한 것이 아니라,

그들의 본성을 비교하여 삶의 메시지를 뽑아내, 후세 젊은이들에게 그들의 삶에서 무엇을 배우고, 무엇을 닮아야 할 것인지 전하는 데 목적이 있다고.

몽테뉴는 그의 《수상록》에서 《영웅전》의 백미가 바로 이 비교에 있다고 말했는데, 이런 까닭에서일 것이다. 그래서 《영웅전》은 영웅들의 본성이 드러나는 순간, 그리고 그 본성을 비교할 수 있는 순간의 에피소드들을 엮어낸 이야기라고 할 수 있다. 어떤 이가 《영웅전》에 서양의 모든 격언과 고사성어가 다 나온다고 말한 이유도 그 때문일 것이다.

[그림 29] 플루타르코스와 사마천

그러고 보니 플루타르코스의 《영웅전》은 약 200년 전 중국의 사마천司馬遷이 쓴 《사기史記》〈열전列傳〉과 참 많이 닮아 있다. 두 역사서 모두 영웅들의 전생을 시간순으로 전개하는 기존 전기와 달리, 저자가 말하고자 하는 메시지를 중심으로 인물들의 특정 시기의 행적과 언행만을 이야기로 엮는 형식을 취한다. 또 〈사기열전〉에서 부분적으로 한 편에 두 사람씩 짝을 지은 것도 닮았고, 각 편 말미에 저자가 짝을 지은 이유와 거기서 얻어야 할 메시지를 직접 목소리를 내는 점도 닮았다. 또 바로 그 비교가 백미라고 후대에서 평가받는 점까지 닮았다.

다른 점도 있다. 〈사기열전〉은 굳이 두 사람을 대비하지 않지만 《영웅전》은 삶의 태도에서 성공과 실패로 두 사람을 대비시킨다는 점이다. 그러나 가장 큰 차이는 사마천이 당시 지배 이데올로기였던 유교적 가치 기준에서 벗어나 실존적으로 인물에 접근한 데 반해 플루타르코스는 플라톤이 주장하는 올바름을 실천하는 도덕적 삶을 기준으로 두 인물을 성공과 실패로 나누고 있다는 점이다.

플루타르코스는 영웅의 비교를 극대화하기 위해 사실을 과장, 왜곡했나?

이제 플루타르코스가 로마와 그리스의 영웅들을 어떻게 짝지어 소개하고 있는지 알아보자.

팍스 로마나Pax Romana 시대에 로마인이 아닌 그리스인이 그리스와 로마의 영웅들을 비교한 플루타르코스의 《영웅전》. 그는 그리스 영웅들을 편애한다고, 심지어 그리스 영웅들을 부각하기 위해 로마 영웅들을 차출하였다는 비판까지 받기도 한다. 실제로 비교 대상 중에는 그런 의심이 가는 경우도 없지 않다. 그러나 그리스 살라미스 해전의 영웅 테미스토클레스Themistocles와 로마의 카밀루스Camillus의 경우는 두 사람의 비교가 전해지지 않으나, 그가 로마의 손을 번쩍 들었을 것은 짐작하기 어렵지 않다.

테미스토클레스는 헤로도토스의 《역사》 편에서도 다룬 인물이다. 2차 페르시아전쟁 때 살라미스 해전에서 페르시아의 대규모 연합함대를 수장시키며 그리스를 위기에서 구해낸 명장. 업적의 크기를 비교할 수 없지만, 로마의 카밀루스보다 더 영웅적인 인물임에 분명하다. 문제

[그림 30] 카밀루스

[그림 31] 테미스토클레스

는 그 이후다. 테미스토클레스는 아테네에서 추방당하고 역적으로까지 몰리자 적국 페르시아로 망명했다. 이후 죄책감에 괴로워하다 황소의 피를 마시고 자살했다고 플루타르코스는 기록하고 있다.

그러나 로마 공화국 초기, 카밀루스는 조국이 위기에 처할 때마다 독재관으로 차출되어 조국을 구하지만 한 번도 집정관에 오르지 않았을뿐더러 관직을 제의해도 사양했다. 조국을 위기에서 구하고도 로마 시민들의 시기를 경계하여 뒤로 물러났고, 다시 위기가 닥쳐 호출하면 기꺼이 또 나섰으며, 다섯 차례나 독재관을 역임하면서도 항상 겸손함을 잊지 않았다고 플루타르코스는 입에 침을 발랐다. 또 카밀루스가 죽자 당시 전염병이 창궐해 많은 로마인이 죽는 상황이었는데, "전염병으로 생을 마친 모든 로마인의 죽음을 합친 것보다 더 큰 슬픔을 로마인들에게 안겼다"라고까지 하며 슬퍼했다. 《군주론》의 냉혹한 마키아벨리조차 《영웅전》을 읽으면 카밀루스를 '참된 군주'라고 평할 수밖에 없었을 것이다.

그러나 《영웅전》에서 플루타르코스는 플라톤의 도덕철학에 따라 테미스토클레스와 카밀루스의 삶을 단지 하나의 가치 기준으로만 비교했다. 그것은 리더가 갖추어야 할 자질이 아니라 시민의 시기와 질투를 유발하지 않는 겸손함이었다. 그리고 시민이, 조국이 그에게 어떤 불공정하고 불합리한 요구를 하더라도 시민의 이해利害에 무조건 복무하고, 애국심이라는 이름 앞에 기꺼이 자신을 던질 수 있는 희생정신이었다. 즉 그 기준은 '참된 군주'로서의 자질이 아니라 시민 공동체주의자의 품성이었다.

플루타르코스는 《영웅전》에서 어린 시절 테미스토클레스의 스승의 말을 끌어와 "네가 보잘것없는 사람이 될 리는 없다. 분명히 큰 사람이 될 거야. 좋은 쪽이든 나쁜 쪽이든"이라고 말하며 그의 업적과 인성을 처음부터 분리했다. 서두에 굳이 이런 인용을 단 것을 보면 그도 테미스토클레스의 업적만은 인정할 수밖에 없었던 모양이다.

그러면 아테네 시민들이 마라톤전투의 승리에 도취되었을 때 '더 큰 전쟁(10년 뒤 실제로 크세르크세스의 2차 페르시아전쟁이 벌어진다)의 시작일 뿐'이라며 이에 대비해야 한다고 시민들을 다독거린 테미스토클레스의 처신을 리더로서의 자질로 보아야 할까, 단지 업적으로 평가해야 할까?

자질과 업적은 원인과 결과 관계로 분리할 수 없다. 대중보다 앞서 미래를 읽어내고 이에 대비하는 혜안은 지도자가 갖춰야 할 가장 중요한 자질 중 하나다. 이런 지도자의 자질을 인성에서 분리해내고, 그 결과만 업적으로 평가하는 것이 정당할까?

그는 한발 더 나가 플라톤의 말을 빌려 "테미스토클레스는 아테네 시민들로부터 창과 방패를 빼앗아 방석을 깔고 앉아 노나 젓는 사람들로 전락시켰다"라고 비난했다. 그러나 플라톤의 이러한 비판은 정당하지도, 타당하지도 않을뿐더러 그의 앞뒤 주장과도 배치된다. 지도자라면 자신을 희생하더라도 시민과 공동체의 이해에 복무해야 한다고 하지 않았는가?

플라톤의 테미스토클레스의 비판은 당시 계급 간 이해 대립을 배경으로 한다.

2차 페르시아전쟁 이후, 아니 사실은 그전부터 아테네 시민들은 쟁기를 지고 농사를 짓다가 전쟁이 나면 창과 방패를 들고 나서는 삶보다 '방석을 깔고 노나 저으며' 동서 무역을 통해 더 많은 부를 축적하기를 바랐다. 그래서 지도자가 보다 적극적으로 해양 진출 전략과 정책을 내주기를 요구했다. 이에 테미스토클레스도 아테네의 미래가 바다에 있다고 판단하여 에게해로 향하는 운하와 항구 건설에 나섰던 것이다. 페르시아전쟁에서도 입증했듯 아테네는 바다에 강했다.

그러나 귀족들은 해상 무역을 통해 시민들이 부를 축적하는 것이 불편했고 두려웠다. 그래서 테미스토클레스의 해양 전략에 반대하며 아테네의 발전 방향을 아티카 반도로 묶어 시민의 자생적 발전을 억누르려 했다. 플라톤의 비아냥은 이런 계급 간 이해를 배경으로 한다.

그렇다면 과연 누가 시민 공동체주의자의 올바른 품성일까? 테미스토클레스가 친親스파르타 세력들의 모략에 의해 도편추방을 당하고 심지어 역적으로 모함까지 받은 것도 이와 무관하지 않다.

한편 플루타르코스가 극찬했던 카밀루스의 겸손함도 처음부터 그러했던 것은 아니다. 로마 역사상 최초로 독재관에 임명되어 베이와의 10년 전쟁을 승리로 이끈 그는 네 마리의 백마가 이끄는 마차를 타고 로마에서 개선식을 벌였다. 이는 신이나 왕만이 누릴 수 있는 특권이었다. 시민들은 그를 경계하기 시작했다. 거기에 정복한 토지에 대한 재분배 문제와 정복지 베이로의 이주를 반대하고 나섰다가 시민들의 원성을 샀다. 결국 정적으로부터 전리품 횡령 혐의로 고발당하자 아내와 함께 로마를 떠나 망명까지 했다. 이 첫 경험이 그에게는 아픔이자 교훈이 되었을 것이다.

플루타르코스도 시민들이 카밀루스를 독재관으로는 호출하면서도 왕정으로의 복귀 가능성을 경계하여 집정관에 임명하는 것에 반대하고, 귀족들 역시 카밀루스가 시민들로부터 일정한 지지와 권위를 갖는 것이 자신들이 권력을 유지하는 데 유리하다고 판단하는, 양 계급의 정치적 이해의 접점에 그가 서 있었다는 점을 인정했다. 더욱이 카밀루스는 공화 정신이 드높았던 공화국 초기의 인물이다. 귀족이든 시민이든 어느 진영도 쉽게 그 균형을 깨는 것을 극도로 꺼리던 때였다.

이러한 시대 배경에서 사실 카밀루스가 선택할 수 있는 폭은 제한적일 수밖에 없다. 물론 카밀루스의 절제된 권력의지는 평가받을 만하지만, 플루타르코스는 카밀루스의 권력에 대한 나아감과 물러섬을 그의 고귀한 인성에서 비롯된 선택으로 과대평가한다.

그러나 그리스 시대나 로마 시대나, 아니 지금까지도 모난 놈이 정 맞는다. 술에 술 탄 듯 물에 물 탄 듯 자신을 내세우지 않고 권력의 양 축에 줄 타듯 처신하는 자가 잘살고, 오래도록 권력 근처에 얼쩡거린다. 이것이 현실이라고 하더라도 역사적 평가는 좀 달라야 하지 않을까? 세상은 그런 뛰어난 현실주의자가 아니라 모난 놈에 의해 진보하기 때문이다.

> 모난 놈이 정 맞는다. 권력의 양 축에 줄 타듯 처신하는 자가 잘 살고, 권력 근처에 얼쩡거린다. 그러나 세상은 그런 현실주의자가 아니라 모난 놈에 의해 진보한다.

심지어 플루타르코스는 《영웅전》에서 페르시아로 간 테미스토클레스가 조국 아테네를 정벌하는 총사령관직에 호출되자 고민 끝에 음독자살했다고 기록한다. 조국을 배신하는 자는 결국 비극적인 운명을 맞게 된다는 교훈을 주려는 듯 말이다. 그러나 역사는 당시 페르시아가

테미스토클레스를 앞세워 아테네를 침략했다거나, 그런 시도를 했다는 기록조차 갖고 있지 않다.

여기에는 플루타르코스의 소아시아인에 대한 편견도 있다. 페르시아 왕은 테미스토클레스가 망명하자, 비록 자신들을 패배로 몰아간 원수이지만 영웅으로 대접했다. 1년간 언어를 습득하도록 배려했고, 이후 왕의 그리스 담당 자문 역으로 활용했다. 그를 앞세워 조국을 침략하라고 할 정도로 무례하게 대하지 않았고, 오히려 그가 페르시아의 지방 총독으로 조용히 여생을 보내다 눈을 감을 수 있도록 배려했다. 역사도 그렇게 기억하고 있다.

사마천에게 물어본다면?

플루타르코스는 편을 가르기 위해서가 아니라 그가 바라는 이상적인 정치인, 영웅들의 삶과 철학을 극적으로 보여주기 위해 짝을 지은 것이 분명하다. 그리스의 아리스티데스Aristeides와 로마의 마르쿠스 카토Marcus Cato를 봐도 그렇다. 둘 다 그리스와 로마의 대표적인 명장이자 유명 정치인이다. 또 사치를 반대하고 검소한 삶을 살다 간 인물이라는 점도 공통점이다. 그러나 플루타르코스는 이 두 인물의 검소함을 다르게 평가했다.

카토는 4대에 걸쳐 로마의 행정관과 집정관에 오르는 명문 가문으로 가세를 키울 만큼 부를 축적했으면서도 노예들이나 마시는 포도주를 즐겼으며, 소유한 여러 채의 집 어느 벽에도 회칠을 하지 않았고(요즘 말로 벽을 대리석으로 장식하지 않았고), 물려받은 바빌로니아산 자줏빛 외투는 입지 않는다고 내다 팔 정도였다.

그리스의 아리스티데스는 딸들의 혼례 비용과 자신의 장례 비용도

[그림 32] 마르쿠스 카토

마련해두지 않았다. 그는 한 재판에서 자신처럼 가난을 선택한 자들은 그것을 자랑스럽게 여겨야 한다고까지 말했다.

그런데 플루타르코스는 아리스티데스에게는 "욕구를 최대한 줄이는 능력이야말로 가장 완벽하고 신적인 인간의 미덕"이라고 높이 평가하면서 카토에게는 이렇게 묻는다. "부는 즐기자고 갖는 것인데, 그대는 그토록 많이 가지고도 왜 그토록 조금으로 만족하며 살려고 애쓰는 것입니까?" 그리고 "원하면서도 스스로에게 인색하여 그 즐거움을 박탈하는 자는 불행하다"라고 저주했다. 그러면서 자신을 평생 모신 하인이 늙고 병들자 노예시장에 갖다 판 카토의 이야기와, 딸들과 손녀들의 지참금은 물론 죽었을 때 장례 비용까지 시민들이 나서서 마련해주었다는 아리스티데스의 이야기를 콕 끄집어내 비교한다. 또 아테네에서 명성을 떨친 사람 가운데 아리스티데스만이 존경받아 마땅하다는 플라톤의 말도 기록한다. 그리고 "카토가 그토록 칭찬해 마지않았던 절제라는 덕목을 아리스티데스는 조금도 훼손하지 않고 순수하게 지켜냈으며 또 실천했다"고 끝맺었다.

그러나 2천 년이 지난 지금 카토와 아리스티데스, 그리고 플루타르코스의 비교를 다시 생각해본다. 플루타르코스가 스스로 말했듯 "가난이 게으름과 무절제, 사치 혹은 어리석음의 결과가 아닌 한 수치스러운 것이 아니듯" 치부가 탐욕과 오만, 착취 혹은 불법의 결과가 아닌 한 욕먹을 일은 아니다. 또 카토의 지나친 금전적 엄격함은 공과 사에 똑같이 적용되기에, 그의 인색함도 개인적 치부를 위해서가 아니라 성격적 결벽에 이유가 있지 않았나 싶다.

사마천이라면 카토의 검소함을 비난하기보다
"차다"고 한 마디 정도만 더하고,
아리스티데스의 검소함을 칭찬하기보다
"짠하다"는 짧은 평만 남겼을 듯하다.

그래서 카토를 금전적 인색함으로만 판단하여 '올바름'의 반대편에 줄 세우는 것은 가혹하다는 생각이 든다. 만일 사마천이 〈사기열전〉에서 그랬듯 카토를 실존적으로 접근해 평했다면 '차다'고 한마디 정도만 했을 것이다. 더욱이 아리스티데스가 비록 가난을 스스로 선택했다고 하더라도 후손들을 점이나 치며 살아가게 하고, 가난 때문에 현상금을 쫓는 사람으로 만든 것이 과연 자랑스러워할 만한 선택이었을까?

어쩌면 아리스티데스는 현실에서는 안타깝고 때로는 무능한 '식물성 인간'에 가깝다. 그에 비해 카토는 정적 스키피오를 집요하게 물고 늘어져 마침내 죽음으로까지 몰아가는 '동물성 인간'이다. 카토의 모습이 현실 정치인으로서의 자질일 수는 있으나, 영웅으로서의 인성이라고는 생각되지 않는다. 또한 모든 정치인이 동물성 인간이어야 하는 것도 아니다.

2차 페르시아전쟁이 발발하자 아리스티데스는 도편추방에서 해제되어 아테네로 돌아온다. 그가 참석한 첫 비상대책회의에서 그를 모함하여 추방시킨 테미스토클레스가 살라미스 해전 전략을 발표한다. 그러자 참석한 장군들은 테미스토클레스를 견제하기 위해 그 전략에 반대하며 아리스티데스에게 의견을 구한다. 당연히 반대할 것이라는 확신에서였을 것이다.

하지만 아리스티데스는 살라미스 계획이 최고는 아니더라도 최선의 전략이라고 지지한다. 이렇게 사적 감정을 공적 판단에서 배제할 수 있다는 것이 놀랍다. 플라톤이 극찬할 만하다. 그러나 요즘 세상에서는 경쟁력을 가지기 힘든 캐릭터 아닌가? 혹시 남에게는 관대하지만 자신에 대해서만은 지나치게 인색한 것 아닌가? 어떻든 플루타르코스는 《영웅전》에서 이런 인간들을 편애하는 듯싶다.

사라진 두 영웅을 찾아서

다음은 현재 소실된 두 인물, 에파미논다스와 스키피오 편을 보자. 에파미논다스는 좀 생소한 인물일 텐데, 스파르타가 이끄는 펠로폰네소스 동맹에 맞서 레욱트라 전투를 승리로 이끌고 스파르타를 역사의 뒤안길로 보내버린 테베의 전쟁 영웅이다.

스키피오는 시오노 나나미의 《로마인 이야기》를 통해 일약 스타가 되었다. 코끼리를 이끌고 알프스를 넘어와 이탈리아반도를 초토화시킨 카르타고의 영웅 한니발에 맞선 로마의 젊은 장수, 자마 전투에서 극적으로 승리를 이끌어 2차 포에니 전쟁을 끝낸 로마의 영웅이다.

둘의 공통점은 뛰어난 전술가라는 점이다. 그러니 여기서는 그들이 대표 전투에서 보여준 탁월한 전술을 감상해보자. 두 인물의 올바름에 대한 비교는 소실된 플루타르코스의 《영웅전》에 맡기고.

군법과 사랑의 대결, 사선진 대형

기원전 371년에 일어난 에파미논다스의 레욱트라 전투. 당시 전투 형태에 대해 먼저 짚고 갈 필요가 있다. 고대 그리스의 전투는 중무장한 보병이 90센티미터 간격으로 종대로 서서 왼손에 둥그런 방패로 자신의 왼쪽과 좌측 동료의 오른쪽을 방어하고, 오른손으로 창을 드는 밀집대형을 이루어 한 발 한 발 전진하다 맞부딪히면 싸운다. 그렇다 보니 대형의 우익이 취약해 각 진영에서는 최강의 병사들을 우익, 명예로운 자리에 배치한다. 그래서 실제 전투가 진행되면 화력이 센 우익이 밀어붙이면서 대형은 시계 반대 방향으로 돌게 된다.

스파르타는 수적으로 두 배 가까이 우세했고 전투력과 사기가 높았다. 종래대로 12열 횡대로 밀집대형을 이루고 우익에 스파르타 최정예군인 히페이스 300명을 배치하여 스파르타 왕이 직접 방진을 꾸렸다. 그러나 테베가 주력인 보이오티아 동맹의 사령관 에파미논다스는 이런 방식으로 대형을 꾸릴 수 없었다. 연합군은 수적 열세는 물론이고 테베의 최정예군인 신성대 300명을 제외하면 대부분 전투 의지가 약했다. 기존 대형으로 꾸렸다간 히페이스에 의해 한순간에 좌익이 무너지면서 우익의 신성대는 물론 전체 대형이 포위되어 몰살당하기 십상이었다.

이 상황에서 에파미논다스는 기존의 상식을 깬다. 정예 병력을 우익이 아닌 좌익에 세운 것이다. 그리고 좌익을 기존의 20열 횡대가 아니라 50열 횡대로 두텁게 배치했다. 여기에 정예가 빠진 남은 병력으로 중앙과 우익에 얇게 대열을 꾸리되 좌익과 한 횡으로 세우는 것이 아니라 소단위로 나누어 사선 방향으로 횡 대열을 꾸렸다. 즉, 상대와의 접전에 시차를 둔 것이다. 맨 앞에 선 좌익이 적 우익과 먼저 접전하고 그 뒤에 중앙, 그리고 우익이 순차적으로 접전하도록 대열을 줄 세운 것이다. 이 대형은 사선진이라는 이름으로 세계 전술사에 기록된다.

스파르타 근위대 히페이스와 테베의 동성애자 부대 신성대가 맞붙은 레욱트라 전투의 승자는 누구였을까?

레욱트라 전투의 시작이자 승부처는 스파르타의 히페이스와 테베의 신성대, 양측 최정예군 간의 전투였다. 스파르타 왕의 근위대인 히페이스는 전쟁터에 나가면 왕과 함께 돌아와야 한다는 것이 스파르타의 법이다. 영화 〈300〉에 나온 테르모필레 전투에서 스파르타 왕 레오니다스 1세와 함께 마지막 1인까지 싸우다 모두 전사한 이들이 바로 히페이스다.

그런데 사실은 그 테르모필레 전투에서 살아남은 히페이스가 있었다. 바로 연락병인데, 그는 스파르타로 귀향하자마자 그 전투에 참전하지 못했다는 자책으로 자살했다. 또 안질 때문에 왕으로부터 명령을 받고 귀향한 히페이스가 있었는데, 스파르타 시민들은 그를 겁쟁이라 욕했다. 그는 결국 다음 전투에서 전사했다. 그래서 이 불문법이 스파르타 전사들을 불사조로 단련시켰다.

반면 신성대는 동성애자 150쌍으로 구성된 테베의 정예부대로, 스파르타의 히페이스를 벤치마킹해서 만들었다. 숫자도 똑같이 300명. 대신 동성 연인들로 부대를 구성했다. 사랑하는 연인을 지키기 위해, 연인 앞에서 겁쟁이가 되지 않기 위해 죽기 살기로 싸울 것을 기대한 것일까? 의도야 알 수 없지만 적어도 눈앞에서 연인이 죽는 것을 보고만 있지는 않을 테니, 그 전투력은 살아서 돌아가 겁쟁이로 모욕당하지 않으려는 마음보다 더 강력하지 않을까.

어쨌든 아이러니하게도 전체 병력의 수는 스파르타가 두 배 가까이 많았지만, 정예군 간의 전투에서는 좌익에만 50열을 배치한 테베가 수적으로 우세했다. 호사가들은 (스파르타의) 군법보다 (동성애자의) 사랑의 힘이 강했던 까닭이라고 말하지만, 역사가들은 승리를 결정지은 것은 수적인 우위였다고 해석한다. 좀비처럼 달려드는 신성대에 밀려 히페이스가 물러나기 시작하자, 아직 접전도 하지 않은 중앙과 좌익이 먼저

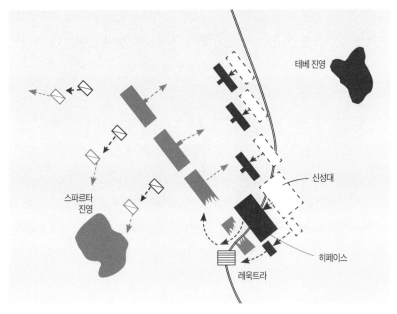

[그림 33] 레욱트라 전투의 양 진영 대형

도망가기 시작했다. 스파르타의 대열은 한순간에 무너졌다.

레욱트라 전투는 사선진을 편 에파미논다스의 승리로 끝났다. 이 전투로 스파르타는 그리스 반도에서 패권을 잃는다. 그도 그럴 것이 당시 스파르타의 성인 남성 전체가 1,000명 겨우 넘는 수준이었는데, 이 전투에서만 400명 이상을 잃었던 것이다. 왕조차 이번 전투에서만은 스

파르타 법을 유예하겠다고 했지만, 충격은 너무도 컸다. 플루타르코스도 '오늘은 그 법이 잠자고 있어야 한다'고 할 정도였다. 절대 인구의 궤멸이었다.

역사상 최고의 명장은 누구일까?

이제 명장 한니발을 물리친 젊은 로마 장군 스키피오에게 눈을 돌려보자. 전장은 북아프리카 카르타고 남서쪽 자마. 17년간 긴 로마 원정을 끝내고 카르타고로 소환된 한니발. '한니발을 본받아 한니발에게 이기자'고 북아프리카 카르타고까지 쫓아온 스키피오. 양국 간 협상이 결렬되자 자마에서 전투가 벌어진다.

한니발이 알프스를 넘어 이탈리아 영토에 들어와 벌인 첫 전투, 티키누스 전투에서 한니발과 스키피오는 처음 만난다. 그러나 그때는 17세의 스키피오가 로마 사령관인 아버지를 따라나선 전투였다. 물론 한니발의 일방적인 승리로 끝나지만, 그때 어린 스키피오는 기마병을 이용하여 적진 양익을 측면공격해 포위, 섬멸하는 한니발의 전술이 뇌리에 박힌다. 한니발이 퇴각하다 단기필마로 전장으로 다시 돌아와 아버지를 구출하는 스키피오를 눈여겨본다는 시오노 나나미의 《로마인 이야기》는 상상일 뿐이다.

자마 전투가 벌어지기 전날 두 사람이 만난 것은 여러 자료에서 나오니 사실일 수 있다. 세계 전쟁사에서 역대급 두 영웅이 정면 승부한 전투도 거의 없지만, 전투를 앞두고 자리를 함께하여 서로 마주한 경우는 더더욱 없었지 않나 싶다.

역사적인 순간, 이 전투는 몰라도 전략적으로는 로마와 싸워 승산이 없다는 것을 잘 아는 한니발은 이 전투를 피하고 싶었다. 그러나 원로원의 견제가 부담스러운 스키피오는 조건 없이 이 전투를 끝낼 수 없었다. 아버지에 대한 복수로 로마 정복에 나섰던 45세 한니발은 이 전투를 피하고 싶고, 존경하는 한니발을 전투에서 이기고 싶은 33세의 스키피오는 거절한다.

'한니발을 본받아 한니발에게 이기자.'

양 진영의 전력을 보면, 보병 수는 카르타고가 많았으나 한니발의 전술 핵심인 누미디아의 기병이 로마로 돌아서는 바람에 기병 수는 로마가 두 배 많았다. 한니발은 스키피오가 자신의 전술을 모방하여 우세한 기병을 이용해 측면 양익을 공격해올 것에 대비한다. 반면 스키피오는 한니발의 코끼리 부대의 초기 공세를 피할 방법을 짠다. 두 전술의 대가가 상대의 전술을 읽으며 대형을 포진한다. 마침내 세기의 전투가 시

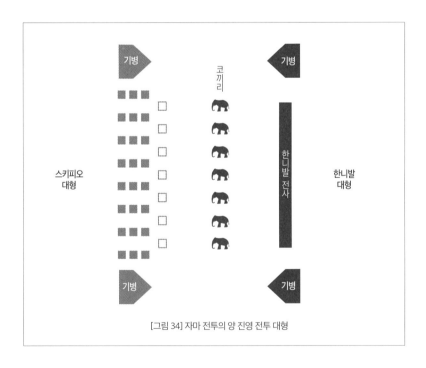

[그림 34] 자마 전투의 양 진영 전투 대형

작된다.

먼저 치고 나온 것은 한니발의 기병이다. 스키피오는 고개를 갸웃했지만 이내 수적 우위의 누미디아 기병을 출동시킨다. 한니발의 기병은 잠깐 부딪히는 듯하다 도주한다. 누미디아 기병은 그 뒤를 쫓는다. 한니발의 작전이었다. 적은 수의 기병으로 스키피오 기병들을 유인하여 양 진영의 기병을 전장에서 이탈시킨 것이다. 한니발 승勝.

이어 한니발의 코끼리 부대가 출동한다. 스키피오의 보병 진영을 와해시킬 작전이었다. 스키피오의 전방 대열은 이전 로마 전통의 중무장 밀집대형이 아니었다. 3열 단위로 대형을 이룬 경장 보병, 코끼리가 돌진하자 가볍게 좌우로 이동하며 길을 내버린다. 전방 대열을 지나쳐 진영 안으로 들어온 코끼리 부대는 양옆에서 창 공격을 받아 무너진다. 스키피오는 카르타고의 코끼리 부대를 물리칠 수 있는 대형을 미리 준비해둔 것이다. 스키피오 승.

이제 서로의 패를 다 깠다. 남은 건 보병 전투. 그런데 한니발은 하나 더 준비했다. 대형을 3열로 포진시키면서 맨 마지막 3열에 최정예부대인 한니발 전사들을 배치했다. 현대전에서 말하는 전략적 예비부대 개념을 세계 최초로 도입한 것이다. 전투의 흐름을 보다가 약한 고리에 지원하기도 하고, 상대의 약한 고리가 보이면 집중 투입하는 전략군이다. 한니발은 결정적 시점에 3열 한니발 전사들을 로마군 중앙으로 출동시킨다. 로마군의 중앙은 한순간에 무너지면서 퇴각한다.

그렇다고 스키피오가 쉽게 당할 인물이 아니다. 후퇴하는 병사들에게 횡으로 벌리라고 주문하고 중앙의 병사들을 뒤로 후퇴시키며 종심縱深을 깊게 만든다. 그리고 가급적 한니발 전사와 접전을 피하며 시간을 번다. 동시에 그는 누미디아 기병들에게 전선으로 당장 복귀하라고 연락한다. 기병이 뒤를 쳐준다면 바로 한니발의 완전 포위, 섬멸 작전을 스키피오가 실현하는 것이다.

이제 한니발은 기병이 돌아오기 전에 보병전을 끝내야 하고, 스키피오는 기병이 돌아올 때까지 버텨야 한다. 이 장면을 그리스 역사가 폴리비오스Polybios는 다음과 같이 기록했다. "두 대열은 서로 격렬하게 싸웠다. 수, 사기, 의지 면에서 서로 대등하여 오랫동안 결판이 나지 않았다. 로마의 기병이 전장에 도착할 때까지 그들은 죽어 쓰러질망정 둘 다 결코 한 발자국도 뒤로 물러나지 않았다."

누미디아 기병이 돌아오면서 자마 전투는 끝나고, 이 전투로 2차 포에니 전쟁은 로마의 승리로 끝난다.

전쟁에서 패한 카르타고의 왕은 한니발을 로마에 넘기는 결정을 내린다. 조국 카르타고에 또다시 배신당한 한니발은 스스로 독약을 마신다. "아, 카르타고여! 나를 용서해다오"라는 말을 남기고. 기원전 183년이다.

누가 누구를 용서한다는 말인가? 진정 용서받아야 할 자는 한니발이 아니라 그의 조국 카르타고이고, 그 왕이어야 하지 않을까.

스키피오는 정적 대大 카토의 음모로 조국 로마로부터 고발당한다. 그리고 원로원에서 물러나 다음 해에 눈을 감는다. "배은망덕한 조국이여, 그대는 나의 뼈를 갖지 못할 것이다"라는 유언을 남기고. 역시 기원전 183년이다.

12세 차이의 띠동갑인 두 영웅은 같은 해 운명한다. 살아서는 조국의 영웅이었지만 죽을 때는 조국으로부터 똑같이 버림받았다. 그러나 남긴 유언은 달랐다.

"장군, 당신은 역사상 최고의 명장이 누구라고 생각하십니까?"
스키피오가 한니발에게 묻는다.
"그야 알렉산드로스 대왕이지요."
망설임 없이 한니발이 대답한다.

"그러면 두 번째는요?"

"음… 에피루스의 피로스라고 생각해요."

조금 당황하는 스키피오가 또다시 묻는다.

"세 번째는…?"

"나, 한니발이 아니겠소?"

"네? 장군은 자마 전투에서 저에게 패하지 않았습니까?"

따지듯 묻는다.

그러자 한니발은 쓸쓸하게 웃으며 답한다.

"그래요. 하지만 내가 당신에게 지지 않았다면 내가 역사상 최고의 명장이었을 거요."

이는 한니발이 조국 카르타고를 떠나 시리아에 망명 중일 때 스키피오가 찾아와 나눈 대화라고 알려져 있는데, 믿기는 어렵다. 같은 해 이승을 떠나 저승길에서 나눈 대화가 아닐까.

플루타르코스는 이 대화 내용과 다른 기록을 남긴다. 1위는 피로스, 2위는 스키피오, 3위가 한니발이라고. 알렉산드로스가 없다는 것이 이해되지 않는다. 그리스인, 특히 보이오티아 출신으로 아테네에서 공부한 플루타르코스가 그리스 북부 마케도니아인들에 대한 편견이 있었을 수 있다. 아니면 마케도니아를 우습게 여기고 반란을 꾀한 보이오티아의 맹주 테베를 알렉산드로스가 재건 불가의 쑥대밭으로 만든 까닭일까? 아니면 명장의 서열을 정하는데도 스승 플라톤의 도덕적 잣대를 들이댄 것은 아닐까.

2부

———

내 맘대로 읽는
동양 고전

08

삼황오제에서 시작하다

- 사마천 《사기》

리셋

살다 보면 지금까지와 전혀 다른 길로 자신을 리셋해야 할 때가 찾아온다. 불행하게도 대부분 스스로 선택하기보다 이전 삶을 지속할 수 없는 상황에 닥쳐서다. 이모작, 삼모작의 삶을 사는 사람들의 이야기에는 그 변곡점에 꼭 사연이 있다. 대개 다 그 속이 깊고 아프다. 삶의 여정에도 관성이 있는데, 그 방향을 돌린다는 게 쉬운 일이 아닐 터. 그럼에도 변곡점을 찍는 데에는 그만큼의 결단이 필요했을 것이다. 그래, 이승에서 한 번 더 주어진 삶이라고 생각하자. 그래, 이번 삶에서는 남이 보는 내가 아닌 진짜 나로 살아보자.

삼황오제에서 춘추전국시대가 열리기까지

사마천은 중국의 역사를 삼황오제三皇五帝에서부터 시작하는데, 그역시 삼황은 전설로 치부하고, 오제부터 《사기》〈본기本紀〉에 담았다. 그렇다면 오제는 과연 역사일까?

한편 삼황오제도 사서마다 달리 꼽는다. 삼황은 천황天皇인 태호복희, 지황地皇인 염제신농, 인황人皇인 황제헌원으로, 천지인天地人에서 따왔다. 그런데 사마천은 인황인 황제를 삼황에서 빼 오제로 분류했다. 오제는 다시 소호금천少昊金天, 전욱고양顓頊高陽, 제곡고신帝嚳高辛, 제요도당帝堯陶唐, 제순유우帝舜有虞인데, 사마천은 여기서 소호금천 대신 황제를 붙였다.

사마천이 황제를 굳이 삼황이 아니라 오제로 꼽고, '총명하고 유능했다'며 인성人性을 부여한 것은 황제부터 중국의 역사로 간주하고《사기》에 담고자 한 의도다. 그래서 제요, 제순의 요순시대를 지나 하夏를 세운 우禹까지 역사로 연결했다.

[그림 35] 황제 요

[그림 36] 황제 순

요는 황하의 범람을 해결하기 위해 당시 최고의 치수 전문가인 곤鯀, 큰 물고기라는 뜻을 불러온다. 곤은 9년에 걸쳐 제방을 쌓아 이 문제를 해결하려 했다. 그러나 제방은 홍수를 이겨내지 못하고 무너져 더 큰 피해를 안긴다. 요를 이은 순은 곤을 처형하고 그 아들 우禹, 네 발 벌레라는 뜻에게 치수 방책을 새로 맡긴다. 아들 우는 아버지 곤과 전혀 다른 접근을 한다. '물은 막는 것이 아니라 자연스럽게 흘러가도록 하는 것.' 우의 치수 철학이다. 제방이 아니라 되려 하천을 더 넓혀 빠르게 바다로 빠져나가게 한 것이다.

하나라는 성읍국가로 존재했을 것으로 추정히지만,
그 건국자인 우는 전설적인 인물일 가능성이 크다.

이렇게 치수에 성공한 우는 순으로부터 권력을 선양받아 중국 최초의 왕조인 하를 세운다. 사마천은 이렇게 황제, 요순을 지나 하의 우까지 연결하여 중국 역사의 정통을 세운다. 오늘날 중국 정부도 하상주단대공정夏商周斷代工程(사마천이 문헌 소실로 확인할 수 없다고 한 기원전 841년 이전

[그림 37] 황제 우

의 사건들과 왕들의 제위 연도를 구체적으로 확정하기 위해 실시한 중국 국가 프로젝트)

을 통해 기원전 2070년에 하가 건국되었다고 연도를 콕 찍었다. 그러나 하의 우 역시 아직은 그 존재를 증명할 유적이 없다. 다만 사서로 전해질 뿐, 전설상 인물이다. 다만 하라는 성읍국가, 일종의 도시국가가 도읍지였던 안읍을 중심으로 존재했을 것으로 추정할 뿐이다. 마침 그 지역은 당대의 유명한 소금 생산지로, 상업의 중심지였다. 그러나 우를 전설적인 인물로 본다면 우에게 권력을 선양한 순과 요, 나아가 황제도 사마천이 무리하게 역사에 집어넣어 《사기》에 담았으나 실존 여부는 확인하기 어렵다.

그렇다면 중국 역사상 최초의 국가는 상商이다. 도읍지 이름을 따 은殷이라 불리기도 했으나, 상이 맞다. 상은 그 역사, 사회, 문화를 기록한 문헌인 갑골문이 도읍지인 은에서 대량 발견되어, 역사상 실재한 최초의 국가다. 상을 세운 이는 탕湯으로, 탕왕이 하의 폭군 걸왕을 정벌하고 상을 세웠다고 사서는 전한다.

탕왕은 요, 순, 우의 선양이 아닌 무력으로 권력을 쟁취한 것이 부끄러웠던 모양이다. 그래서 걸왕은 백성을 도탄塗炭에 빠뜨린 군주였고, 탕왕의 쿠데타는 천명天命에 따른 것이라고 사서는 애써 기록한다. 여기서 '도탄'과 '천명'이라는 용어도 처음 생겼다.

그런데 정작 은허에서 발견된 갑골문에는 탕왕이 상의 중시조이고, 상을 세운 이는 오제 중 한 명인 제곡고신이라는 것이다. 이를 어떻게 해석해야 할까?

여기에는 사마천도 상상하지 못한 역사적 사실이 숨어 있다. 즉, 황제-요순-하-상으로 권력이 단선으로 이어진 것이 아니라는 것.

이 지역에는 오래전부터 하와 상은 물론 많은 성읍국가들이 출현하여 병존해왔다. 특히 상은 그 이름에서 보이듯 여러 지역을 떠돌아다니며 장사하는 유민집단이었다. 그러다 탕왕에 이르러 세력이 커지면서

하를 대신하여 지역에서 가장 강력한 집단으로 부상한 것뿐이다. 하 시대에 상이 이미 존재했고, 상 시대에도 하는 미력한 존재로 남아 있었을 것이다.

그러나 상을 이은 주周의 권력 교체는 그와 조금 다르다. 인구가 늘고 상업 활동이 활발해지면서 상의 영향력은 확대되었다. 특히 상은 무역 거래를 위해 황허 중류 허난성에서 바닷가가 있는 산둥성으로 중심 활동영역을 이동했다. 그 와중에 섬서성에서 산시성으로 세력을 넓혀온 주가 허난성으로 밀고 들어와 무왕武王 때에 이르러 상의 마지막 왕 제신 주를 몰아냈다. 이때 태공망, 강태공으로 알려진 강상姜尚이 주 무왕을 도와 목야대전에서 승리를 거두고 상을 멸했다. 하상주단대공정에 따르면 기원전 1046년의 일이다.

훗날 맹자는 제신이 천명을 떠났기에 무왕의 역성혁명은 정당하다고 주장했다. 그러나 상에서 주로의 권력 교체는 하에서 상으로의 권력 교체와 달리 이민족의 침입으로 보는 것이 더 정확하다. 주의 핵심 세

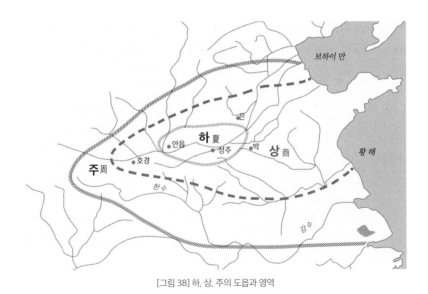

[그림 38] 하, 상, 주의 도읍과 영역

력은 허난성 서쪽 섬서성 출신이었다. 주는 허난성으로 쳐들어와 상을 멸했다. 그리고 거기에 멸망한 상의 왕족인 후미계를 제후국 송宋의 제후로 임명했다. 전형적인 정복 후 수순이다. 이후 송이 상의 시조인 오제 제곡고신 제사를 따로 지낸 것도 정복 왕조인 주와 다른 민족임을 보여준다. 공자가 바로 이 후미계의 후손이다.

중원을 장악한 주는 갑자기 커진 영토를 통치하는 방안으로 봉건제를 도입한다. 왕은 천자로서, 신인 하늘로부터 천하를 다스릴平天下 '천명'을 부여받아 제후들에게 봉토를 내려 나라를 다스리게齊家治國 했다. 여기서 '수신제가치국평천하修身齊家治國平天下'가 나왔다. 주나라 초기에 이러한 통치체제를 정비한 이가 바로 주 문공文公이다.

공자가 주를 이상적인 국가의 전형으로 꼽은 데에는 문공이 있다. 공자가 '그의 꿈을 꾼 지 오래되었다'고 한탄할 정도로 존경했던 인물. 문공이 후대에 높이 평가받는 것은 그가 세운 나라의 기둥이 유교의 정치철학과 부합한 까닭도 있지만, 실제로 그가 오랜 섭정을 하고도 권력을 찬탈하지 않은 데 더 큰 이유가 있다. 공자가 또 이런 스타일을 편애한다.

그러나 상을 멸한 후 국가 평균 생몰 기간인 200년이 지나면서 주에도 위기가 온다. 위기는 왕이 천자로서 책무를 소홀히 하고, 제후들이 그 천자의 존재에 의문을 가질 때 시작된다. 그리고 외세가 닥치면 위기는 현실화된다.

섬서성 서쪽에 살던 티베트계 일파로 추정되는 견융犬戎이 수도 호경을 쳐들어와 주 왕을 살해하고 도읍을 쑥대밭으로 만든다. 왕은 제후들에게 악행을 서슴지 않았고, 제후들은 위기에도 왕을 지키려 하지 않은, 봉건제 최악의 패가 재현되었다. 결국 기원전 771년에 수도를 호경(현재 시안)에서 낙읍(현재 뤄양)으로 천도한다. 이를 기점으로 이전 호경 시대의 주를 서주西周, 낙읍으로 천도한 이후의 주를 동주東周로 구분한다. 그리고 이때부터 춘추전국시대가 시작되며 사실상 주의 시대는 끝난다.

그래도 춘추시대(기원전 770~기원전 403)까지는 지리멸렬해진 주 왕실을 천자로 인정하며 제후들이 패권 경쟁을 벌이지만, 전국시대(기원전 403~기원전 221)로 넘어가면서 주 왕실은 철저하게 무시당한다. 결국 기원전 249년에 진의 여불위에 의해 폐문한다.

사마천의《사기》개요

사마천은 한나라 무제 때 사람이다. 무제는 한나라 일곱 번째 황제로 주변국 정복에 앞장서 중국을 최초로 세계 제국의 반열에 올린 제왕이다. 우리에게는 고조선을 멸망시킨 한나라 군주로 기억되는 인물. '중국 역사의 아버지', 사성史聖으로 일컬어지는 사마천은《사기》에서 중국의 삼황오제 중 황제부터 당대인 한나라 무제까지 2천 년의 역사를 다룬다. 공자가《춘추春秋》를 집필한 지 400년 뒤의 일이다.

《사기》는 본기, 표表, 서書, 세가世家, 열전의 5부, 130권으로 구성되어

[그림 39] 사마천의《사기》

있다. 본기는 제왕의 역사를 12권으로 다루었고, 표는 시간과 세대가 다르면 연도가 불분명해지기 때문에 표로 만들었다는 그의 의도에 따라 왕조의 순서대로 단계를 나누고 여러 사건을 시간순으로 연계한 자료를 10권에 담았다. 서는 사회의 주요 제도를 분야별로 8권으로 정리한 것이고, 세가는 춘추시대 이래 주요 제후들의 역사를 30권으로 묶었다. 마지막으로 5부 중 백미로 평가받는 열전은 제왕과 제후를 제외한 인물들의 기록을 가장 많은 분량인 70권에 실었다. 이렇게 129권이고, 마지막 130권은 〈태사공자서〉로 129권의 취지와 개요, 그리고 태사공 사마천 본인의 고백을 담고 있다.

자유롭고 살아 있는 역사서가 된 까닭

《사기》의 첫 번째 특징은 무엇보다 현실적인 역사관이다. 사마천은 명분보다 실질을 중시했다. 그는 시대의 흐름에 따라 변화하는 양상을 그대로 보여주는 것이 역사 본연의 자세라고 보았다. 역사에 그 어떤 당위란 없다는 것이다. 그래서 제왕을 다루는 본기에 항우와 진시황秦始皇을 포함했으며, 여성인 여태후도 당당히 기록했다. 당시의 이데올로기적 명분이 아니라 누가 그 시대의 대세였는지를 기록하는 장이 본기라는 원칙을 지켰다.

"역사에는 그 어떤 당위도 끼어들 수 없다. 실존을 넘는 권위도 허용하지 않겠다."

사마천이 《사기》를 집필할 때의 마음이었을 것이다. 그는 《춘추》를 이을 역사서를 만들겠다는 집념 외에는 다른 모든 것을 배제하고 '오직 존재하는 것과 자신과의 대화로 역사를 재현하겠다'고 다짐했다. 스스로 외부와의 문을 닫고 누구의 말도, 누구의 글도 실존을 넘는 권위를 갖도록 허용하지 않았다. 오직 실존만이 역사다.

자신의 처지를 변명하려 한들 구차하다는 것을 이미 몇 번이고 되뇌었을 테고, 자신의 집필에 무슨 의미를 붙인들 허망하다는 것 또한 깨달았을 것이다. 결국 남는 것은 자신과 《사기》뿐이라는 결론에 이르렀을 터, 무슨 명분과 이데올로기가 그를 보상해주겠는가. 이미 그는 그런 현실에서 떠난 지 오래다. 이게 힘들다. 복기로 현실을 보는 것은 어쩌면 쉽다. 거기서 현실을 뛰어넘는 것이 어렵다. 그래서 많은 사람이 속인俗人으로 머물러 있다.

두 번째 특징은 개방성이다. 유가를 국시로 받아들인 당대에 유가 못지않게 제자백가諸子百家 사상을 동등하게 학문적 가치로 수용하고, 또한 중화 중심이 아니라 소위 오랑캐와 구분 짓지 않는 화이불분華夷不分의 역사의식을 드러냈다. 특히 《사기》의 백미라 일컬어지는 〈열전〉에는 자객, 광대, 점술가 등 당시 사회의 아웃사이더들을 과감하게 소개하고 있다. 그리고 이로 인해 당시는 물론 이후까지 유교적 사고와 사회 질서를 고수하려는 지배계급으로부터 가혹한 비판과 배척을 감수해야 했다.

> 주변 것들이라고 거들떠보지 않았던 바로 거기에 새로운 생명이 움트고, 미래가 꿈틀대고 있음을 알았다.

사마천이 《사기》를 집필할 때 그는 현실에서 한 발자국 벗어난 곳에서 더 큰 현실의 세계를 보았을 것이다. 주변 것들이라고 거들떠보지 않았던 바로 거기에 새로운 생명이 움트고, 미래가 꿈틀대고 있음을 알았을 것이다. 그래서 어쩌면 지배 이념은 살아 있는 현실을 다 품을 수 없다는 진리를 눈치챘을지 모른다. 그리고 그 틈새에서 새로운 세계가 준비되고 있다는 것도, 북방 오랑캐를 우습게 여기지만 당해낼 수 없다는 것도. 형제국으로 인정하고 공주를 갖다 바쳐 화해를 구걸하고도 아랫것으로 여기는 것도. 그것이 위선이라는 사실도.

사람은 자신이 아는 세상, 인정하고픈 세상만 보려 한다. 그러면 희한하게도 딱 그만큼만 보인다. 거기서 벗어날 때 새로운 세상이 시작되는데, 그게 참 힘들다.

세 번째 특징, 《사기》는 태사령 사마천이 집필하였으나 관찬官撰 역사서가 아니라 개인적으로 펴낸 사찬私撰 역사서다. 해서 공자의 《춘추》와 같이 '태사공 왈'로 시작하는 사마천의 주관적인 생각이 개입되나, 《춘추》와 달리 서술이나 인물 묘사에 소설적 표현들이 가미되어 있다. 그래서 애초에는 《태사공서》 혹은 《태사공기》로 불렸는데, 후한에 와서 약칭인 《사기》로 알려졌다.

《사기》는 살아 있는 권력으로부터 자유로웠고, 그래서 살아 있는 권력은 불편해했다.

마지막으로 이러한 특징들 때문에 《사기》는 살아 있는 권력으로부터 자유로웠고, 살아 있는 권력은 불편해했다. 사마천도 이를 미리 알고 〈태사공자서〉에 "정본正本은 명산名山에 깊이 간직하고 부본副本은 수도에 두어 후세 성인군자들의 열람을 기다린다"라고 적고, 친구 임안任安에게 보낸 편지에도 "이 책을 저술하여 명산에 보관하였다가 내 뜻을 알아줄 사람에게 전하여 촌락과 도시에 유통되길 바란다"라고 했다. 그럼에도 무제는 아버지 경제와 자신의 치부를 드러내고 비판한 〈효경 본기〉와 〈효무 본기〉를 폐기하도록 지시했다.

사마천이 《사기》를 쓰게 된 배경

그러면 사마천은 《사기》를 왜 집필했을까? 그가 밝힌 집필 동기만 우선 확인해보자.

첫째, 사마천은 친구인 임안에게 보낸 편지 〈보임소경서報任少卿書〉에서 "하늘과 인간의 관계를 탐구하고 고금의 변화에 통달하여 일가의 말을 이루고자 합니다究天人之際, 通古今之變, 成一家之言"라고 말했다. 대단한 포부다. 세상의 이치를 깨치고, 세상의 흐름을 기록하여 이 분야의 대가가 되겠다는 취지다.

둘째, "좌구左丘는 눈이 없고 손자孫子는 발이 잘려 결국 세상에서 쓸모가 없게 되었지만, 물러나 서책을 논하여 그들의 울분을 펼치고 문장을 세상에 전해주어 스스로를 드러냈습니다"라고 했다. 《사기》도 그처럼 발분저서發憤著書라는 말이다.

마지막으로 아버지의 유언이다. 맹자에게 어머니가 있었다면 사마천에게는 아버지가 있었다. 그의 아버지 사마담司馬談은 대대로 사관을 지낸 사마 가문의 후손으로 태사령을 지낸 역사가였다. 그는 노자를 신봉하는 황로黃老 사상을 받들었으며, 제자백가의 6대 학파를 논한 《논육가요지論六家要旨》를 집필했다. 사마천은 이런 아버지의 영향을 받았을 것이다. 그는 또한 사마천을 무왕 때 유교 국교화를 이끌어낸 동중서董仲舒에게 사사하도록 부탁했는데, 그 영향도 받았다.

사마천이 공자의 《춘추》를 전범으로 역사서를 집필한 것도, 그러나 유교적 배타성을 극복하고 학문적 개방성을 담을 수 있었던 것도 아버지 사마담의 교육 때문이다. 그는 임종 때 아들에게 태사가 되어 공자의 《춘추》를 이을 역사서를 완성해줄 것을 부탁했다. 파파보이가 궁형의 욕을 당하면서도 부친의 유지를 일생의 과업으로 받들어 이루어낸 것은 당연한 일이었다.

[그림 40] 공자

　　사마천에게 아버지 사마담이 든든한 뒷산이라면, 공자는 그가 반드
　시 넘어야 할 앞산이었다.

　이렇게 사마천의 일생에 가장 큰 영향을 끼친 사람은 아버지 사마담
이다. 그러나 《사기》를 집필하면서 한시도 사마천의 머리에서 떠나지
않은 인물은 공자다. 사마천에게 사마담이 든든한 뒷산이라면 공자는
그가 반드시 넘어야 할 앞산이었다.

　사마천은 《사기》를 기획할 때는 물론 인물과 사건을 해석할 때, 심지
어 집필 방식을 정할 때도 매우 의식적으로 공자의 《춘추》와 차별화하
고 경쟁하려 했다. 그에게 공자는 넘어야 할 산이자 롤모델이기도 했던
것이다. 원래 그렇다. 자신이 넘고 싶은 인물은 사실 자기의 롤모델이
다. 그래서 그 인물에 대해 애증 관계가 시작된다. 그 갈등의 골은 성공
의 크기와 비례한다.

　"역대로 천하에는 군왕에서 현인에 이르기까지 많은 사람이 있었지
만 모두 생존 당시에는 영화로웠으나 일단 죽으면 그것으로 모든 것이

끝나고 말았다. 그러나 공자는 포의布衣로 평생을 보냈지만 10여 세대를 지나왔어도 여전히 학자들이 그를 추앙한다. 천자, 왕후로부터 나라 안의 육예六藝를 담론하는 모든 사람에 이르기까지 다 공자의 말씀을 판단 기준으로 삼고 있으니, 그는 참으로 최고의 성인이라고 말할 수 있겠다.”

사마천이 공자를 ‘최고의 성인’으로 인정하는 글이다. 그런데 왜 그 문장에서 ‘과연 그럴까?’라는 의심과 회의의 목소리가 들리는 걸까?

그의 일생에 가장 큰 영향을 끼친 사건은 뭐니 뭐니 해도 기원전 99년에 일어난 이릉의 화李陵之禍 사건이다. 무제가 집권하면서 한은 그동안 흉노와의 굴욕적인 화친 관계를 끊고 정복에 나선다. 무제는 처남 이광리에게 3만의 병사를 주어 흉노를 치게 했다. 이때 이릉은 5천의 병사를 이끌고 흉노의 배후를 기습한다. 10만의 기병과 대적하여 1만을 살상하는 등 전과를 올리기도 했다. 그러나 전방에서 대치하던 이광리가 대패하는 바람에 지원군이 끊겨 무기와 식량이 떨어지고 결국 흉노에 포위되어 항복하고 만다.

전쟁 초기 이릉의 승전에 들떠 있던 조정의 분위기는 갑작스럽게 전해진 이광리의 대패와 이릉의 항복 소식에 한순간 멘붕으로 바뀐다. 사실 예견되었던 패배이고, 흉노와의 전쟁 자체가 문제가 될 수도 있는 상황이었다. 전쟁을 먼저 발의한 자는 황제인 무제였고, 그러니 누군가가 대신 희생양이 되어야 하는 상황이었다. 그러나 조정은 전쟁 패배의 원인과 그 책임 문제를 따지지 않고 이릉의 항복만을 성토할 뿐이다. 전쟁을 패배로 이끈 책임자는 누가 봐도 이사장군 이광리이지만, 그는 무제가 총애하는 여인의 동생이기 때문이다.

이때 무제가 태사랑 사마천에게 의견을 묻는다. 사마천은 ‘한의 장수가 어찌 오랑캐에게 항복할 수 있느냐’는 무제의 불편함을 나름 풀어

주느라 돌려 말한다. 그러나 다른 중신들과 달리 그는 정치적이지 못했다. "이릉의 항복은 작전의 실패로 불가피했다"라고 답한다. 이런! 작진을 지휘한 대장군 이광리의 책임이라는 말과 다름없지 않은가. 이게 화가 되어 사마천은 옥에 갇힌다.

결국 패배의 모든 책임은 이릉에게 향하고, 기다렸다는 듯 여론은 죄목을 더하고 증오심 굳히기에 들어간다. 이릉이 흉노에서 벼슬을 받고 병법을 지도한다는 근거 없는 소문. 이 소문은 다시 장안에 있는 이릉의 가족들을 몰살시키고, 옥에 갇힌 사마천에게까지 화를 입힌다. 역적 옹호죄로 사형. 당시 한의 법률에 따라 사형을 피하려면 50만 전을 내든가 아니면 궁형宮刑을 자청하든가 택해야 한다. 사마천에겐 그만 한 거금이 없을뿐더러 역적을 옹호해 무제의 화를 자초한 그를 누가 후원하러 나서겠는가.

사마천의 선택은 궁형을 자청하는 것이었다. 그의 나이 49세 때의 일이다.

> "내가 화를 누르고 울분을 삼키며 옥에 갇힌 까닭은 차마 다하지
> 못한 말을 후세에 남기기 위해서였소."

이듬해 사마천은 사면을 받아 감옥에서 풀려났다. 그때의 심정을 "모진 치욕을 당하기로는 궁형보다 더한 것이 없소이다. 내가 화를 누르고 울분을 삼키며 옥에 갇힌 까닭은 차마 다하지 못한 말을 후세에 남기기 위해서였소"라고 친구 임안에게 보낸 편지에서 밝힌다. 그렇게 궁형을 감수하고 아버지의 유지를 받들어 《사기》를 집필한 것이다.

〈사기열전〉의 키워드는 '사마천의 공자'

이제 마지막으로 《사기》를 잠깐 맛보자. 여기서는 《사기》의 백미로 치는 70권의 열전 중, 제일 첫머리에 실은 〈백이열전伯夷列傳〉만 감상할 것이다. 사마천의 사고 패턴과 표현 방식이 가장 노골적으로 드러나기 때문이다. 이를 통해 사마천이 어떤 역사서에서도 유례를 찾기 힘든 형식과 내용을 담은 열전을 굳이 집필하게 된 '진짜 이유'를 추적하기 위해서다.

천생 편집자는 세상을 편집자적 시각으로 상상한다. 편집자 사마천이 〈사기열전〉 첫머리에 〈백이열전〉을 둔 것은 왜일까? 정말로 백이와 숙제의 지조와 소신을 칭송하기 위해서일 뿐일까?

〈사기열전〉은 본편 〈본기〉와 〈세가〉에서 다루지 못한 여러 인물군을 의도에 따라 가려냈다. 그리고 기존 전기와 달리 메시지 전달을 중심으로 그 인물들의 특정 시기 행적만을 이야기로 엮었다. 사마천의 말을 빌리면, "의를 지지하고 재능이 뛰어나서 시기를 놓치지 않고 천하에 공명을 세운 사람들" 이야기라는 것이다.

먼저 〈백이열전〉의 구성을 살펴보자. 열전은 크게 네 단락으로 나뉘어 있는데,

1. 요 임금이 천하를 물려주려 하자 거부할뿐더러 그러한 말을 들은 것조차 부끄러워하며 달아나 숨어버린 허유許由에 대한 어떠한 기록도 공자의 《시경》, 《서경》에는 없으니 무슨 까닭인가?
2. 공자는 "백이와 숙제가 인을 구했는데, 또 무엇을 원망하겠는가?" 라고 말했지만, 그들이 수양산에서 고사리로 연명하다 굶어 죽기 전에 지었다는 〈채미가采薇歌〉를 볼 때 원망한 것인가? 원망하지 않은 것인가?

3. '하늘의 이치는 사사로움이 없어 늘 착한 사람과 함께한다'고 하지만, 세상사를 보면 착한 사람은 굶어 죽고, 천하의 도적은 백수를 누린다. 범법자는 부귀를 누리는데, 양심 있게 산 사람은 재앙을 만난다. 이것이 하늘의 도리라고 한다면 옳은 것인가? 그른 것인가?

4. 공자가 '군자는 죽은 뒤에 자기 이름이 일컬어지지 않는 것을 가장 가슴 아파한다'고 했는데 백이, 숙제가 어진 사람이긴 하나 공자의 칭찬이 없었다면 그 명성이 널리 알려졌을까? 덕행과 지위가 높은 선비에 기대지 못한다면 어떻게 후세에 이름을 남길 수 있겠는가?

사마천도 〈태자공자서〉에서 "말세에는 모두 이익을 다투지만 오직 백이와 숙제만은 의를 지키느라 바빴다. 나라를 양보하고 굶어 죽으니 천하가 그들을 칭송했다"며 〈백이열전〉을 집필한 배경을 밝혔다. 그래서 지금까지 〈백이열전〉은 지조와 소신의 문제를 다룬 이야기로 분석, 평가된다.

그러나 위에서 보다시피 백이와 숙제 이야기는 2단락에서만 소개된다. 1,000자 좀 못 되는 〈백이열전〉 중 215자에 불과하다. 그 안에는 물론 그들의 지조와 소신에 얽힌 이야기가 나오지만, 조금 더 들여다보면 백이와 숙제가 세상을 원망했는지 그렇지 않았는지의 여부에 초점이 맞추어져 있다. 사마천은 공자와 달리 백이의 심정이 슬펐을 것으로 전제하고 이야기를 전개한다. 즉, 구조상 자신의 판단을 입증하기 위해 이야기를 붙이는 형식이다.

3단락까지 굳이 연결하면, 백이와 숙제처럼 어진 사람도 굶어 죽었다. 이것이 어찌 하늘의 뜻이란 말인가, 라고 갖다 붙일 수는 있다. 그러나 3단락의 구조를 보면 사마천은 여러 다른 인물들의 사례를 더 다양하게 들며 천도시비天道是非를 묻는 데 집중한다. 마치 이 질문을 위해 앞서 사례들을 늘어놓은 듯한 구조이다.

어떤 평자는 사마천이 백이와 숙제를 통해 자신의 불행한 운명을 빗대며 심경을 드러냈다고 해석한다. 하지만 그런 분석을 수용한다 해도 2, 3단락에서만 부분적으로 가능하다. 백이와 숙제의 이름도 한 번 안 나오는 나머지 1단락과 4단락은 어떻게 해석할 것인가? 왜 사마천은 지조나 소신과는 관계없는 주장을 앞뒤에 배치했을까? 무엇을 주장하려는 것일까?

여기서부터 좀 다르게, 편집자적으로 상상해보자. 〈백이열전〉임에도 네 단락 모두에 등장하는 인물은 공자가 유일하다. 발칙한 상상의 키워드는 '사마천의 공자'다. 혹 사마천은 여기에서 백이와 숙제의 지조와 소신을 다룬 것이 아니라, 그들을 앞세워 공자에게 말을 걸고 싶었던 것은 아닐까?

부친 사마담은 사마천에게 유언했다. "주공이 세상을 떠난 지 500년이 지나 공자가 있고, 공자가 죽은 뒤 지금에 이르기까지 또 500년이 되었으니, 다시 밝은 세상을 이어받아 《역전》을 바로잡고 《춘추》를 이어받고 시, 서, 예, 악의 근본을 밝히는 자가 나와야 할 것이다."

사마천이 이 유언을 받들어 탄생한 것이 《사기》다. 그러니 앞서 말한 대로 공자의 《춘추》는 전범이면서 동시에 넘어야 할 산이었고, 대놓고 표현할 수는 없지만, 공자는 경쟁자였던 것이다. 후발주자인 사마천은 공자와 차별화가 필요했다. 그래서 《춘추》에는 없는 형식을 기획했고, 공자와 다른 시각을 드러낼 필요가 있었다. 이런 상상 속에서 〈백이열전〉을 다시 읽어보면

1. 공자는 어진 사람도 유가적 입장으로 선별한다. 그렇다 보니 백이와 숙제보다 지조와 소신이라는 기준으로 볼 때 한 수 위인 허유

와 무광을 《시경》과 《서경》에서 뺐다.

2. 공자는 백이와 숙제가 유가의 인仁을 얻었기에 원망도 없었다는 관념으로 사실을 포장한다. 그러나 백이와 숙제는 슬픔도 느끼고, 원망도 가졌다고 보는 것이 더 실존적이지 않은가?

3. 공자는 하늘의 도를 이야기하는데, 주변을 둘러보면 그러하지 못한 것이 현실 아닌가?

4. 공자 말대로 '길이 다르면 서로 도모하지 않는다'고, 공자라는 천리마의 꼬리에라도 붙어야 후세에 이름을 남길 수 있는 게 세상의 이치다. 그러니 바위나 동굴에 숨어 사는 선비가 때를 보아 나아가고 물러나지만, 그 명성이 묻혀 세상에 알려지지 않는 것은 슬픈 일이다.

사마천은 공자가 첫째, 정파적 이해에 따라 인물을 선정했고 둘째, 이념을 위해 인간의 감정을 왜곡했으며 셋째, 현실을 관념으로 재단했다고, 그리고 그렇게 《춘추》로 역사를 선택한 것은 안타까운 일이라는 이 메시지를 전하고 싶어 〈백이열전〉을 〈사기열전〉 첫머리에 둔 것이 아닐까.

그래서 사마천은 공자의 《춘추》와는 달리 〈사기열전〉 70권을 《사기》에 포함시켰다. 그리고 공자나 유가적 입장에서는 상상할 수 없는 인물들을 등장시켜, 관념으로 현실을 덮지 않고 실존적 관점으로 역사에 다가간다. 《사기》가 나온 지 100년이 지나 《한서》를 집필한 반고가 사마천을 신랄하게 비판한 것도 정통 유학자로서는 이런 인물들의 등장과 그들에 대한 실존적 접근이 거북했기 때문이다.

그러나 사마천은 그들을 그 어떤 정치적 이데올로기로도 포장하여 평가하지 않았다. 사마천은 결심한다. "하늘이 구상한 대로 세상과 인물을 재단하지 않겠다. 때로 하늘을 원망하고, 운명을 한탄하는 인물들을 통해서 세상을 그려보겠다. 그것이야말로 진정한 역사가 아니겠는가."

이것이 그가 말하고 싶은 메시지가 아니었을까?

〈사기열전〉은 이런 그의 목소리를 가장 자유롭게 드러낼 수 있는 형식이다. 그러나 쉽게 감정을 노출할 수 없기에, 인물들을 통해 자신의 목소리를 드러내려 했을 것이다. 〈백이열전〉은 백이와 숙제의 지조와 소신을 다루는 형식을 취하지만, 거기에는 공자와 차별화하려는 사마천의 메시지가 녹아 있으며, 〈사기열전〉을 굳이 《사기》에 포함시킨 이유이다. 그리고 〈사기열전〉 70권을 관통하는 메시지를 머리말로 대신하고자 〈백이열전〉을 그 첫머리에 둔 것이 아닐까?

09

춘추전국시대가 춤추다
-《열국지》

가지 않은 길

모르는 길을 찾아갈 때는 길게 느껴지는데, 돌아오는 길
은 금방이다. 바쁘게 지낼 때는 시간이 금방 가는데, 빈
둥거리며 하루를 보내면 지루할 만치 길다. 하루하루 새
로운 사건들이 이어지면 그 하루가 참 길게 느껴지지만,
매일 똑같은 일을 반복하면 하루하루가 따로 기억되지
않을 만큼 비어 보인다. 이게 다 지나치게 영리한 뇌의
착각이라고 한다.

나이가 드니 다가오는 하루하루가 소중하게 느껴진다.
그래서 그 영리한 놈을 이용해야겠다. 매일 가지 않은 길
을 천천히 걸어야겠다.

《열국지》를 찾아서

《열국지列國誌》는 공자가 이상적인 나라라고 극찬했던 주나라가 서쪽으로부터 견융의 공격을 받아 도읍을 동쪽 낙읍(현재 뤄양)으로 옮긴 기원전 770년부터 진시황이 중국 역사상 처음으로 통일국가를 건설하는 기원전 221년까지의 550년간을 시대적 배경으로 하고 있다. 이 시기가 바로 춘추전국시대春秋戰國時代다. 전반인 오패 시대(기원전 770~기원전 403)를 춘추시대라 하고, 후반인 칠웅 시대(기원전 403~기원전 221)를 전국시대라 한다. '춘추'는 공자가 쓴 역사서 《춘추》에서 따왔고, '전국'은 한의 유향이 쓴 《전국책戰國策》에서 비롯된 말이다.

원나라 때까지 야담으로 전해 내려오던 이야기들을 명나라 여소어余邵漁가 사마천의 《사기》 등을 참조하여 《열국지전》이라는 이름으로 소설로 묶었고, 이를 다시 풍몽룡馮夢龍이 《신열국지》로, 청나라에 와서 채원방蔡元放이 다시 《동주열국지》로 엮어 지금에 이른다. 이후 한국에 소개되고 있는 다양한 버전의 열국지는 위의 세 원전을 참조하되, 배경

[그림 41] 《동주열국지》

이 되는 춘추전국시대를 다룬 사마천의 《사기》를 비롯하여 《춘추좌씨전》, 《국어》, 《시경》, 《여씨춘추》 등의 문헌을 활용하여 새로이 편저, 편역한 것이다. 따라서 《열국지》는 어느 한 시대에 한 명의 저자가 저술한 것이 아니라 여러 시대를 거쳐 많은 편저자가 다양한 버전으로 엮은 책이다.

《열국지》는 격동의 550년 동안 출몰한 여러 유형의 인물군, 수백 명의 삶의 극적인 순간을 수백 편의 일화로 엮었다. 성공한 자, 실패한 자, 성공했으나 실패한 자, 실패했으나 성공한 자, 목숨을 잃었으나 영원을 얻은 자, 부귀를 얻었으나 명예를 잃은 자 등등. 크든 작든 우리가 인생에서 무언가 선택해야 할 순간, 인사이트를 줄 수 있는 이야기들로 가득하다. 그래서 200여 개가 넘는 고사성어가 여기서 쏟아져 나왔다.

춘추 그리고 전국시대, 천하가 열리다

《열국지》에 소개된 인물들을 살펴보기에 앞서 그 역사적 배경부터 정리해보자.

시대가 연이어져 춘추전국시대라고 불리지만, 춘추시대의 문법과 전국시대의 문법은 확연히 다르다. 춘추시대에는 주周가 비록 견융에 밀려 낙읍으로 천도하면서 그 위세가 지리멸렬해졌으나 왕실로서 명분만은 남아 있었다. 제후들이 다른 제후들에게 그 힘과 권위를 드러내려면 반드시 주왕의 명의를 먼저 앞세워야 했다. 이렇게 주왕의 권위를 앞세워 패권을 휘둘렀던 춘추시대의 다섯 패자를 춘추오패春秋五霸라 일컫는다. 그러나 당시의 쟁쟁한 제후들 중 누구를 꼽을 것인가에 대해서는 의견이 분분하다.

공자와 사마천의 《사기》에서는 제 환공齊 桓公, 진 목공秦 穆公, 송 양
공宋 襄公, 진 문공晉 文公, 초 장왕楚 莊王을 꼽았지만, 순자荀子는 제 환공,
진 문공, 초 장왕에 오 합려吳 闔閭, 월 구천越 句踐을 대신 꼽는다. 그리고
여러 사서들도 제 환공, 진 문공, 초 장왕은 대체로 공통이지만 진 목공,
송 양공, 오 합려, 월 구천을 각각 달리 뽑아 오패를 선정했다.

춘추오패의 집권 기간	
제 환공	기원전 685~기원전 643
진 목공	기원전 659~기원전 621
송 양공	기원전 651~기원전 637
진 문공	기원전 636~기원전 628
초 장왕	기원전 613~기원전 591
오 합려	기원전 514~기원전 496
월 구천	기원전 496~기원전 464

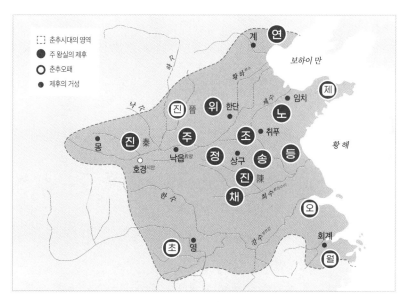

[그림 42] 춘추시대 열강지도

공자는 춘추시대의 독특한 문법인 주왕의 명의와 대의의 명분에 충실했는가에 방점을 두고 오패를 선정했지만, 당대 패자로서 여러 제후를 현실적으로 압도할 수 있는 국력을 갖췄는가에 대해서는 덜 평가한 부분이 있다.

특히 송 양공의 경우가 그렇다. 양공은 초대 패자 제 환공이 죽은 후 제후들의 권력 공백기를 이용해서 회맹을 소집해 패자 행세를 했을 뿐이다. 송은 당시 국력으로 보아 초와 진에 한참 밀리는 2류급 국가였다. 그럼에도 양공은 패자 코스프레를 즐기며 권위와 명분을 앞세우다 초에 생포 당하는 수모까지 겪는다.

이에 앙심을 품지만, 정작 초가 아니라 그 동맹국인 소국 정鄭을 친다. 대인답지 못하다. 비겁하다. 그런데 초가 동맹국 정을 돕기 위해 도강할 때 재상 목이가 도강하는 초를 선제공격하자고 주장하자 패자로서 정당하지 못하다며 거드름을 피운다. 그러다 결국 전면전에서는 참패하여 많은 병사를 잃고, 자신도 부상당한다. 그러고도 "정정당당하게 싸워 후회가 없다"니. 그래서 나온 사자성어가 '송양지인宋襄之仁'으로, 제 분수도 모르고 남에게 동정을 베푸는 어리석은 어짊을 말한다. 양공은 그 부상으로 이듬해에 죽는다.

> 공자는 정치적 이데올로기로 패자를 선별했다는 비판을 받아도 할 말이 없다.

이러한 송 양공을 공자는 왜 춘추오패에 포함시켰을까? 단지 회맹을 소집했다는 이유로? 양공이 보인 허세를 덕이라 여긴 걸까? 송양지인을 진짜 인으로 생각했나?

양공은 자신이 소집한 회맹에 늦게 참석했다는 이유로 소국 증鄫의 제후를 삶아 죽인 적도 있다. 그의 인은 선택적이다. 항상 그랬다. 아니면 오 합려와 월 구천이 자신과 동시대인이라 박했던 걸까? 어쨌든 공자는 지나치게 명분론에 치우쳤다. 사마천이 말한 대로 정치적 이데올로기로 패자를 선별했다는 비판을 받아도 할 말이 없다.

그러면 사마천은 왜일까? 그는 송 양공이 군주로서 자질이 안 보인다고 폄하했다. 심지어 이복동생인 재상 목이가 더 패자다운 인물이라고 평할 정도였다. 정당한 평가다. 재상 목이는 "소국이 회맹을 주최하면 위험하다", "적에게 예의를 차리려면 먼저 항복하는 것이 낫다"며 양공에게 여러 번 충언했지만, 번번이 거절당했다. 그런데 왜?

춘추시대는 중국의 역사를 황허에서 장강(현재 양쯔강)까지 그 영역을 넓혔다. 춘추시대에 진과 함께 양강 구도를 이룬 초도 그 이전에는 밀림 지역이었고, 중원에서는 그 민족을 형주 지역에 사는 야만인이라고 하여 형만荊蠻이라 불렀다. 장강 하류에 위치한 오와 월은 중원과 달리 월족越族이 중심이다. 월족이라는 이름은 중원 사람들의 손이 미치지 않는, 뛰어넘는 먼 외지 사람들이라는 뜻이다. 사마천은 《사기》에서 오는 주 문왕의 백부를, 월은 하나라 우왕을 시조로 하여 주류 왕조와 연을 이었지만, 근거는 없다.

사마천은 '춘추시대의 문법을 얼마나 체화하고 구현하려 했는가'를 기준으로 춘추오패를 선별했다.

그들이 주류 역사의 무대에 처음 등장한 것은 춘추시대다. 그래서 그들은 주 왕실에 빚진 바 없고, 주 왕실로부터 작위를 받기도 했으나 중원의 제후들과 달리 스스로 왕이라 칭했다. 그들은 춘추시대의 문법을 인정하지 않았고, 따르지도 않았다. 사마천이 굳이 오 합려와 월 구천을 오패에서 제외한 것은 이 때문이 아닐까 싶다.

사마천은 '춘추시대의 문법을 얼마나 체화하고 구현하려 했는가'를 기준으로 춘추오패를 선별했다. 그에게는 '영웅이란 당대 시대정신을 실현하려 한 자'라는 의식이 있었던 것이다.

그러나 전국시대에 들어서자 상황은 약육강식의 시대로 바뀐다. 이 제 주왕의 권위는 사라지고 패권에 대한 대의도 명분도 구차하다. 힘 있는 제왕과 제후는 지배하고 정복하며, 힘없는 제왕과 제후는 나라를 빼앗기고 하극상의 대상이 될 수도 있었다. 이런 난장에서 세를 형성한 일곱 나라를 전국칠웅戰國七雄이라 하는데 연燕, 제齊, 조趙, 위魏, 한韓, 진 秦, 초楚가 그들이다.

그러면 전국시대의 시작점을 언제로 잡을 것인가? 즉, 춘추시대의 문법이 그 효력을 다한 시점, 그것을 상징하는 사건은 무엇인가.

춘추시대에는 한 나라의 제후가 결격사유가 있어 교체해야 하더라

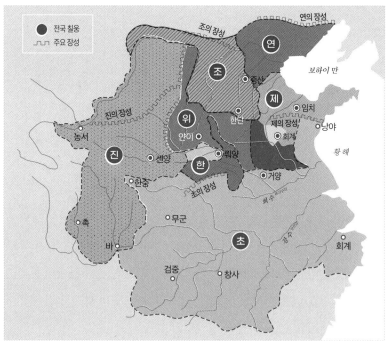

[그림 43] 전국시대 칠웅

도 그 가문에서 새 제후가 나와 나라를 계속 이어가도록 했다. 그리고 그러한 절차를 형식적이나마 주 왕실이 승인해야 했다. 이러한 질서가 붕괴된 시점이 바로 전국시대로 넘어가는 기점이다.

그 상징적 사건이 바로 춘추시대의 양강 중 하나였던 진의 삼분三分이다. 진은 오패 문공 때 최전성기를 구가하다가 이후 대를 이은 제후들의 무능력과 불운까지 겹치며 급격히 몰락해갔다. 어쩌면 승자의 저주일 수 있다. 문공 이후 제후들이 갑자기 불어난 덩치를 경영할 역량이나 시스템을 갖추지 못한 측면도 있다. 그러나 문공 시절에 초 장왕과 패권 경쟁과정에서 전쟁 공신들이 막강한 힘을 갖게 되었고, 이후 그 가문의 후예들이 제후들보다 더 큰 권력을 갖게 된 이유가 더 크다. 사실 문공 때도 군 최고사령관이 세자의 얼굴에 침을 뱉을 정도였다.

문공 이후 200년 동안 진에서는 공신 가문 내 권력투쟁이 계속되었다. 당시 가문 간 권력투쟁은 한 가문의 멸족으로까지 이어졌고, 춘추시대 문법에 예외가 생기기 시작했다. 불행하게도 진의 공실과 가까운 가문부터 정리되어갔다. 마지막 남은 가문은 지씨智氏, 조씨趙氏, 위씨魏氏, 한씨韓氏의 넷. 서열 2위인 조씨가 위씨와 한씨를 끌어들여 서열 1위인 지씨의 가주 지백을 친다. 그리고 세 가문은 사실상 진을 멸하고 각각 그 성을 따 조, 위, 한 3국을 세운다. 춘추의 문법을 깬 것이다. 그러나 어이없게도 주 왕실은 이 쿠데타를 승인한다. 그렇게 춘추시대의 문법을 주 왕실 스스로 폐기한 것이 기원전 403년이다.

사마광의 《자치통감資治通鑑》은 이 기원전 403년을 춘추시대와 전국시대를 가르는 기준으로 삼았고, 이후 이 기준을 따랐다. 사마천은 연표에서 전국시대 시작점을 기원전 476년으로 잡았는데, 그 역시 이 사건을 계기로 보았으나 다만 전국시대를 통일한 진秦의 당대 군주였던 여공공의 즉위 시점을 기점으로 택한 것이다. 이후 제나라에서 쿠데타가 일어나 강공을 몰아내고 전규가 태공에 등극하는 사건이 발생했는데,

일부 사서들은 이를 기준으로 기원전 391년을 시점으로 보기도 한다. 이 또한 진의 삼분 사건처럼 춘추시대의 문법을 폐기한 사건을 기준으로 택한 것이다.

춘추시대건 전국시대건 그 오랜 기간 역사의 수레바퀴를 숨 가쁘게 돌린 주역은 제왕이고 제후였다. 그들의 부침에 따라 나라의 지도가 어지럽게 얽히고, 인재와 백성이 모였다 흩어지고, 그 과정에 야담들이 만들어져 전해진다. 그러나 여기서는 제왕과 제후의 부침을 만들어낸 연출가, 당대의 대표적인 책사들을 살펴보고자 한다.

춘추시대의 문법 대가 관중

춘추오패 중 첫 패자는 제나라 환공이다. 《한비자韓非子》에 명의名醫 편작扁鵲과 일화를 남긴 제나라 환공은 전오田午이고, 이 제나라 환공은 강소백薑小白이다. 두 환공의 재임 시기는 200년 차이가 나는데, 헷갈려 잘못 소개한 경우가 많다. 기원전 685년에 군주로 등극하여 43년간 재위에 머물면서 제후들의 회맹을 아홉 차례나 주도하여 춘추시대 첫 패자로 추대된 제 환공은 강소백이다.

그가 패자에 오를 수 있었던 것은 춘추시대의 문법을 가장 잘 따랐기 때문이다. 앞서 말한 대로 당시에 패자가 되기 위해서는 이름뿐이긴 하나 주 왕실을 앞세워 명분을 얻어야 하며, 다른 제후들을 회맹에 소집하여 그들로부터 권위를 인정받아야 했다.

제 환공은 경쟁자인 노 장공과 송 환공을 칠 때 먼저 주 왕실을 끌어들인다. 송 환공이 난을 진압하고 왕위에 즉위하자 제 환공이 주도하여 주 천자의 승인을 얻는 회맹을 소집한다. 이때 노 장공이 '아니, 송 환

[그림 44] 관중

공의 천자 승인을 위한 회맹을 왜 제 환공이 주도하나?'라고 이를 무시하고 참석하지 않자 그는 기다렸다는 듯 천자의 이름으로 노를 공격한다.

이어 회맹에 마지못해 참석한 송 환공이, 제 환공의 주도가 못마땅해 중간에 자리를 뜨자, 또 기다렸다는 듯 공격한다. 천자의 이름으로 소집한 회맹에 불경했다는 이유로. 이때는 주 왕실에 원군도 요청한다. 이미 다 쓰러져가는 주 왕실의 원군이 무슨 도움이 될까마는 주 천자의 명의가 필요했던 것이다. 송 환공은 서둘러 전쟁을 포기하고 제 환공에게 고개를 숙인다. 이렇게 제 환공은 '존왕尊王'을 내걸어 중원의 패자가 된다. 그런데 이 모든 전략을 설계한 이가 바로 재상 관중管仲이다.

원래 관중은 환공 사람이 아니었다. 환공과 왕권 경쟁을 벌인 공자 규의 사람이었다. 심지어 왕권 경쟁 때 관중은 환공을 겨냥해 활을 쏘았고, 불행인지 다행인지 환공의 요대를 맞춰 죽이지 못했다. 따라서 경쟁에서 패한 관중은 죽음의 기로에 놓였다. 이때 환공에게 그를 재상으로 천거한 이가 바로 포숙鮑叔이다. 자신에게 활을 쏜 자, '살려서 잡아와 젓갈을 담아도' 분이 다 안 풀릴 자를 재상에 앉히라고? 거기다 그냥 용서하고 등용하는 것이 아니라 길일을 잡아 목욕재계한 후 그를 자신과 같은 상좌에 모셔 예우한 후 재상을 받아들이도록 요청하라고? 그러나 제 환공은 포숙의 이 제안을 받아들인다. 그릇이 다르다.

관중은 춘추시대의 문법을 가장 잘 아는 이였고, 그를 중부仲父, 작은아버지라고 부를 정도로 평생 존경하고 의지하며 잘 따랐기에 제 환공은 첫 패자가 될 수 있었다. 그러나 사마천은 〈사기열전〉에서 "천하는 유능한 관중을 칭찬하는 사람보다 그를 알아준 포숙을 칭찬하는 사람이 더 많았다"고 평했다. 관중도 "날 낳아주신 분은 부모지만, 날 알아준 이는 포숙이다"라고 말했다. 이렇게 말하기도 쉽지 않다. 그래서 포숙이 대단하지만, 관중도 대단하다.

사마천은 관중과 포숙, 두 사람의 우정을 '관포지교管鮑之交'라고 전했다. 관중은 안자晏子로 칭송되는 안영과 더불어 〈사기열전〉의 두 번째 열전에 오른다.

관중은 곧고 능력 있는 자였고 포숙은 어질고 지혜로운 자였다. 능력 있는 자가 바르기 어렵고, 지혜로운 자가 인자하기 어렵다. 우리 주변에는 작은 능력과 지위를 이용해 자신의 잇속을 챙기는 이가 더 많은 것이 현실이다. 또 얕은 지혜를 이용하여 주변 사람을 이간하고 해하는 자가 성공하는 경우도 많이 접한다. 허망하다. 그래서 관중과 포숙의 우정이 더욱 빛난다. 여기에 제 환공의 신뢰가 더해져 셋은 아름다운 팀을 이루어 춘추시대 첫 꽃을 제나라에서 피울 수 있었다.

> 관중은 곧고 능력 있는 자였고 포숙은 어질고 지혜로운 자였다.
> 능력 있는 자가 바르기 어렵고, 지혜로운 자가 인자하기 어렵다.

공자는 《논어》에서 제 환공을 2대 패자 진 문공과 비교하면서 "진 문공은 기만하며 농간을 부려 올바르고 정의롭지 못하나, 제 환공은 올바르고 정의로워 기만하여 농간을 부리지 않았다晉文公 譎而不正 齊桓公 正而不譎"라고 말했다. 그러나 관중이 죽은 뒤 환공은 환관 수초를 총애하다 왕자의 난으로 내란을 겪다 굶어 죽었다고 한다. 늙어 판단력을 잃은 것인지, 아니면 관중과 포숙의 자리가 너무 컸던 것인지 모르겠다.

패자의 무게

　오월동주吳越同舟. 오나라 사람과 월나라 사람이 한배를 탄다는 말로, 아무리 원수지간이라도 공동의 어려움이 닥치면 서로 힘을 합쳐야 한다는 의미다. 그러나 실제로 두 나라 사람이 그 문구대로 한배를 탄 적도 없고, 서로 힘을 합친 적도 없다. 그냥 《손자孫子》에서 원수지간의 예로 인용하여 전해졌을 뿐이다. 오나라와 월나라는 그만큼 세상 사람들이 다 아는 원수지간이었던 모양이다.

　먼저 그들에게 어떤 과거사가 있었는지부터 확인해보자.

　춘추시대 5대 강국 중 진과 제는 황하 유역에, 초, 오, 월은 장강(지금의 양쯔강) 유역에 위치하는데, 서쪽 내륙에 초가 있고 바다 쪽 하류 장강 바로 아래 오가, 그 아래 월이 있었다.

　기원전 496년에 월왕 윤상이 죽자 그 상중에 오왕 합려가 월나라를 공격한다. 비난받아 마땅하다. 그런데 월나라 책사 범려范蠡가 죄수들로 구성된 특수부대를 전면에 배치한다. 그들은 오나라 병사들과 마주하자 스스로 칼로 목을 베는 자해단이었다. 이 기이한 계략에 오나라 병사들은 겁을 먹고 도망쳤다.

　오나라는 어처구니없이 패하고 또 어처구니없이 손가락 부상으로 인해 오왕 합려가 죽는다. 그는 눈을 감으며 아들 부차에게 원수를 갚아달라고 유언한다. 먼저 싸움을 걸었다가 다쳐 죽었으면서 무슨 원수에 복수? 그러나 아들 부차는 와신臥薪, 거친 섶 위에서 잠을 자며 복수의 칼을 간다.

　2대에 걸친 복수전. 20여 년에 걸친 와신상담이 실재하지 않은 오월동주를 낳았다.

기원전 494년, 이번에는 월왕 구천이 범려의 반대를 물리치고 오나라를 공격한다. 그런데 구천은 오나라 책사 오자서伍子胥의 꾐에 빠져 회계산에서 부차에 의해 포위당한다. 죽음에 몰린 구천은 신하의 맹세를 하고 겨우 목숨을 건진다. 월왕 구천은 상담嘗膽, 회계산에서의 치욕을 잊지 않기 위해 매일 밤 자기 전에 쓸개를 핥았다. 부차의 와신과 구천의 상담을 묶어 '와신상담臥薪嘗膽'이라는 고사성어가 생겼다. 오늘날에는 지난 실패와 좌절에서 이겨내기 위해 모진 상황을 참고 이겨낸다는 의미로 사용되고 있다.

마지막 승부는 구천이 상담한 지 20년이 지난 기원전 473년에 일어났다. 패자에 오른 오왕 부차가 회맹하느라 도읍을 비운 사이 구천이 정예병을 이끌고 공격, 부차의 화의 제안도 거부하고 끝내 오나라를 멸망시키고 부차를 자살하게 한다. 2대에 걸친 복수전. 두 제왕은 와신과 상담을 번갈아 하며 복수의 칼을 갈았고 그래서 원수를 갚았다. 20여 년 동안의 와신상담이 실재하지 않은 오월동주를 낳은 것이다.

대장부 오자서와 지혜로운 자 범려

우리는 여기서 오왕 합려와 부차 두 왕의 책사 오자서와 월왕 구천의 군사 범려를 만난다.

오자서는 원래 초나라 사람이었다. 그러나 열국지 대표 간신인 비무기費無忌의 참언으로 아버지와 형을 잃고 초나라를 떠난다. 능력 있고 강직한 자가 독을 품으면 반드시 후환이 따른다. 초 평왕도 그것이 두려워 자객을 보내 그를 죽이려 하지만 번번이 실패한다. 도리어 오자서는 자객 중 한 명을 살려서 돌려보낸다. '반드시 다시 돌아와 너를 죽이겠다'는 말을 초 평왕에게 전하라고.

[그림 45] 오자서

오나라로 망명한 오자서는 오왕 합려를 보좌하여 춘추시대 4대 패자 자리에 올린 뒤 조국 초나라를 공격한다. 그러나 이미 초 평왕과 비무기는 죽은 뒤다. 분을 못 이긴 오자서는 초 평왕의 무덤을 파헤쳐 시신에 채찍질을 300번 하는 굴묘편시掘墓鞭屍로 복수한다. 그 마음을 이해하지 못할 바는 아니나, 가혹하고 섬뜩하다. 친구가 이를 비판하자 "해는 저물고 갈 길은 멀어 도리에 어긋난 일을 할 수밖에 없었다"라고 시인한다. 여기서 '일모도원日暮途遠'이라는 고사성어가 나왔다.

오왕 부차는 와신 중에 월왕 구천이 범려의 반대를 물리고 오나라를 공격한다. 지난 전쟁에서 재미를 본 월나라 죄수들로 구성한 자해단을 또다시 전면에 세운다. 그러나 오자서가 똑같은 계략에 두 번 당할 리 없다. 도리어 오의 정예병으로 정면 공격하여 월의 본진을 회계산으로 몰아 포위해버린다. 결국 구천은 부차에게 목숨을 구걸하며 군신 관계를 맹세한다.

오자서는 "월왕 구천은 오나라의 뱃속 질병과 같으니 반드시 죽여 후환을 없애야 한다"는 심복지환心腹之患을 오왕 부차에게 간언했으나, 이미 범려의 계략에 매수된 간신 백비伯嚭의 말에 현혹되어 거부한다. 심지어 백비의 모함으로 부차는 오자서에게 자결까지 명한다. 그래서 오왕 부차는 아버지 합려에 이어 패자로 행세했으나 후대 춘추오패에 끼지 못한다. 어리석은 패자로 기억될 뿐이다.

오자서는 오나라가 월나라에 멸망당하는 모습을 지켜볼 수 있도록 자신의 눈알을 도려내 동문 위에 걸어달라고 유언하고 자결한다. 사마천이 '대장부'라고 칭송한 오자서. 산이 높으면 골도 깊다고, 그는 인생의 시작과 끝에 춘추시대 대표 간신 두 사람에 의해 운명이 좌우되었다.

중국 후베이성에서 출토된 죽간 속에서 오자서의 병서兵書가 발견되었다. 오자서와 오왕 합려의 대화로 구성된 병서인데, 거기에 "우리는 비록 약하지만 옳다. 강하지만 불의한 적이 우리를 침탈한다면 깊숙이 끌어들여 한방에 끝장을 내라"라는 구절이 나온다. 오자서는 아我와 피아彼我를 의義와 불의不義로 나눈다. 이는 의를 지향하기에 가능하다. 그래서 그의 병법은 술術보다 대의에 의한 기氣를 중시한다. 오자서의 품성을 엿볼 수 있다.

소설보다 더 드라마틱한 그의 삶은 〈사기열전〉에 드물게 단독 열전으로 자세히 소개된다. 당당하기에 거침이 없다. 그래서 주변에 그를 두려워하는 자들이 생긴다. 뭔가 켕기는 자들이다. 적당히 거래할 수 없기 때문이다. 바로 그들이 무서워서 그를 노린다. 앞만 보고 큰 걸음으로 나서는 자는 옆에서 파고드는 칼과 뒤에서 날아오는 화살을 피하지 못한다. 당당한 자들의 안타까운 최후이자 비굴한 자들이 살아남는 방법이다.

오자서의 유언대로 오나라는 월나라에 의해 멸망한다. 월왕 구천은 오나라의 수도 고소성을 함락시킨 후 맨 먼저 백비를 찾아 죽이며 '이

[그림 46] 범려

것은 오자서의 복수'라고 말한다. 구천이 후대에 패자로 평가받을 수 있었던 것은 바로 이러한 역사에 대한 예의, 적의 책사이지만 인간으로서 존중할 줄 아는 태도 때문이지 않을까 싶다.

범려도 초나라 사람인데 월나라에 와서 구천의 군사軍師가 된다. 오왕 합려가 상중인 월나라를 공격했을 때 사형수들을 전면에 내세워 스스로 목을 자르는 기이한 장면을 연출한 것이 범려이다. 기겁한 오나라 병사들이 도망치자 정예군을 투입해 물리친다. 상상조차 하기 힘든, 평범하지 않은 책략이다. 오자서와 결이 다르다.

그 뒤 그의 만류에도 불구하고 월왕 구천은 오나라를 공격했다가 회계산에서 포위당해 굴욕적인 군신 관계를 맺는다. 그리고 3년간 오나라에 끌려가 부차의 시중을 드는 수모를 당한다. 그때 그는 구천과 함께 오나라에 머물며 상담嘗膽을 같이했다. 자신의 충언을 묵살한 결과이지만, 어려움은 같이한 것이다. 그리고 구천과 함께 월나라로 돌아오자마자 복수를 준비한다.

이때 중국 역사상 4대 미인 중 한 명인 서시西施가 등장한다. 범려는 오왕 부차에게 서시를 보내 주색에 빠뜨린다. 오자서가 강직하다면 범려는 영악하다. 그리고 20년 뒤 마침내 오나라를 멸망시키고 월왕 구천을 마지막 춘추오패에 올린다.

> 범려는 월왕 구천이 더불어 매일 밤 쓸개를 핥을 수는 있지만,
> 패자에 오르면 함께 권력을 누릴 수 있는 군주가 아니라는 사실을
> 알았다.

그러나 범려는 또 한 명의 충신이자 친구인 문종과 다른 선택을 하고, 다른 운명의 길을 간다. 오왕 부차는 마지막 위기에 몰리자 월나라 실세인 범려와 문종에게 회유하는 글을 보낸다. "곧 월왕이 오나라를 멸망시켜 목적을 달성하고 나면 다음 차례는 그대들이므로 그대들도 미리 살길을 도모하라"고. 범려도 부차가 말하고자 하는 바를 이미 알고 있었다. 월왕 구천은 더불어 매일 밤 쓸개를 핥을 수는 있지만, 패자에 오르면 더 이상 함께 권력을 누릴 수 있는 군주가 아니라는 사실을.

그래서 범려는 구천이 오나라를 무너뜨리고 패자에 오르자 미련 없이 월나라를 떠난다. 떠나는 길에 친구 문종에게도 부차의 말을 상기시키며 '토사구팽兔死狗烹'이라는 말을 남긴다. 그러나 범려의 편지를 받고도 주저하던 문종에게는 결국 구천의 검이 내려지고, 그는 목을 그어 자결해야 했다.

범려가 떠난 후 그와 서시에 대한 뒷이야기가 여러 상상으로 구전된다. 사실은 범려와 서시가 연인이었고, 그 둘이 사랑의 도피를 했다는 설도 있다. 《열국지》에서는 서시가 나라를 망하게 할 만큼 미인인 경국지색이라 구천의 왕비가 물에 빠뜨려 죽였다는 설을 받아들이고 있다. 한편 구천의 왕비가 아니라 범려가 마지막 충성으로 서시를 죽였다는 설도 있다. 또 서시가 사실은 강직한 오자서를 흠모하여 그 죄책감으로

스스로 목숨을 끊었다는 아름답고 슬픈 구전까지.

사마천의 《사기》에는 범려가 월나라를 떠나 성과 이름을 바꿔 장사를 하여 세 번이나 천금을 벌었다고 기록한다. 재신財神 도주공이 사실은 범려라는 이야기인데, 충분히 가능한 상상이다.

범려는 나설 때와 물러날 때를 아는 영악함을 타고났다. 그렇기에 그 지혜로 큰돈을 벌고 베풀며 천수를 누릴 만한 자다. 영악한 자는 지혜가 넘쳐 자신의 몸을 해하기 일쑤지만, 베풀고 자신을 낮출 수 있는 영리함까지 갖추었다면 여생을 충분히 즐길 수 있다. 쉽고 당연한 이야기이지만, 실천하기는 어렵다.

그는 누구일까?

다음은 전국시대 한 인물의 이야기다.

그는 자신을 욕하는 마을 사람 30여 명을 죽이고 고향을 떠나며 재상이 되기 전에는 고향으로 돌아오지 않겠다고 어머니께 맹세한다. 그리고 증자曾子의 문중에 들어갔다고 하는데, 정확하게는 그 아들에게 수학했다. 증자의 문중은 공자의 유학을 기본으로 하지만 그중에서도 효孝를 가장 으뜸으로 친다. 그런데 그는 어머니의 임종을 듣고도 맹세를 지키고자 고향에 돌아가지 않아, 증자 문중에서 쫓겨난다.

제나라가 노나라를 공격하자 노나라는 그를 대장군으로 영입한다. 그런데 그의 아내가 제나라 사람인 것을 알고 대장군 임명을 주저하자, 망설임 없이 아내를 죽이고 대장군이 된다. 대장군이 되어 전쟁터에 나서서도 가장 낮은 병사와 똑같이 입고 먹었다. 잠잘 때도 자리를 깔지 않고, 행군할 때도 말이나 수레를 타지 않는다. 또 종기가 난 병사의 고름을 직접 빨아준다. 그 소식을 들은 병사의 어머니는 대성통곡한다. 대장군이 이전에 남편의 종기를 빨아주어 남편이 장군의 은혜를 갚느라 물불 가리지 않고 싸우다 전사했기 때문이다.

마침내 재상에 오르자 그는 제일 먼저 법을 새로 고친다. 불필요한 관리는 지위고하를 막론하고 해임하고, 대신의 자제도 권세를 등에 업고 국록을 먹었으면 엄벌에 처하며, 왕족이든 공족이든 5대 이하는 일반 백성으로 돌린다는 것이다. 이런 그의 개혁으로 노나라는 2년 만에 강성국으로 변모한다.

그러나 그를 밀어주던 제왕이 죽자 그의 개혁으로 밀려났던 왕족과 대신들이 난을 일으켜 그를 쫓는다. 그는 선왕의 시신이 안치된 영당으로 달려가 시신 위에 몸을 던진다. 왜 그랬을까? 그를 신임하고 밀어준 선왕에 대한 그리움으로, 마지막을 그와 함께하고 싶었던 걸까? 그 위로 수십 발의 화살이 날아와, 그는 63세로 숨진다.

그러나 그에게 날린 화살은 선왕의 시신 위에도 떨어졌다. 초나라 법에 왕의 몸에 해를 가하는 자는 사형이다. 시신이라 해도 마찬가지다. 이 법은 앞서 오자서 이야기에서 나온 '굴묘편시'에 의해 만들어졌다. 그는 자신을 죽이고자 하는 반개혁 세력들에게 죽어서라도 복수하기 위해 선왕의 시신을 이용한 것이다. 결국 그를 죽인 왕족과 귀족들은 이 법에 따라 모두 처형당했다. 무서운 자다. 자신의 죽음조차 계략에 이용하다니.

위衛나라 사람으로 노魯, 위魏, 초를 돌며 평생을 개혁 전도사로, 구조 조정 전문가로, 그리고 무패의 전술 전략가로 명성을 날렸던 이. 사마천은 〈사기열전〉에 전략의 대가 손자孫子와 그를 함께 묶어 하나의 열전으로 당당히 기록한다. 그러나 말미에 "그는 성격이 차 몸을 망쳤다"고 평했다. 그는 누구일까?

그는 바로 오기吳起다. 한 사람의 길지 않은 인생에 이렇게 다양한 빛과 색깔을 보여주는 이도 드물 것이다. 그는 무엇을 위해 이토록 달린

[그림 47] 오기

것일까? 그의 이름대로 오기를 부리듯, 자신의 소중한 것을 다 버리면서, 마지막에 그에게 남은 것은 무엇이었을까? 사마천의 한 줄 평 뒤에 숨은 마음도 '짠하다'가 아닐까 싶다.

작법자폐 상앙

법가의 맥은 오기를 지나 상앙商鞅, 한비자, 이사李斯로 이어져 진시황의 천하통일에서 꽃을 피운다. 상앙은 위나라 사람인데, 패자를 꿈꾸는 진 효공 휘하에 들어가 법가에 기반한 강력한 부국강병책을 펼쳐 진나라를 단기에 전국칠웅의 최강자로 키우고 진시황이 천하통일을 이룰 기반을 닦는다.

하지만 그의 변법變法은 백성의 마음을 얻으려 하지 않았고, 반대파를 포용하려 하지 않았다. 오직 자신의 생각만 옳다고 믿고, 처지와 예외를 인정하지 않았다. 인정이 없는 개혁은 단명하는 법. 그러니 후원자

[그림 48] 상앙

인 효공이 죽자 반대파들이 상앙을 탄핵하고, 그는 위나라로 망명을 시도한다. 야밤에 국경을 넘으려고 하나 '새벽 첫닭이 울기 전에 관문을 못 연다'는 법에 걸리고, 여관에 하룻밤을 묵으려 하나 '여행증이 없는 사람은 받아줄 수 없다'는 법에 또 걸리고. 자기가 만든 법에 자기 목숨이 위태해진다는 '작법자폐作法自斃'가 여기서 나온다.

그는 살해되어 시신의 팔과 다리를 각각 다른 수레에 묶고 끌어 사지를 찢는 거열형에 처해지고, 그 조각들은 또 지방에 보내 경계로 삼는 데 쓰였다. 삼족은 자신이 만든 연좌제에 연루되어 몰살당한다. 법가 출신들의 비극적인 최후가 오기에 이어 계속된다.

진시황이 짝사랑한 한비자

한비자는 한나라 사람이다. 법가 계보의 마지막 인물이자 법가를 집대성한 거두다. 법가에는 3대 파가 있는데 세勢를 중시하는 신도파, 술術을 중시하는 신불해파, 법法을 중시하는 상앙파이다. 한비자는 "법과 술은 군주의 수단인데, 세가 없으면 수단을 부릴 힘이 없다"고 세 가지를 병용해야 함을 주장하며 3대 파를 통합했다.

한비자는 저서 《고분孤憤》에서 "법을 아는 선비能法之士는 굳세고 곧

아서 사리사욕을 꾸미는 간신을 잡아내야 하는데, 군주의 마음을 얻지 못하면 도리어 누명을 써 죽게 될 것이다. 술을 아는 선비智術之士는 식견과 통찰력이 있어 간신들의 음모를 밝혀내야 하는데, 세를 잃으면 도리어 자객의 손에 죽게 될 것"이라고 예언했다.

진시황도 《고분》을 읽고 "이 저자야말로 통일 대업에 꼭 필요한 자"라며, "이 사람과 한번 만나 이야기를 나눌 수 있다면 죽어도 여한이 없겠다"라고까지 했다. 이렇듯 진시황의 책사에 대한 욕망은 죽음도 불사한다. 물론 립 서비스지만.

그러나 한비자는 순자荀子 밑에서 동문수학했던 진시황의 책사 이사의 모함으로 감옥에서 독약을 마시고 자살한다. 뒤늦게 달려온 진시황은 그의 죽음을 알고도 이사를 문제 삼지 않았다. 다만 한비자의 마지막 유언이 무엇이었는지 안타깝게 물어볼 뿐이다.

그는 법가의 거두로서 꿈꾸었던 천하통일의 대로에 나서지 못하고 그렇게 쓸쓸히 감옥 한편에서 일생을 끝냈다. 전국시대를 끝낸 사상가이지만, 법가 출신이라는 이유로 사후 1천 년 뒤에 태어난 당나라 문인 한유韓愈에게 '한자韓子'라는 칭호마저 뺏기고 지금껏 '한비자'라고 불린다.

바로 이 한유로부터 유가의 정통에서 벗어났다고 배척받아 다시 1천 년 가까이 외길을 걸어야 했던 순자는 사실 왕도王道를 주장했다. 그런데 그 밑에서 함께 수학한 한비자와 이사가 모두 왕도를 폐기하고 패도霸道를 주장한 것이다. 이는 약육강식이 판치는 전국시대에 왕도는 무력했기 때문이고, 대의명분이 남아 있던 춘추시대의 문법에 가까웠던 까닭이다. 진시황도 전국시대의 종지부를 찍으려는 패자인지라 패도를 더 선호했을 것이다. 그래서 이사는 진시황과 함께 춘추전국시대를 끝내고 중국 최초의 통일 왕조를 이룬다. 그리고 재위 12년 동안 두 사람은 중국 1천 년의 역사를 설계한다. 그러나 이사 또한 진시황이 죽은 뒤 조고에 의해 누명을 뒤집어쓰고 오형을 당하고, 허리를 잘리는 요참형까지 당한다.

> 법을 말하는 자는 항상 군주의 신임을 잃지 않아야 하고, 술을 부리는 자는 세를 놓쳐서는 안 된다. 결국 그들의 운명은 끝내 토사구팽일 수밖에 없다는 것.

법가를 실현하려던 자들의 말로는 하나같이 비참하다. 제왕들은 너도나도 왕도를 앞세웠으나 실제로는 통치술로 패도를 더 선호했다. 그러다 덕을 구할 때 패도를 가혹하게 버렸다. 법을 자주 입에 올리는 책사들의 운명이다. 그들에게 권력을 안긴 이유는 법의 완장을 차고 제왕의 앞잡이가 되어 백성들의 말과 생각과 행동을 통제하라는 것이었다. 그러나 그들을 버릴 때의 죄목은 '너무 가혹하고 각박하며 인간미가 없다'는 것이었다.

한비자가 말하지 않았는가? 법을 말하는 자는 항상 군주의 신임을 잃지 않아야 하고, 술을 부리는 자는 세를 놓쳐서는 안 된다고. 이 말은 결국 그들의 일생은 교도소 담장 위를 걷는 것과 같으며 그들의 운명은 끝내 토사구팽일 수밖에 없다는 것. 진시황이 간수에게 들은 한비자의 마지막 유언도 바로 이 말이 아니었을까?

10

중국 최초의 통일 왕조
진과 한 사이
-《초한지》

선택

개인사든 역사든 돌이켜보아 아쉬운 것은 바로 그때 다른 선택을 하지 못한 것이다. 우리 일상은 어쩌면 선택의 연속이다. 사다리 타기처럼 두 갈래 길에서 한 길을 선택하고, 그래서 다른 길을 가다 다시 만난 두 갈래 길에서 또다시 한 길을 선택하고. 그렇게 골라골라 걸어온 길이 바로 자신의 일생이다. 그 어디에서 지나온 길을 돌아보며 아쉬워하는 것은 두 갈래 길에서 다른 길을 선택했으면 어떻게 되었을까 하는 마음이다. '만일'이라는 가정으로 다른 선택을 상상해보는 것이 무의미한 줄 알면서도, 회상의 단골 주제다. 그만큼 아스라하기 때문이다. 돌아보지 말라고 하지만 나이 들면 어쩔 수 없다. 다음 선택의 교훈을 얻겠다는 실용적 이유 때문이 아니라, 그냥 그러고 싶을 때가 된 것이다.

전국시대를 통일한 법가

춘추전국시대를 상징하는 정치권력이 춘추오패와 전국칠웅으로 나타났다면, 그 시대를 관통한 사상적 뿌리는 모두 제자백가에서 나왔다. 춘추전국시대 500여 년 동안 수많은 사상가들이 수많은 학파를 이루고 수많은 사상을 만들어, 나름의 주장을 펴며 전국을 유람하고 제후와 제왕들에게 유세하며 그 사상을 퍼뜨렸다.

그들의 공통된 주제는 주 왕실이 무너지며 제도와 규범, 지배계급과 지배질서가 무너진 이 혼란스러운 시대를 어떻게 풀어나갈 것인가에 맞춰져 있었다. 그 처방에 따라 구류九流 혹은 십가十家로 분류된다.

그중 유가儒家의 처방은 주나라의 예禮와 악樂을 회복할 때만이 이 혼란을 멈출 수 있다고 보았다. 그래서 공자는 주의 전통을 계승하려 한 노나라의 사적을 《춘추》로 기록하여 전범을 보여주었다. 이에 도가道家는 그 예와 악도 인위적인 기준일 뿐이고, 기준이 분별을 낳아 혼란을 불러왔다고 보았다. 그래서 개인의 자발성에 맡겨두면 오히려 사회가 자연스럽게 조화를 이루어나갈 것이라고 주장했다. 젊은 공자의 의욕이 불안해 보였던 탓일까, 노학자 노자는 찾아온 공자에게 "그대(공자)가 지금 이야기하는 그 (주나라) 사람들의 뼈는 모두 썩어 없어졌다네"라고 조언했다.

그러나 이 두 주장은 춘추시대의 문법이 그래도 살아 있을 때 이야기다. 전국시대에 들어서면 시대 상황도, 시대 요구도 확 달라진다. 이 주장들은 전국시대의 패자들에게 한가한 소리로 들렸고, 이 변법들은 전국시대의 전장에서 무력할 수밖에 없었다. 유가에서 새로이 내놓은 맹자의 왕도정치 또한 패자들의 브로치에 불과했다. 약육강식의 경쟁 속에서 한 나라의 생존 방식에 관한 현실적 해법에 집중된 주장들만이 먹혔다. 진秦이 강성해지자 나머지 6국이 진에 대항하여 살아남고자 합종

책合從策을 받아들였고, 또 이를 무력화하기 위해 진에서 연횡책連橫策을 펴는 것이 그러했다.

> 전국시대에 왕도정치는 패자들의 브로치였을 뿐이다. 진시황이 법가
> 를 받아들인 것은 생존책이 아니라 부강책이었기 때문이다.

전국시대를 끝내고 천하를 통일한 진시황이 법가를 받아들인 것은 어쩌면 당연했다. 법가는 당대 다른 주장들과 달리 생존책이 아니라 부강책이었다. 국가의 재원을 집중하고 통치를 효율화하여 국력을 최대화하기 때문이다. 전국시대에 살아남는 것이 아니라 전국을 통일하려는 진시황의 야망에 부합하는 변법이기 때문이다. 그래서 진시황은 여불위呂不韋를 숙청하고 실권을 장악하자마자 이사를 끌어들이며 법가를 적극적으로 수용했다.

사상이든 변법이든 시대의 과제를 풀기 위해 세상에 제출된다. 춘추전국시대에 풍미한 제자백가도 마찬가지다. 그러나 춘추시대와 전국시대의 목소리는 달라야 했다. 시대의 과제가 다르고, 해법이 달랐기 때문이다. 그런 점에서 제자백가의 주장들을 시대가 요구하는 해법 차원에서 접근해보면 사유의 합리성보다 변법의 설득력이라는 측면에서 그 깊이가 달리 보일 것이다.

진시황을 위한 변명

진시황의 전국시대 통일은 시대구분을 떠나 중국 역사상 매우 중요한 분기점이 된다. 진은 처음으로 황허 유역에서 벗어나 천하, 즉 오늘날 중국 전역을 처음으로 통일했다. 또한 성읍 국가 수준을 벗어나지

[그림 49] 진시황

못했던 하상주와 달리, 명실공히 전국적인 국가 체제를 처음으로 구축했다. 황제라는 명칭도 최초로 사용했다. 오늘날 중국을 가리키는 단어인 '차이나China'도 진에서 비롯되었다. 즉, 진은 이후 중국을 하나의 국가, 하나의 문명 개념으로 묶는 그 출발점이었다. 중화中華 개념의 기반을 처음으로 닦은 것이다.

그럼에도 진시황은 전국시대를 통일하는 과정에서는 조조를 능가하는 간웅으로 그려지고, 황제에 오른 뒤에는 분서갱유焚書坑儒와 무리한 토목공사만 일삼는 폭군으로 묘사된다. 그리고 말기에는 환관 조고趙高에게 놀아나 멀쩡한 장남 부소를 처형하고, 무능한 호해에게 제위를 넘긴 암군暗君으로 묘사된다. 그렇게 최근 재평가가 이루어지기 전까지 2천 년 넘게 부정적인 평가로 덧칠되었다.

진시황은 진의 첫 황제라는 뜻이다. 그의 이름은 정政이다. 소양왕(증조부), 효문왕(조부), 장양왕(부) 3대가 3년 만에 연이어 사망하면서 13세의 어린 나이에 왕에 즉위한다. 장양왕의 후원자였던 여불위가 그를 대신하여 상보尙父의 칭호를 얻어 섭정에 나선다. 그로부터 10년 뒤 권력을 농락한 어머니 조 태후와 그녀의 총애를 받은 노애가 반란을 일으키자 이를 진압하면서 여불위까지 숙청하며 22세에 실권을 장악한다.

진시황은 이사와 더불어 전국시대의 통일을 꿈꾼 지 17년 만에, 통일 전쟁에 나선 지 10년 만에 이웃 한韓을 정복하면서 기원전 221년, 39세의 나이로 천하를 제패한다. 그리고 황제에 오르자마자 이사와 함께 미리 준비한 천년 제국의 토대를 닦는다. 먼저 법가사상을 제국의 통치 이념으로 세우고, 군현제를 도입하여 중앙집권을 강화하며 화폐, 서체, 도량형은 물론 수레바퀴의 폭까지 통일한다. 이렇게 천년 제국의 틀을 디테일하게 맞춰나가다 50세에 자신이 닦은 천하 고속도로 직도를 통해 전국 순행 중 객사한다.

뫼가 높으면 골이 깊다고, 진시황만큼 공과 과가 확연히 나뉘는 인물도 드물다. 또 그런 인물일수록 시대에 따라 때로는 공만, 때로는 과만 부각되어 평가되곤 한다. 최근 진시황의 공에 치우친 평가가 유행하는 것도, 지난 2천 년 동안 그의 과를 과장하여 부정적 평가로 매도한 것과 마찬가지로 정치적 이해에 기반한 편향이다. 누구의 웅변처럼 과거에 지나치게 오른쪽으로 기울었기 때문에 왼쪽으로 무리해서 잡아당겨야 중간 어디쯤에서 맞춰질 것이라는 논리는 궤변이다. 지금 필요한 것은 공도 과도 하나하나 객관적으로 평가하여 일단 제자리로 돌려놓는 일이다. 그래서 먼저 과거 진시황을 몰아붙였던 부정적 평가의 근거가 된 분서갱유焚書坑儒, 아방궁阿房宮과 만리장성에 대해 짚어볼 것이다.

분서갱유는 실용서를 제외하고 유가와 관련된 모든 서책을 불태우고, 유학자들을 생매장한 사건이다. 발단은 이렇다. 진시황이 법가를 통치 이데올로기로 받아들이면서 중앙집권제로 돌아서자 유가를 신봉하는 관료와 지방 호족들이 과거 주나라의 봉건제를 옹호하고 나서면서 갈등이 시작되었다.

거기에 유가와 법가에서 말하는 군신君臣 관계의 관념이 달라 갈등을 증폭시켰다. 유가에서 신하란 마땅히 목숨을 던져서라도 제왕에게 통치에 대해 의견을 내어 왕도를 걷도록 해야 한다. 반면 법가에서 신하는 법에 따라 실무를 효율적으로 처리하여 백성들을 효과적으로 통제하는 데 임무가 있다. 그러니 법가를 받아들인 제왕의 눈에 유학자는 사사건건 뒷다리나 부여잡는 매우 귀찮고 성가신 존재일 뿐, 현실의 문제 해결에는 무능력한 존재로 비쳤을 것이다.

> 분서갱유의 이면은 하루아침에 모든 권력과 이권을 잃어버린 지방
> 호족들이 유가를 앞세워 왕도(봉건제)로 돌아오라고 목숨을 던진 데
> 있다.

그러나 군신 간 갈등의 이면에는 이러한 숭고한 이념 아래 비열한 이권이 숨어 있다. 즉, 지방 기득권자들이 하루아침에 봉건제하에서의 모든 권력과 이권을 잃었다. 군현제가 도입되면서 그들의 자리를 중앙에서 황제가 임명한 지방관이 속속 차지했기 때문이다. 그러니 '아 옛날(주나라)이여'가 절로 나올 밖에. 그래서 유가를 내세워 '아니 되옵니다. 왕도(봉건제)로 돌아오십시오'라며 목숨을 던졌던 것이다. 사마천은 《사기》에서 이를 '옛것을 익혀 새것을 비방하는 자들을 매장한 것'으로 정리했다.

더불어 집중적으로 분서의 대상이 된 서적들은 춘추전국시대 제후국들의 역사서다. 전국을 통일한 진의 입장에서는 정통성을 확보할 필요가 있었을 것이다. 진도 초기에는 동네 개처럼 얻어맞으며 사직을 이어온 비겁했던 과거가 있고, 제후의 가문도 처음에는 듣보잡일 수 있으며, 그런 시시콜콜하고 기억하고 싶지 않은 추문들이 어느 제후국의 역

사서에 남아 있을지 알 수 없는 일이었다. 그래서 어느 제국이든 이전 시대, 이전 왕조의 역사는 왜곡하기 마련이고, 때로는 그 자료들을 폐기하기도 한다. 그러나 조용히, 조심스럽게, 숨어서, 명분을 내세워 진행했지 이처럼 요란 시끌벅적하게 대놓고 분서까지 하지는 않았다.

집권 5년도 마치 영원할 것처럼 완장을 차는데, 500년 넘게 지속되어온 혼란을 통일한 진은 당시 오죽했을까 싶다. 지금까지의 과거는 영원히 없고, 앞으로의 미래는 영원히 진과 함께한다고 확신하지 않았을까? 무모했고, 어리석었다.

어쨌든 그 결과 고조선과 국경을 맞닿은 연燕나라와 고조선과 무역이 활발했던 산둥반도에 있던 제齊나라의 역사서도 모두 불태워졌다. 그 역사서들을 통해 우리 고조선의 역사를 훔쳐볼 기회도 같이 사라졌다.

아방궁은 진시황이 통일 후 지었다는 궁궐인데, 지나치게 크고 화려해 폭군이 누렸던 사치의 상징으로 인용된다. 그러나 아방궁은 존재하지 않았다. 조궁의 아방전만 있을 뿐이다. 후세가들이 입방아 찍는 아방궁은 사실 조궁의 전전前殿인 아방전을 두고 말하는 것인데, 그 아방전도 건축되지 않았고 바닥만 다지다가 진이 망해 휑한 공터만 남겼다. 최근 고고학조사단의 현지 발굴 조사 결과, 이 일대에서 어떤 건축물의 흔적도, 화재의 흔적도 발견하지 못했다.

그런데 역사는 함양에 입성한 유방이 아방궁의 화려함에 놀라고 거기에 수많은 궁녀와 보물에 입을 다물지 못했다고 기록했다. 유방이 환각이라도 본 걸까? 또 뒤늦게 입성한 항우가 이 아방궁을 불태웠는데 석 달 하고도 열흘이 더 걸렸다고 역사는 기록했다. 도대체 항우는 어디서 불장난을 벌인 걸까? 사마천도 터를 잡아놓은 아방전의 규모만 언급했을 뿐 항우의 방화에 대해서는 언급하지 않았다. 두목杜牧이 《아방궁부》에서 노래한 '다섯 걸음마다 누각이요, 열 걸음에 전각이라'는 아방궁은 사실 그의 상상 속 궁궐이었을 뿐이다.

한편 진시황의 대표적인 폭정으로 아방궁과 함께 거론되는 것이 만리장성萬里長城 부역이다. 만리장성은 인류가 만든 최대 건축물이자 7대 불가사의 중 하나다. 천문학자 칼 세이건은 저서 《코스모스》에서 "인공위성에서 식별할 수 있는 유일한 인공 건축물"이라고까지 표현했다. 그런데 이후 중국의 최초 우주인이 지구 밖에서 이를 확인해본 결과 인간의 눈으로는 찾아볼 수 없었다고 증언했다. 어쨌든 동쪽 허베이성에서 서쪽 간쑤성까지 만 리 4천 킬로미터, 중국의 기준으로 5천 킬로미터, 아니 실제로는 6천 킬로미터가 넘는 장성長城의 만 리萬里 대공사였으니 그만큼 당시 인민의 희생은 오죽했겠냐는 것이다.

아방궁은 존재하지 않았으며, 사실 진시황의 만리장성은 토성이고
높이도 나지막했다.

그런데 진시황이 만리장성을 처음부터 축조한 것이 아니고, 당대에 만 리를 다 쌓은 것도 아니다. 사마천은 《사기》에서 만리장성은 "진이 천하를 통일한 후 몽염蒙恬에게 30만의 병사를 주어 북쪽 융적을 쫓아내고 하남을 점거한 후 장성을 축조했다"라고 했다. 이 기록에 따르면 몽염이 융적을 물리친 때가 기원전 215년이니 만리장성 공사는 그 이후에 시작되었고, 진시황이 기원전 210년에 사망했으니 그 공사 기간은 길어야 4년 이내다. 그 기간에 만 리의 성을 쌓았다고?

그래서 만리장성은 전국시대 위, 연, 조 삼국이 이미 쌓은 장성을 보수하고 연결하여 증축했다고 부연한다. 처음부터 축조한 것이 아니라는 것이다. 이후 한 무제와 수 양제 때 공사가 계속되어 장성의 길이가 연장되었다. 그리고 진시황이 쌓았다는 만리장성은 지금 우리가 보는 만리장성보다 좀 더 북쪽에 위치한다. 또 지금과 달리 토성이며 높이도 사람과 말들이 넘나들 정도로 나지막했다. 장벽이라는 의미보다는 경

[그림 50] 만리장성

계로서의 의미가 더 컸다.

평균 높이 7.8미터로 벽돌로 쌓아 올린 지금의 만리장성은 명나라 3대 영락제가 수도를 난징南京에서 베이징北京으로 옮기면서 몽골족의 재침을 막기 위해 북위, 북제 때 쌓은 장성을 증축하기 시작하여 명 전대에 걸쳐 완성한 것이다. 물론 인민의 희생을 부정할 순 없겠지만, 지금의 만리장성을 보며 진시황 당시 인민의 피와 땀을 연상하는 것은 맞지 않다. 진시황의 폭정을 묘사하면서 앙상한 갈비뼈가 드러난 인민들이 자신들보다 몇 배나 더 큰 어마어마한 바위를 끌고 산으로 기어 올라가는 장면을 보여주는 것은 일종의 왜곡이다.

거기다 왜 '세계 최장의 공동묘지'라는 악명의 만리장성 부역을 진시황에게만 뒤집어씌우는 걸까? 왜 진시황과 수 양제만 문제를 삼고, 한 무제와 명나라 영락제의 부역은 폭정의 사례로 거론하지 않는 걸까? 영락제는 만리장성, 지금의 자금성과 대운하까지 3대 토목공사를 모두 벌이고도 명나라 제2의 건국 군주로 평가받는다. 동일한 부역, 아니 더 가혹한 부역이라 하더라도 그 집행자에 따라 폭정 여부를 선택하는 걸까?

사마천의 숨은 의도는?

진시황의 만리장성 부역 문제를 처음 사서에 기록한 이는 사마천이다. 만리장성의 건설책임자인 몽염은 훗날 조고의 모함을 받아 역모죄로 죽임을 당할 때, 자신에게 죄가 있다면 만리장성을 쌓으며 땅의 지맥을 끊은 것뿐이라고 탄식했다. 이를 사마천이 《사기》에 소개하면서 '만리장성 축조 같은 부역으로 고통받은 백성의 노고를 모른 것이 진짜 죄'라고 꾸짖으면서 비롯되었다.

그런데 사마천이 굳이 몽염의 '진짜 죄'를 만리장성 부역이라고 콕 짚은 이유는 다른 데 있지 않을까? 그러고 보니 사마천이 진시황의 아방궁을 거론하며 굳이 그 터의 가로와 세로 길이를 정확하게 소개한 것도 다른 의도가 있어 보인다. 사실 사마천이 밝힌 아방궁의 규모는 한고조가 초한전을 막 끝내고 토사구팽을 하던 어수선한 정국에 소하를 시켜 건축물까지 쌓아올린 미앙궁未央宮의 규모보다 작다. 그렇다면 진시황의 아방궁을 빗대 미앙궁을 까고 싶었던 것은 아닐까? 마찬가지로 사마천이 몽염을 꾸짖은 것도 사실은 한 무제가 벌이는 만리장성의 연장 대공사를 까기 위한 것이 아닐까?

진시황의 분서갱유, 아방궁과 만리장성 부역을 다시 들여다본 이유는 그의 과를 덮기 위한 것이 결코 아니다. 앞서 말한 대로 평가 시점의 어떠한 이유로 공이든 과든 과대 포장하여 미화하거나 매도하는 광풍을 조금 막아보자는 뜻이다. 모든 것을 일단 제자리로 돌린 다음 공과과를 따지자는 거다.

《초한지》가 왜 인기일까?

《초한지楚漢志》는 명나라 종산거사鍾山居士 견위甄偉의 《서한연의西漢演義》에서 시작하여 여러 나라에서 많은 버전이 지금까지도 재생산되고 있다. 그런데 《서한연의》를 편저하거나 번역 혹은 편역하기보다 사마천의 《사기》를 원본으로 하거나 참조한 《초한지》 버전들이 더 많이 출간되고 있다. 원전이라 할 최초의 작품이 이렇게 무시되는 경우도 드물 것이다.

《초한지》는 춘추전국시대를 끝내고 중국 역사상 최초로 통일 왕조를 세운 진나라가 겨우 10년 지나 시황제가 객사하면서 급격히 왕조가 무너지는 시점부터, 최대한 길게 잡아 전한前漢 일곱 번째 황제인 무제武帝까지, 사마천의 《사기》에서 다루는 시기까지를 시간적 배경으로 하고 있다. 주요하게는 진 말과 한나라 초기의 두 영웅, 초나라 항우項羽와 한나라 유방劉邦을 그린 이야기가 다 《초한지》다. 한마디로 정본이 없다.

《초한지》는 두 주인공의 캐릭터가 전형적이고, 그 갈등과 대립과정은 심지어 상투적이며, 전개 또한 이분법적 구도에서 예상할 수 있는 뻔한 결론에서 벗어나지 못한다.

유방은 '장량張良만큼 책략도 모르고, 소하蕭何처럼 행정관리에 무능하고, 한신韓信처럼 군사전략도 모르는' 시골 깡촌의 백수건달이다. 반면 항우는 '역발산 기개세力拔山 氣蓋世'의 초인적인 힘을 지닌 초나라 귀족 출신으로 자존감 뿜뿜 무인이다. 약골의 시골 샌님 유방과 평생 어려움 없이 자란 귀족 무인 항우의 대결. 이력만 보면 상대가 안 되는 두 인물이 천하를 놓고 한판 승부를 벌인다. 그러나 우리는 두 인물평만 보고도 유방의 승리를 예상한다. 왜? 그래야 재밌으니까. 항우가 이긴다면 그야말로 재미없는 《삼국지三國志》류의 이야기가 될 테니까.

냉혹한 승부의 세계가 펼쳐지면서 두 인물의 장단점은 뒤집어진다.

유방은 살아남기 위해, 원하는 것을 얻기 위해서는 거짓 눈물도 흘릴 줄 알고, 자신의 목숨을 구하고자 아내도 버리고 자식도 마차에서 던져 버릴 줄 안다. 그러나 항우는 사면초가가 되었을 때 사랑하는 여인 우희虞姬를 위해 해하가垓下歌를 부르며 눈물을 흘리고, 오강에 이르러 후사를 도모할 기회가 주어졌음에도 자신을 위해 죽은 병사들에게 면목이 없다며 스스로 목숨을 끊는다.

천하를 논할 때는 인간성조차 거추장스러운 걸까? 체면 따위는 개에게나 던져주고 천하를 움켜쥔 비루한 자와 천하를 자신의 가오와 맞바꾸는 철딱서니 도련님으로 상황은 뒤집힌다.

유방의 한나라 병사들은 들판에서 일하던 농민을 강제 징집하거나 밥과 돈으로 꾀어 모아들인 오합지졸의 군대. 그러나 항우의 초나라 병사들은 천하 재통일을 함께 꿈꾸며 항우와 강동에서 강을 함께 건넌 소수 정예. 전제는 이렇지만 현실의 전개는 또 뒤집어진다.

유방의 승리를 이끌어낸 전략의 장량도, 전쟁의 신 한신도 처음에는 항우 밑에 있었으나 그를 떠나 유방의 휘하로 돌아선다. 유방의 장량과 한신과 소하, 세 사람을 다 합쳐도 못 이긴다는 범증范增을 항우는 이간에 놀아나 스스로 버린다. 그러니 초와 한의 전쟁은 두 영웅이 아니라 그들의 사람들에 의해 결정 난 것은 아닐까? 아니, 좀 더 구체적으로 말하면 유방의 사람들과 항우 혼자의 대결이었고, 항우는 거기서 패한 것이 아닐까?

항우는 유방을 죽일 수 있는 기회가 몇 번이나 찾아왔으나 매번 감상에 젖어 주저하고 망설인다. 그러나 유방은 홍구를 사이에 두고 천하를 동서로 양분하기로 화약하고도 돌아가는 항우의 뒤통수를 쳐 마침내 전쟁을 승리로 끝낸다. 두 영웅의 승패는 이 차이에서 결판 난 것이 아닌가 싶다.

《삼국지》는 사람마다 좋아하는 인물을 고를 수 있을 만큼 등장인물이 많고 다양한 반면 《초한지》는 기억할 만한 등장인물들이 기껏해야 열 손가락 안쪽이다. 《열국지》는 춘추전국시대 500여 년의 역사를 다루는데, 《초한지》는 기껏 10년 역사다. 그럼에도 《초한지》가 《삼국지》, 《열국지》와 함께 쇄를 반복하며 다양한 버전으로 이어지는 이유는 무엇일까?

여기서는 항우와 유방이 아니라 그들의 참모인 범증, 소하, 장량, 한신을 들여다볼 것이다. 또 참모로서 그들의 역할이 아니라 처신을 살펴볼 것이다. 이인자의 길, 주군의 선택과 살얼음판 같은 처신, 그리고 자신들의 운명을 헤쳐나가는 지혜를.

홍문의 회, 아! 범증

역사에는 '만일'이라는 가정이 무의미하지만, 후세에서 '만일'을 자주 가정하는 이유는 그만큼 당시의 선택이 이해되지 않는다는 안타까움 때문일 것이다. 《초한지》에서 '만일'이라는 가정을 하고 싶은 첫 번째 상황은 뭐니 뭐니 해도 누구나 이해가 되지 않는 (항우의 입장에서) 아쉬운 상황, 홍문의 회鴻門之會다. 이때 항우는 왜 유방을 죽이지 않았을까?

먼저 그 현장으로 가보자. 목숨을 구걸하러 온 유방은 홍문의 항우 진영에 거의 기다시피 들어온다. 항우는 당장 그의 목을 내려칠 기세로 앞을 막고 서 있다.

먼저 항우는 유방에게 함양을 차지하고 함곡관에서 길목을 막은 이유를 묻는다. 그러자 유방은 얼굴을 땅에 박은 채 떨리는 목소리로 '대왕(항우)에게 바치기 위한 것'일 뿐이라고 떠듬거린다. 전후 상황을 볼 때 실제와 전혀 맞지 않는, 말도 안 되는 변명이다. 그러나 항우는 이 변명 같지 않은 변명에 살기를 거둔다. 왜? 그냥 내려치면 상황 끝인데?

첫 번째 안타까운 장면이다.

그러면 왜 항우는 유방의 이런 비겁한 변명에 넘어갔을까? 엄밀하게 말하면 넘어간 것이 아니라 불쌍하고 짠해서 스스로 용서한 것이다. 항우는 뼛속까지 무인이다. 아첨하는 자는 미워하나, 자신의 상대가 되지 않는 자가 비굴하게 엎드리고 들어오면 무시한다. "내가 이런 자 때문에 분노했단 말인가?" 하고 스스로 멋쩍어하는 스타일이다. 그래서 더 호탕해지려 한다.

항우는 유방의 소문을 들은 바 있어 적잖이 경계했다. 그런데 정작 직접 얼굴을 보고 그의 태도를 보니 이건 뭐, 더불어 천하를 논할 자가 아니다. 당당히 주장을 펴거나 현란한 혀를 놀리는 것이 아니라, 그저 바싹 땅에 엎드려 자신의 고함소리에 금방이라도 오금을 지리며 눈물을 뚝뚝 흘릴 정도니. 무인 항우는 되려 미안한 마음이 들 정도다.

현실에서도 이런 상황은 다양한 변주로 반복되지만, 반드시 나중에 반전된다. 그 짠했던 인간이 자리가 바뀌면 능글능글하게 거만해지고 야비하게 보복한다. 그자가 짠하게 느껴 자신을 용서한 것이 아니라, 자신이 상대를 철저히 기만했고 그는 자신의 계략에 넘어갔다고 여긴다. 그래서 상대의 용서에 감사함을 느끼기는커녕 상황이 바뀌면 거만해진다. 혼자서 안으로 삼켰던 모멸감을 보상받고자 보복할 때는 더욱 야비해진다. 유방이 그랬고, 항우가 당했다. 그리고 지금 이 순간, 순진한 누군가가 여전히 당하고 있다.

'더불어 큰일을 이룰 수 없는 사람'

연회로 자리를 옮기며 항우의 호탕함은 철없어지고, 유방의 가늘어진 눈 끝은 올라간다. 속이 뒤집히는 건 항우의 책사 범증. 범증은 항우에게 몇 번이고 신호를 보내지만, 항우는 무시한다. 옥 술잔을 가슴에 대면 바로 목을 치라고 그렇게 신신당부했건만. 하는 수 없이 범증은 항우의 사촌 형 항장에게 칼춤을 추다가 유방을 한칼에 베라고 지시한다. 그때 항우의 숙부 항백이 나서더니 같이 칼춤을 추며 항장의 칼을 가로막는다.

이자는 또 왜 이러는가? 간밤에 항백은 이미 유방의 사돈 제안에 홀라당 넘어갔던 것이다. 조카의 천하 통일을 원하지 않았던 걸까?

그렇다기보다는 그 역시 당시만 해도 자신의 처신이 조카의 천하 대업에 전혀 영향을 미치지 않을 거라 여겼고, 이참에 괜찮은 사돈이나 챙기려 하지 않았나 싶다. 사돈(유방)에게 한중 땅을 넘기는 로비까지 하는 것 보면. 그러나 전세가 뒤집히자 그는 아예 조카 항우를 떠나 사돈 유비 진영에 투항하여, 유씨 성까지 하사받고 제후로 봉해진다. 이런 자들은 자신이 무슨 짓을 했는지 죽을 때까지 알지 못한다. 어쨌든 이렇게 두 번째 안타까운 '만일'의 장면이 지나간다.

위기를 느낀 유방의 책사 장량이 밖에 기다리던 번쾌樊噲를 불러온다. 불같은 성미의 번쾌가 연회석에 뛰어오르자 항우가 놀라 칼을 다시 집어 든다. 그러나 번쾌는 유방과 또 다른 차원으로 항우를 갖고 논다. 항우가 권한 술 한 되를 한 번에 들이키며 무인으로서 동질감을 먼저 심어준다. 단순한 항우는 번쾌의 호방함에 금세 무장 해제된다. 그러자 번쾌는 아예 대놓고 말한다. 유방이 함양을 먼저 점령했다는 점을 강조하며 사나이의 약속을 환기시키고, 그럼에도 대왕(항우)이 오기를 기다리며 아랫사람으로서 도리를 다했는데 이간에 놀아나 죽이려 하느냐고 정공법으로 들이박는다.

이런! 항우는 번쾌의 이따위 항변에 도리어 미안해한다. 범증의 가슴은 무너진다. 멧돼지 같은 번쾌도 이렇게 머리를 굴리는데. 우리 주변에서도 이런 이들이 하는 아부에 숨은 도끼날을 보지 못하는 사람들이

[그림 51] 범증

많다. 멧돼지가 두툼한 손바닥을 비비는 신기한 재주에 눈이 팔렸나?

잠시 자리에서 나온 유방, 장량, 번쾌. 도마에 오른 고기는 튀어야 한다. 언제 칼이 내리칠지 모른다. 이때 인사도 없이 자리를 떠나는 것은 예의가 아니라고 말하는 유방, 헐! 그런데 이 말은 곱씹어야 한다. 그러면 유방이 먼저 오금 지린 듯 도망가자고 해야 할까? 유방은 장량이 자신의 말을 막아주리라 믿고 그 순간에도 리더의 립서비스를 잃지 않는 노회함을 부리는 것에 불과하다.

그렇게 보면 유방과 항우는 한참 차이가 난다. 번쾌의 호위를 받으며 유방은 튀고, 시간을 벌고자 장량이 인질로 술자리를 지킨다. 역사도 이렇게 '만일'의 시간을 덧없이 흘려보낸다.

유방은 항우에게 흰 옥구슬 한 쌍을, 범증에게 옥 술잔 한 쌍을 선물로 남기고 날랐다. 엿 먹이는 거다. '우리도 당신이 옥 술잔을 치켜들면 항우가 우리 주군을 내리치라는 신호라는 것을 눈치챘어. 당신의 그 옥 술잔이 효력을 다한 것 같으니 새 옥 술잔을 선물하네.'

범증은 그 술잔을 바닥에 내던지며, 항우를 일러 '더불어 큰일을 이룰 수 없는 사람'이라고 한탄한다. 또 후인들로부터 '안 될 사람(항우)을 모실 만큼 안목이 낮았다'는 폄하까지 당한다. 한번 아니다 싶으면 떠나는 게 상책인데, 범증은 미련을 버리지 못하고 끝내 모함까지 받고서야 고향으로 떠났으니 말이다.

"만일 당신이 모시는 주군에게 뒤늦게 천명이 없음을 알게 된다면…
말을 갈아탈 것인가? 아니면 운명으로 받아들일 것인가?"

《사기》에는 범증이 칠순이 되어 항우의 삼촌인 항량의 책사가 되었다고 하니, 대충 기원전 278년생쯤 된다. 그때는 책사들의 전성시대인 전국시대다. 심지어 재사들의 수집광인 진시황이 천하를 통일한 것이 기원전 221년이다. 그런데 범증은 진시황의 안테나에도 걸리지 않았다. 도대체 그는 어디에 있다가 칠순이 지나서야 역사에 등장했을까? 그래서 그의 잃어버린 70년을 메우기 위해 소설에서는 그가 선사였고, 스스로 점을 쳐보니 때가 아니라 하여 은둔했다가 뒤늦게 출사했으며, 항량을 따라나섰을 때도 뒤늦게 점을 쳐보니 천명이 아님을 알고 후회했다고 전한다. 그럼에도 의심스럽긴 마찬가지다.

그러나 《삼국지》의 제갈량諸葛亮도 삼고초려三顧草廬를 받고 유비의 책사로 나서면서 "나 역시 항우에게 천명이 없음을 알면서도 함께할 수밖에 없었던 범증을 탓할 수 없게 되었다"라고 한 것을 보면, 운명이다. 범증도, 제갈량도, 주군의 선택도. 만일 당신이 모시는 주군에게 뒤늦게 천명이 없음을 알게 된다면 어떻게 처신할 건가? 말을 갈아탈 것인가? 아니면 운명으로 받아들일 것인가?

《초한지》의 가장 안타까운 역사의 '만일'의 순간은 그렇게 끝났다. 운명이다. 항우와 범증의 운명이 딱 그 정도였다.

한의 삼걸

　다음으로 우리가 주목하는 영웅은 유방을 모신 한삼걸漢三杰, 소하, 장량, 한신 세 사람의 운명이다. 《사기》에서 유방은 "무릇 군영의 장막 안에서 계책을 마련하여 천 리 밖에서 벌어지는 싸움을 승리로 이끄는 것은 내가 장량만 못하고, 나라를 안정시키고 백성들을 위무하며 군량을 준비하여 그 공급이 끊어지지 않게 하는 것은 내가 소하보다 못하고, 백만 대군을 이끌고, 싸우면 항상 이기고 성을 공격하면 반드시 함락시키는 데는 내가 한신만 못하다"라고 고백한다. 그러면서도 "내가 천하를 차지할 수 있었던 것은 그들 세 사람을 능히 부릴 줄 알았기 때문이다"라고 덧붙인다.

　주군의 이런 후일담을 들었을 때 한삼걸, 세 영웅들의 기분은 어땠을까? 각자 달랐겠지만, 자신의 역할과 공로를 인정하는 듯하면서도 사냥개 취급하는 느낌이 아니었을까?

이인자 처신의 전범, 소하

　항우와의 전쟁을 끝내고 한 왕조가 세워지자 당연 논공행상에 따른 공신이 발표된다. 거기에서 소하가 한신, 장량과 함께 일등 공신에 오른다. 불만이 터져 나오자 유방이 말한다. "사냥에서 짐승이나 토끼를 쫓아가 잡는 것은 사냥개지만, 개의 줄을 놓아 사냥감이 있는 곳을 지시하는 것은 사냥꾼이다"라고. 너희는 사냥개고, 소하는 사냥꾼이라는 말이다.

　소하는 초한 전쟁 기간 중 어느 전투에도 얼굴을 내밀지 않고 관중에 들어간 이래 그곳에서만 머물렀다. 피 냄새도 맡지 않은 자가 전쟁의

[그림 52] 소하

일등 공신이라니. 그는 요즘 군대로 치면 군수 사령관이고, 기업으로 치면 경영기획실장이다. 기업의 실세가 재무통, CFO인 경우가 많은 것을 생각하면 이해가 갈 것이다.

'누가 상품을 팔아 돈을 버는데?'라고 영업 책임자가 말한다. 그러자 '누가 상품을 만드는데?'라고 생산 책임자가 말한다. 두 사람은 동시에 '우리가 물건을 만들고 우리가 그 물건을 팔아 회사를 먹여 살리는데, 우리가 벌어온 돈을 쓰기만 하는 자가 어떻게 우리보다 더 대우를 받느냐?'라고 말한다. 모르는 소리다. 오너는 자기 뒤를 챙겨주는 자를 가장 신뢰한다.

더 확실한 건 소하의 고향이 패현으로 유방과 같다는 것. 즉 오너의 고향 사람이고, 처음 사업을 시작할 때부터 함께했다는 거다. 사실 현실에서도 고향 사람이 소하 같은 역할을 맡는다. 누구에게 함부로 그런 일을 맡기겠는가. "예수도 고향에 가면 목수의 아들일 뿐이다"라는 말이 있다. 누구나 성공하면 소싯적 모습을 기억하려 하지 않는다. 대기업 오너가 된 자도 그 처음은 구멍가게 주인일 뿐이다. 그때 함께한 자가 불편할 수 있다. 그러나 그 비밀을 덮어주고 티 내지 않는 이라면 피를 나눈 형제보다 더 신임한다.

주변에 보면 '드러나는 실적'은 좀 떨어지더라도 권력자의 절대적 신임을 받는 자가 있다. 알고 보면 그는 '보이지 않는 업무', 소위 뒤처리를 묵묵히 수행하고 있다. 바로 그런 자가 소하였던 것이다.

소하는 오직 주군의 사고 흐름을 좇아 자신마저 객관화하여 평가한다. 그래서 한발 앞서 주군의 합리적 의심을 피한다.

그런 소하에게도 어김없이 유방의 의심이 따른다. 최근 이인자의 처신에 대한 전범으로 소하를 거론하는 이유가 바로 이 의심의 화살에 대한 그의 대응 때문이다. 그는 자신이 전쟁터에 나서지 않고 관중에 머물러 있어 받을 수 있는 합리적 의심을 피하기 위해, 자식은 물론 친척까지 모두 유방의 군영으로 내보내 모반의 뜻이 없음을 보여준다. 또 백성들로부터 신망을 얻어 반란을 일으킬지도 모른다는 합리적 의심을 없애기 위해 일부러 부정한 방법으로 평판을 떨어뜨려 감옥에 가기까지 한다. 한발 앞서 의심의 화살을 피하려는 처신이 이 경지까지 이르면 되려 눈물겹다. 꼭 그렇게까지 살아야 하나 싶다.

이인자는 주군에 대한 절대 충성만으로 부족하다. 주군의 합리적 의심조차 사지 않아야 한다. 주군을 따르는 자는 자신만이 아니다. 그들 간의 경쟁, 모함까지도 고려해야 한다. 그래서 이인자들을 위한 고전古典에는 자신의 머리를 주군에게 팔아 신임을 얻어야 한다고 기록하면서, 마음까지 팔 것을 충고한다. 그러나 현실에서는 영혼까지 팔 것을 요구한다. 자신의 목소리는 물론, 자신의 존재조차 부정해야 한다.

소하는 누구보다 가까이서 유방의 진면목을 다 볼 수 있었다. 그러나 그는 단 한 번도, 누구에게도 유방의 잘잘못에 대해 언급하지 않는다. 안타까움이나 아쉬움도 토로하지 않는다. 의식적인 판단이 아니다. 스스로 유방과의 관계에서 자신의 독자적인 의식 활동을 중단한다. 오직 주군의 사고 흐름을 좇아 자신마저 객관화하여 평가한다. 그래서 한발 앞서 주군의 의심을 피할 수 있었다.

《초한지》는 물론《사기》에도 소하의 분량은 미미하다. 이야깃거리가 없기 때문이다. 당연하다. 평생 자신의 목소리를 내지 않고, 주군에 맞서기는커녕 그 그림자보다 더 뒤에 서길 바랐으니 카메라 앵글에 들어올 리 없다. 가끔 자신의 목소리를 철저히 감추고, 상사나 오너의 눈치만 살피며 맞장구나 치고 심지어 소하를 흉내 내듯 한발 앞서 심기心氣를 챙기는 사람을 본다. 참 어렵게 인생을 풀어간다 싶지만, 또 그런 사람이 오래 살아남는다. 멀쩡한 상사나 오너도 그런 자를 좋아한다. 그러니 소하도 재주목받을 만하지 않나?

소하는 유방이 죽고 2년 뒤, 비록 좌불안석이었겠지만 양지에서 살다 뒤따르듯 숨을 거둔다. 그는 과연 잘 산 것일까?

차원이 다른 장량

조선 건국의 공신 정도전鄭道傳은 취중에 "한 고조(유방)가 장자방張子房을 쓴 것이 아니라 장자방이 한 고조를 쓴 것이다"라고 말했다. 조조가 순욱을, 당태종이 위징을 '나의 장자방'이라 했다. 장자방은 자字가 자방인 장량을 말한다.

우리는 정도전을 이성계의 이인자라고 평할지 몰라도, 정도전은 그런 평에 섭섭해할 것이다. 정도전은 "이성계가 나를 쓴 것이 아니라 내가 이성계를 쓴 것이다"라고 말하고 싶을 것이다. 실제로 정도전과 이성계의 만남과 조선의 건국 과정을 복기해보면, 이인자라기보다 파트너라고 평하는 것이 더 적절하다. 이 둘의 관계를 이해하지 못했고 받

[그림 53] 장량

아들일 수 없었기에 정도전과 태종 이방원의 갈등이 시작되었다.

동서고금을 둘러보면 창업자와 일등공신이 주군과 이인자라기보다 파트너 관계라고 볼 수 있는 경우가 종종 있다. 그러나 두 사람 모두 그런 관계를 인정해야, 특히 주군이 그를 신하로만 보지 않고 파트너로 받아들여야 그 관계가 유지된다. 그렇지 않으면 그 끝은 비극이다. 정도전이 그러했고, 순욱도 그러했다. 한편 일등 공신이 공신으로 인정받는 것에 만족하지 않고 파트너에 걸맞는 대우를 받으려 한다거나, 목소리를 내려고 하면 그만큼 허망해지는 것도 또 없다.

초한 전쟁이 끝나고 논공행상할 때 유방은 "군중의 장막 안에서 계책을 내어 천 리 밖의 승부를 결정지었다. 이것이 자방이 세운 공로이다. 장량에게 제나라 땅의 3만 호를 스스로 골라서 봉읍으로 갖게 하라"고 했다. 금싸라기 땅인 제나라 땅을 3만 호(소하도 7천 호였다)씩이나, 그것도 스스로 골라 갖게 했던 것이다.

그때 장량은 유방의 행상을 당연하게 생각하지 않았다. 자신의 공은 '폐하의 배려로 인한 공'이라고 말하며 3만 호의 봉읍을 사양하고, 단지 "폐하와 처음 만난 유현만으로 과분하다"라고 했다. 듣는 우리조차 감동할 정도다. 그러나 장량의 태도는 "나는 내가 하고 싶은 일을 했을 뿐이고, 좋은 주군이자 파트너를 만난 게 행운이었어. 그래서 그와의 추억이 어린 유현이면 족해. 기억할게" 정도가 아니었을까?

유방의 장량에 대한 믿음은 절대적이었다. 고향 사람인 소하에게도 의심을 거두지 않았던 그이지만, 장량만큼은 단 한 번도 의심하지 않았다. 오죽하면 사마천이 초한 전쟁의 전략과 제국의 건설은 물론 사사로운 일상까지 그와 의논한 바가 너무 많아 "천하의 존망과 관계없는 것은 《사기》에서 생략하겠다"라고까지 적었을까. 심지어 유방은 장량의 제안을 단 한 번도 거절한 적이 없다고 덧붙였다.

이 정도면 확실히 이인자가 아니라 파트너라고 볼 수 있지 않을까? 심지어 태자 책봉으로 갈등하던 황후 여후呂后조차 유방을 설득하기 위해 장량에게 손을 내밀 정도였으니. 유방은 물론 여후와 주변 신하들도 장량을 단지 이인자로는 보지 않은 듯하다.

그러면 파트너로서 장량은 초한 전쟁 이후에 어떤 처신을 보여야 했을까?

그는 논공행상에서는 파트너다운 답안을 내놓았다. 그러나 그것만으로 관계를 이어가기는 부족하다. 그는 집사에 가까웠던 소하와는 다른 위치였던 터라, 사냥이 끝났다고 바로 꼬리를 내리는 것은 부적절한 처신이다. 그렇다고 월나라 구천의 책사였던 범려처럼 전쟁이 끝나기 무섭게 '토사구팽' 네 글자를 남기고 성과 이름을 바꾸고 사라질 수 있는 관계도 아니다. 스스로 파트너 관계를 부정하는 것은 위험하다.

그렇다면 장량의 선택은? "이제는 인간 세상의 일을 모두 잊어버리고 적송자赤松子의 뒤를 따라 노닐고자 한다"라며 정계에서 은퇴를 선언해버린다. 이것도 모자라 양생법을 한다며 먹지도 않고 바깥출입도 금하고 도심 은둔을 자처한다. 사실 장량은 몸이 천성적으로 약했다. 여후조차 친히 방문해 '인생이란 문틈으로 날랜 백마가 지나가는 것을 보듯

쏜살같은 것人生—世間, 如白駒過隙'이라는 말을 하며 직접 찾아와 죽을 먹이기도 했다. 확실히 고수다.

전쟁 중에는 어떻게 보면 뛰어난 책사가 갑이다. 그러나 전쟁이 끝나면 제왕이 당연 갑이고, 책사는 을로 바뀐다. 그런데 장량은 전쟁 이후에도 갑의 자리를 지킬 수 있는 상황을 연출하여 위치한다.

전쟁이 끝난 후 장량의 모습에는 그릇을 잡을 힘조차 없어 죽을 쏟아 가슴을 적시는 위魏의 사마의司馬懿가 어른거린다. 장량은 유방이 죽은 후 10년을 더 살고, 소하보다도 더 오래 산다. 몸이 안 좋다고 단식하고 외출을 금하면서도 굳이 도심에서 은둔한다. 그리고 그 10년 동안에도 황실의 정치로 그의 머리가 쉬지 않은 정황이 여러 기록에 나타난다. 여기까지는 사마의와 같다. 그러나 다른 점은 때가 되어 자리에서 벌떡 일어나 사변을 일으켜 정권을 탈취하지 않았고, 그러기 위해 부린 꾀병도 아니라는 점이다. 단지 그의 전후 처신은 사냥이 끝난 후 사냥개의 생존 방식을 넘어 일생 추구한 삶의 방식, 자신의 의지를 세상에 관철하는 방식의 연장전이었다.

알고 보면 그는 천생 타고난 파트너였다. 그의 전력을 살펴보면 금방 알 수 있다. 그는 한韓나라에서 2대에 걸쳐 상국相國을 지낸 공족公族 집안 출신이다. 소하, 한신과는 출신 성분부터 다르다. 조국 한나라가 진시황에 의해 무참히 짓밟히자 복수를 위해 전 재산을 털어 자객 창해 역사를 고용해 테러를 자행한다. 천하를 통일한 후 지방 순시를 다니는 진시황을 저격한 것이다.

세상에 출현한 것부터 이인자가 아니라 주연으로 등장한다. 이인자는 스스로 움직이지 않고 주군의 지시에만 움직인다. 이 진시황 테러만 보면 주군, 창업자 스타일이다. 그런데 좀 결이 다르다. 장량이 주군이 될 재목이었다면 직접 저격에 나섰을 것이다. 하지만 그는 자객을 고용한다. 세상을 기획하는 크기는 주연급인데, 실제 행동은 주연이 아니라 연출가 스타일이다.

테러가 실패하자 전국에 수배령이 떨어지고 그는 장기 잠수를 탄다. 그때 황석공黃石公이라는 기이한 노인을 만나 병서를 얻는데, 그 책이 《태공병법太公兵法》이다. 《태공병법》은 주 무왕을 도와 상나라를 멸한 강상, 강태공의 저서라는 설도 있으나, 당시에 이미 소실되어 전해지지 않아 확인할 길이 없다. 다만 강태공의 저서인 《육도삼략六韜三略》과 비슷한 내용일 것이라는 추측만 있다. 사실《육도삼략》이 강태공의 저서라는 주장도 별로 설득력이 없다.

《사기》는 황석공이 이 책을 건네며 '이 책을 익히면 10년 후에는 제왕의 스승이 되어 능히 천하를 바로잡을 수 있을 것'이라는 말을 남겼다고 전한다. 이 무협지 같은 이야기를 보면 산신령 같은 황석공이 보기에도 장량은 창업주보다는 파트너가 어울렸던 모양이다. 사마천도 자신의 상상과 달랐는지《사기》에 장량이 '호리호리한 몸에 여자 같은 외모'라고 따로 언급하고 있다. 약육강식의 전국시대를 거치고 막 통일을 이루었지만, 여전히 용광로처럼 천하가 들끓던 시기에 이런 곱상한 인물이 창업주로 나서기엔 어울리지 않는다고 보았을 것이다. 그럼에도 지혜와 품성을 갖추었기에 갈고 닦으면 제왕은 아니더라도 제왕의 스승이 되어 천하를 거머쥘 수 있다고 본 것이다.

황석공은 장량을 한눈에 알아보았다. 어쩌겠나? 제아무리 뛰어나고 하늘의 운기조차 맞아떨어진들 정작 당사자의 천성이 제왕이 아니라 파트너인데. 거기다 타고난 몸조차 허하여 나설 수 없고, 나선들 따르는 이가 수백뿐인데 더 올라갈 수 없고, 결국 제왕의 재목을 찾아 자신의 뜻과 꿈을 그를 통해 펼칠 수밖에.

잘난 사람은 감옥 몇 년, 귀향 몇 년을 통해야 숙성된다. 그 시간이 없으면 인생이 거칠어져 후대에 여운을 남기지 못한다.

그래서 장량은 오랜 은둔 생활 중에 병법을 열심히 익혔다고 한다. 그는 이 병법을 통해 치세의 대도와 정치제도, 군사전략과 전술만 익힌 것이 아닌 듯하다. 그가 절대자의 곁을 20년 가까이 지키며 사사로운 것에서 천하까지 토털 컨설팅을 하면서도 한 번도 클라이언트의 심기를 건드리지 않고 곧은 소리를 할 수 있었던 것, 그래도 절대 신임을 얻고 한 차례의 의심도 받지 않은 것은 그의 품성 탓도 있겠지만 이 병법에서 터득한 것이 아닐까 싶다.

또한 일인지하一人之下 체계에서 그런 신임을 받으면서도 주변 사람들로부터 시기와 질투, 모함과 음해를 단 한 차례도 받지 않았다는 것도, 그의 처신이 단순한 품성에서 비롯된 수준을 넘어선 것임을 보여준다. 항상 골골거리는 몸을 양생으로 겨우 유지하는 타고난 저질 체력으로 왕실의 대소사를 챙기며 장수한 것도 이 은둔 시절에 병법과 함께 마음 다스리는 비법을 체득했기 때문이 아닐까.

원래 골골거리는 사람이 오래 산다. 자신의 몸이 안 좋다는 것을 알아 작은 반응에도 몸을 사리기 때문이다. 그래서 오랜 시간에 걸쳐 세상과 소통하는 나름의 방식도 개발한다. 최소한의 에너지로 최대한의 성과를 만들어내는 비결을 익힌다. 장량은 나서고 물러설 때를 잘 알고, 많은 유혹과 탐욕을 스스로 내려놓을 줄 안다. 어떤 말을 할 것인가가 아니라 그 말을 언제 해야 할 것인가까지 계산한다. 그럴 수밖에 없었고, 그것을 은둔지 하비에서 익혔다.

잘난 사람은 감옥 몇 년, 귀향 몇 년을 통해야 숙성된다. 그 시간이 없으면 인생이 거칠어져 후대에 여운을 남기지 못한다. 장량은 하비에서 보낸 몇 년간의 은둔 생활을 통해 세상과 역사에 보여줄 숙성된 맛을 다 익힌 듯하다. 그래서 역사에 장자방이라는 이름을 남길 수 있지 않았을까? 확실히 장량은 넘볼 수 없는 차원이다. 소하와 달리 이인자로 거론하지 않는 이유이기도 하다.

시정잡배의 마음으로
성인의 마음을 요구한 한신

"왕께서 꼭 오래도록 한중 왕이 되려고만 하신다면, 한신을 쓰시지 않으셔도 됩니다. 그러나 반드시 천하를 다투고자 하신다면, 한신이 아니면 더불어 대사를 도모할 만한 자가 없습니다."

소하가 홍문의 회에서 겨우 목숨을 건지고 한중의 왕으로 강등된 유방에게 한신을 추천한다. 한발 더 나아가 "왕께서 한신을 대장군에 임명하시려고 한다면, 필시 좋은 날을 택해 목욕재계하신 다음, 단을 세우고 예로써 의식을 갖추어야 합니다"라고 권한다. 한신이 유방 진영에 들어온 지 채 두 달도 되지 않은 때다.

제 환공이 포숙의 제안을 받아들여 관중을 재상으로 모실 때도 그러했고, 그래서 제 환공은 춘추오패의 첫 패자에 올랐다.

그런데 소하는 한신의 무엇을 보고 그렇게 파격 추천을 했을까? 한신은 그때까지 역사에 등장할 만한 모습을 보이지 않는데. 항우 밑에서는 하급 장교이자 장군의 옆에서 창을 대신 들어주는 인간 칼집 역할인 집극랑까지 했다. 그러다 유방 진영으로 넘어와 처음에는 곡식 창고를 관리하는 연오라는 직책으로 일했고, 나중에 하후영의 추천으로 군량을 담당하는 치속도위로 있다가 결국 지쳐 탈영했다. 그러자 소하가 달려가 데리고 와서 유방에게 파격적으로 추천한 것이다. 대체 왜?

대장군에 올라 날개를 달자 한신은 기다렸다는 듯 오지 한중에서 빠져나와 바로 관중을 평정한다. 찌그러졌던 유방을 다시 항우의 대항마 자리에 끌어올린다. 이어 유방의 뒤통수를 친 위왕을 단 한 번의 전투로 사로잡아버리며 팽성대전 패배 이후의 전세도 뒤집는다. 그리고 3만의 오합지졸을 이끌고 북벌에 나서 조나라 20만 대군을 배수진背水陣 전술로 반나절 만에 멸망시킨다. 이어 연나라와 제나라까지 정복하여

[그림 54] 한신

만 2년 만에 북벌을 끝내고, 한의 대장군을 넘어 천하의 새로운 대세로 등극한다.

전쟁의 신 한신은 장량, 소하와 더불어 한 삼걸의 한 명으로 꼽히지만 어쩌면 항우, 유방과 더불어 《초한지》 삼걸 중 한 명으로 보는 것이 더 적합할지도 모른다. 실제 그는 제齊 왕에 올랐을 때 괴철로부터 천하삼분론天下三分論을 제안받는다. 유방의 한, 항우의 초, 그리고 한신의 제. 만일 한신이 이 제안을 수용했다면 충분히 가능했고, 그랬다면 조조, 유비, 손권의 삼국지는 《후기 삼국지》로 바뀌고, 《전기 삼국지》가 나올 뻔했다.

한신은 고민 끝에 거절한다. 마치 대인처럼 '한 왕이 나에게 잘해주었는데, 내가 배신하는 게 옳겠는가?'라며. 괴철은 역사상 토사구팽의 사례를 열거하며 "하늘이 주는 것을 취하지 않는다면 오히려 후에 벌을 받고, 때가 왔을 때 행동하지 않는다면 도리어 그 재앙을 받는다"라고 마지막까지 설득한다. 그러나 결국 다음 날 한신은 괴철의 제안을 거절한다.

당시에는 '유방이 나의 제왕 자리를 쉽게 건드리지 못할 텐데 굳이 각을 세울 것까지 있을까' 정도의 판단이었을 것이다. 이후 괴철은 한신을 떠나 미치광이 행세로 천하를 떠돈다.

결과적으로는 괴철의 판단이 옳았다. 한신은 하늘이 주는 기회를 취하지 않았고, 때가 되어 행동하지 않은 까닭에 참수당했다. 당시 세력의 흐름을 봐도 그렇다. 팽성대전 이후 대세를 장악한 항우는 유방의 저항과 팽월의 게릴라전에 지쳤고, 거기에 한신이 북방을 정벌하고 제왕齊王으로 자리하면서 그 압박이 버거웠다. 그래서 먼저 한신에게 유방과의 분리 독립을 부추겼다. 괴철은 이 제안의 함의를 읽은 것이다. 한신이 움직이면 삼국은 어느 일방의 우세 없이 일정 기간 삼국 정립 상태를 유지할 수 있을 것이라고. 그런데 한신이 거절했으니, 어쩌겠나? 스스로 복을 차고 액을 품으니.

> "하늘이 주는 것을 취하지 않는다면 오히려 후에 벌을 받고,
> 때가 왔을 때 행동하지 않는다면 도리어 그 재앙을 받는다."

항상 역사와 현실은 안이한 생각을 하는 사람을 끝내 후회하게 만든다. 한신은 초한 전쟁이 끝나자 제왕에서 초왕으로, 이어 회음후로 강등되더니 끝내 역모죄로 몰려 목이 날아간다. 자신을 유방에 천거한 소하의 계책에 속아, 유방이 궁을 비운 사이 여후의 손에 죽임을 당한다.

"내가 괴철의 말을 듣지 않은 것이 참으로 원통하구나! 내가 한낱 아녀자에게 속임을 당해 죽게 되었으니, 이것은 분명 하늘의 뜻이 아니고 무엇이겠는가?"라는 유언을 남겼다고 하는데, 죽는 그 순간까지 자신이 아니라 하늘을 탓한다.

소하는 타고난 이인자로, 주군에 대한 충심이 디테일하다. 한신에 대한 세간의 평이 분분했지만, 천하 통일의 일등공신, 최고의 사냥꾼을 주군 유방이 직접 피를 묻힐 경우의 민심을 고려했다. 그래서 유방이 궁을 비운 사이 여후의 손을 빌려 처리했다. 뒤늦게 이를 안 유방은 "한편

으로는 기뻐했고, 한편으로는 안타까워했다"라고 전한다. 시원섭섭했다는 거다. 장량마저 이 계략을 평가하여 유방에게 소하를 상국으로 추천한다. 장량 역시 대단하다. 소하를 최고위직인 상국에 추천하다니. 이처럼 그의 처신은 항상 양면성이 있다. 스스로를 낮추면서 자신을 다른 신하들과 차원을 달리 놓는다. 즉, 이인자가 아니라는 말씀.

그러고 보면 한신은 이미 유방 정권의 실세들에게 찍힐 대로 찍힌 밉상이었고, 언젠가는 무대에서 밀어내야 할 아웃사이더였다. 한신 자신만 몰랐다. 한신은 소하처럼 유방과 같은 고향 출신도 아니고, 창업 동기도 아니었다. 번쾌처럼 유방과 혈연도 맺지 않았다. 그러면서도 유방의 책사 역이기의 뒤통수를 쳐 죽게 하고, 스스로 제왕 자리를 요구하고, 고릉 전투에 부러 늑장을 부려 유방을 위기에 빠뜨렸다가 봉지를 더 받고서야 달려오는 등 스스로 군신 관계가 아닌 거래 관계를 자처했다. 유방과 그 실세들이 한신을 잠재적 반란 분자로 취급한 것은 당연한 귀결이다.

그러면서도 괴철의 천하삼분을 거절하고, 그 뒤에도 해하 전투에서 항우를 무너뜨린 후 아니면 적어도 제왕齊王에서 초왕楚王으로 강등되었을 때만 해도 반란을 일으키든 독자 깃발을 세우든 충분히 승산이 있을 때는 또 움직이지 않았다. 오죽하면 사마천도 '천하의 정세가 이미 정해진 뒤에야 반역을 꾀했으니'라며 그의 애매한 처신을 이해하지 못하겠다고 혀를 찬다.

소하와 장량은 스스로 자신의 위상을 받아들였기에 삶의 태도가 일관된다. 그러나 한신은 평생 한 걸음 한 걸음 내디딜 때마다 좌고우면하고 갈등한다. 그리고 장고 끝에 악수만을 둔다. 왜?

"스스로는 시정잡배의 마음을 가지고, 남에게는 성인의 마음을 요구했다."

239

그래서 혹자는 한신에게 영웅의 모습과 소인배의 모습이 교차한다고 평한다. 누구든 양면이 있지 않을까? 한신은 소하처럼 꼬리 내리는데 익숙하지 않을뿐더러 그 정도 급이 아니라고 스스로 생각한다. 장량은 동급으로 인정하지만 그와는 지향이 다르다고 생각한다. 주군인 유방과 지향이 같으나, 유방은 "하늘의 도움을 받고 계시기 때문에 사람의 힘으로는 어찌할 수가 없다"라며 안타까워한다. 또 하늘을 탓한다. 그래서 창업하지 않고 반란도 꾀하지 않는 대신 대우를 바랐던 것이다. 그렇다면 냄새를 풍기지 않아야 했다. 대접은 가치가 있을 때 받는다. 그렇지 않으면 접대만 받을 뿐이다.

사마광은 그의 이런 태도를 "스스로는 시정잡배의 마음을 가지고, 남에게는 성인의 마음을 요구했다"라고 평했다. 하물며 유방에게 성인의 마음을? 소가 웃을 일이다. 한신은 자신을 보는 눈도 놓쳤지만, 남을 보는 눈도 감았다.

기원전 202년 이렇게 초한 대전에서 승리를 거둔 유방은 한漢의 초대 황제에 오른다. 그가 한 고조, 고제高帝다. 시골 패현의 백수건달에서 통일국가의 황제에 오른, 중국 역사상 유일한 평민 출신의 황제다. 그는 진시황에 이어 천하를 하나의 통일국가로 이루며 중국의 중시조가 된다.

최초로 중국을 통일한 자는 진시황이지만, 실질적으로는 당대에 그쳤고 제국도 15년을 넘지 못했다. 반면 한은 전한과 후한을 합치면 가운데 신新을 빼더라도 400년이 넘는다. 중국 역대 왕조 중 최장수 국가다. 그래서 중국 민족은 진족秦族이 아니라 한족漢族이고, 문자도 진자秦字가 아니라 한자漢字라고 하게 되었다.

11

중국 고대사 에필로그
-《삼국지》

세월

한때는 당장이라도 제 배를 갈라 속을 내보이듯 믿음을
보이고, 그때는 새벽이슬 맞으며 잠자는 어린 자식 남겨
두고 집 나와 추운 역사 앞에 먼저 나와 기다리더니, 지
금은 검은 봉다리에 찬 소주 두 병 들고 찾아와달라는 부
탁도 잊은 듯하다. 그게 사람 마음이다. 그 마음 담았다
내려놓는 데 한참 걸리더라.

중국의 고대사는 220년 후한의 마지막 황제인 헌제가 조조의 아들 조비曹丕에게 제위를 물려줌으로써 공식적으로 끝난다. 그리고 후한이 멸망하고 다시 천하가 통일되는 수隋가 들어서기까지 약 370년 동안 계속된 위진남북조시대(220~589)로 중세사를 시작한다. 중국 역사상 최장 기간 혼란과 분열을 거듭하는 시기이자, 기억하고 싶지 않은 시간이다.

위진남북조시대는 크게 삼국시대(220~280), 서진시대(265~317), 오호십육국 시대(317~420), 남북조시대(420~589)로 나뉜다.《삼국지》덕분에 우리에게 익숙한 삼국시대를 제외하면 그 이후는 낯설다. 한마디로 그때까지 중국의 중심이었던 화북지역이 흉노匈奴, 선비鮮卑, 갈羯, 강羌, 저氐 등 다섯 북방 유목민들다섯 오랑캐, 五胡에 의해 갈기갈기 찢긴 시기다. 개중 1년 이상 버틴 왕조만 가려낸 것이 열여섯 개 국가이다. 그래서 오호 십육국 시대다. 거친 시기였다.

서로마제국이 멸망하면서 서양 고대사가 끝나듯 한이 멸망하면서 중국의 고대사가 끝난다.

서양사에서 서로마제국이 무너지면서 고대사가 끝나고 유럽대륙이 갈기갈기 찢겨 거친 시기를 맞으며 중세사가 시작되듯, 중국도 한漢이 멸망하면서 고대사가 끝난 후 북방 이민족의 말발굽에 밟히며 중세사가 열린다. 그렇게 중세는 동서 모두 어둡고 거칠게 시작한다.

중세사는 다음 권으로 넘기고 여기서는《삼국지》가 담고 있는 역사까지만 소개하기로 한다.

《삼국지》를 읽다

《삼국지》는 정사正史와 연의演義가 있다. 정사《삼국지》는 진나라 진수陳壽가 위를 정통 왕조로 하여 〈위서魏書〉, 〈촉서蜀書〉, 〈오서吳書〉 65권으로 편찬했다. 후세 사가들이 촉이 아니라 위를 정통으로 한 점을 비판적으로 보지만, 진나라가 위를 계승하여 삼국을 통일하였기에 진수로서는 당연한 관점이다. 사마천의 《사기》, 반고의 《한서》, 범엽의 《후한서》와 더불어 중국 전사사前四史로 꼽힌다. 우리 고대사인 부여, 고구려, 삼한 등을 다룬 〈동이전〉이 바로 《삼국지》의 〈위서〉에 포함되어 있다.

《삼국지연의三國志演義》는 야담과 화본으로 전래되어 오던 것을 원명 교체기에 나관중羅貫中이 재구성하여 펴낸 장편소설이다. 《수호전》, 《서유기》, 《금병매》와 함께 중국 4대 기서奇書 중 하나다. 이를 청나라 모성산, 모종강 부자가 촉한 정통론으로 다시 정리하여 출간한 《삼국지연의》 모본毛本이 현재 정본으로 인정받고 있다.

《삼국지》는 후한 말 황건적의 난(184년)으로 시작하여 사마 씨가 진晉, 엄격히 말하면 西晉을 세워 오吳를 멸망시킬 때(280년)까지 약 100년을 시대적 배경으로 삼는다. 그 기간 중 조조의 위魏, 헷갈리지 않기 위해 曹魏, 유비의 촉蜀, 역시 구분을 위해 蜀漢 그리고 손권의 오吳, 역시 구분을 위해 東吳, 세 영웅이 중원을 두고 다투던 시기가 우리가 아는 《삼국지》의 주요 배경이다.

여기서는 《삼국지》의 배경이 되는 시대에 권력의 이동과 당대 실권자들을 중심에 두고 살펴보려 한다. 역시 주제는 사람과 영웅이다.

삼국시대 전초전의 주연 하진, 원소, 동탁

초한 전쟁을 승리로 이끌며 유방이 한을 세운 지 400년이 되어가던 시점(물론 그사이에 왕망이 신新이라는 나라를 세워 그 전 시기를 전한, 그 뒤를 후한으로 나눈다) 십상시의 부패가 극에 달하자 전국에서 농민들의 반란이 일어난다. 그 대표적 반란이 바로 태평교 교주 장각張角이 일으킨 황건적의 난이다. 이로 인해 후한은 멸망의 수순을 밟는다.

이때 후한 영제가 죽자 조정은 후계자 문제로 기존 권력인 환관 십상시의 탁류파濁流派와 하황후의 동생 하진何進을 앞세운 청류파淸流派가 대립한다. 하진 역시 십상시의 후원으로 누이가 황후가 되면서 대장군에 오른 백정 출신. 즉, 구악舊惡 세력 간의 대립에 청류파로 분류되는 사도 왕윤王允과 원소袁紹 등 군벌이 합세한 전선이다.

대립은 십상시의 난으로 극에 달하고, 십상시가 하진을 암살하며 황궁을 그대로 차지하는 듯했으나 원소를 중심으로 한 군벌들이 궁으로 쳐들어가 십상시를 몰살한다. 십상시의 난은 그렇게 삼일천하로 끝난다. 그런데 그때 궁에서 도망 나온 소제를 우연히 만나 그와 함께 궁으로 뒤늦게 들어온 동탁董卓이 소제를 앞세워 일시적으로 비어 있던 황궁을 장악한다. 그 결과 얼떨결에 동탁 시대가 열린다.

여기서 우리가 관찰할 인물은 하진, 원소, 동탁이다.

구체제 출신 혁명의 얼굴마담, 하진

하진은 청류파인 원소 등 강경파와 왕윤의 후원을 받아 정국을 장악하고도 마지막 순간에 십상시의 처단을 망설인다. 핵심만 제거하면 되지 굳이 십상시 전부를 다 제거할 필요가 있을까, 또 그렇더라도 하태

[그림 55] 하진

후의 승인을 얻어야 하지 않나 주저한 것이다. 이런! 그는 혁명적 상황에서도 옥석을 가리고 절차를 밟으려 했다. 그는 혁명의 핵심 인물이었지만, 혁명가는 아니었다. 십상시의 탁류파를 제거해야 할 세력으로 보지 않고 한두 명의 간신배 정도로 인식했기 때문이다. 그리고 구악 세력과 이미 너무 많이 몸을 섞었고, 본인 또한 구악 세력의 일부였기 때문이다.

그는 혁명이 필요할 때 리더의 위치에 서 있으면서도 적당한 개혁, 물갈이 정도로 마무리 짓고 다시 안정적인 구체제로 복귀하려는 그림을 그렸다. 혁명은 항상 새로운 세력에 의해 주도되지만, 초기에는 구체제 인물을 앞세우기도 한다, 상징적 인물로. 그 역시 구체제에 대해 불만이 있고 새로운 세력들의 대의에 동의해 혁명 대열에 나섰지만, 혁명이 성공한 후에는 그 속도에 도리어 불안감을 느꼈다. 그래서 혁명 지도부에서 온건파로 분류된다.

그도 어떤 이유에서든 구체제에 불만을 느꼈겠지만, 사실 구체제에 더 익숙하다. 그래서 가급적이면 혁명의 파고를 낮추는 데 앞장선 것이다. 사람은 본능적으로 익숙한 것에서 편안함을 느끼는 법. 하진이 그랬다.

> 하진은 구악 세력과 이미 너무 많이 몸을 섞었고, 본인 또한 구악
> 세력의 일부였다.

어쩌면 하진은 혁명 대열에 앞장섰지만(그것도 얼떨결에?) 성공하고 보니 그 무리와 이질감을 느끼고 자신이 주류가 아니라 앞잡이라는 불안감이 들었을 것이다. 그래서 자신의 자리를 리셋할 필요를 느꼈다. 그래서 십상시의 처벌을 선별하려 했고, 누이인 허황후의 승인 절차를 주장했을 것이다. 이를 통해 혁명 대열의 색깔을 자신에게 어울리도록 퇴색시키려 했고, 구체제 프로세스를 재가동시키고 결재 라인의 중심에 허황후를 세우려고 했을 것이다.

우왕좌왕했을 시기에 나름대로 자신의 위상을 재구축하려는 시도는 가상하다. 허황후와 십상시의 후원으로 얼떨결에 백정에서 대장군에 올랐지만, 완전히 얼치기는 아니었다는 것이다. 그러나 처음 경험하는 혁명의 파고를 읽지 못했고, 세를 타지 못했다. 얼떨결에 혁명의 얼굴마담이 되어 십상시의 분노만 자초했다.

그는 청류파를 등에 업고 정권을 장악했더라도 오래 그 자리를 지키지 못할 인물이었다. 혁명은 이미 구체제의 전면 재편을 전제했기 때문에 세를 갖지 못한 그는 2차 혁명의 타깃이 될 수 있었다. 그러나 그는 혁명 직후 나타나는 반혁명, 즉 삼일천하로 끝나는 십상시의 난으로 초기 희생자가 되었다.

항상 혁명이 일어나면 강경파와 온건파로 나뉜다. 온건파가 다수 세력으로 첫 주도권을 쥐지만, 혁명의 파고가 높아지면서 스스로 방파제 위치에 서다가 파도에 집어삼켜진다. 역사는 반복된다. 그의 상황 인식이 안이했기 때문이기도 하지만, 하진의 출신이 구체제의 일부였기 때문이기도 하다.

끝내 자신의 콤플렉스를
극복하지 못한 영웅, 원소

　원소는 4대가 모두 삼공의 직위를 얻은 당대 최고의 명문가 출신으로 '외면은 관대하고 우아했고, 재간과 도량을 모두 갖춘' 인물이었다. 그러나 그의 어머니가 천출이어서, 사촌 형제인 원술은 그를 '우리 집 종놈'이라고 불렀다. 그는 이러한 콤플렉스를 극복하기 위해 6년상까지 치르며 과도한 유교적 행보까지 보이기도 했다. 그러나 그런 복잡한 머릿속이 오히려 그의 운명에 장애물이 되었을지도 모른다.

　그는 청류파의 떠오르는 젊은 리더로 하북의 군벌로 성장했다. 하진과 함께 십상시 처단에 나섰을 때 이미 이인자이자 병권을 쥔 실세였고 그의 휘하에 원술, 조조, 말단에 동탁까지 있었다. 하진이 암살당한 후 황궁으로 다시 쳐들어갔을 때는 실질적인 지도자였다. 그는 황궁을 장악하고 문을 걸어 잠근 뒤 모든 환관을 몰살시켰다.

　이로 인해 후세 사가들은 그의 인물됨을 "기쁨과 성냄을 얼굴빛에 나타내지 않았으나, 성질이 거만하고 괴팍했다"라고 평했다. 그러나 위정자로서의 평은 달랐다. "그의 백성들은 그를 덕이라 불렀고, 원소가 죽자 저잣거리에서는 눈물과 통곡이 끊이지 않았다"라고 기록했다. 동탁이 '강한 자에 약하고, 약한 자에 강한' 강약 약강의 속물이라면, 그는 '강한 자에게 강하고 약한 자에게 약한' 강강 약약의 반골이었다. 이 또한 그의 출신에서 비롯된 성정이 아닐까 싶다.

　능력도 있었다. 십상시의 서슬이 퍼런 시절에도 뤄양에 들어가 몰살당한

[그림 56] 원소

청류파 잔류 당인들을 챙기며 리더십을 보였고, 십상시들의 입궐 제의와 회유에도 꾀병을 핑계로 거절하여 몸을 더럽히지 않았다. 확실히 그에게는 옳고 그름을 판단할, 적어도 시대의 정신을 읽을 능력이 있었던 것 같다. 그래서 하북의 군벌로 성장할 수 있었고, 청류파의 리더에 오를 수 있었다.

그러나 문제는 자신에게 있었다. 자신의 능력을 과신하여 자긍심이 넘쳐나면서도 동시에 천민 출신의 첩에서 나온 자식인 얼자孽子 출신이라는 자격지심이 뿌리박혀, 상반된 감정이 정제되지 않고 행동에 뒤섞여 표출되었다. 외부 세계의 평가에 지나치게 눈치 보면서 동시에 공격적이고, 지나치게 자신을 낮추려는 비굴한 마음을 갖고서도 입에 쓴 말에는 귀를 기울이지 않는 거만한 모습을 보였다. 그것은 강자에게는 무모할 정도로 버티고 약자 앞에서는 우유부단한 모습으로 나타났다.

슬그머니 황궁을 차지해버린 동탁을 초기에 제거하자는 참모들의 권고에 원소는 주저한다. 십상시의 위협에도 불구하고 그가 청류파의 핵심이 될 수 있었던 것은 분명한 처신과 단호한 태도 덕분이었다. 그런 그가 왜 아무런 공도 없이, 지위 또한 말단인 동탁이 단지 황제를 차지하고 있다는 이유 하나로 황궁에 난입했는데 이를 방관하고 제거를 주저했는지 알 수 없다. 그가 움직이면 간단히 처리할 수도 있는 상황인데.

다만 그의 성격으로 볼 때 더 이상 황궁에서 피를 보는 난국을 연출할 명분이 없다는 대의와 함께, 동탁의 배경으로 볼 때 정치적 역량의 한계로 그런 태도가 오래가지는 못할 거라고 계산하지 않았나 싶다. 아무튼 우유부단하다. 정작 질러야 할 때는 명분을 논하고, 대의를 생각해야 할 때는 계략을 꾸미기 때문이다. 그래서 '호랑이 가죽을 뒤집어쓴 양 같고, 봉황 깃털에 닭의 배짱'이라는 평을 듣는다. 그러다 결국 동탁에 의해 쫓겨난다.

주위를 배려하는 것과 자존감은 다른 차원이다. 더욱이 지나친 자존감의 뿌리는 결핍이다. 원소를 보면 왠지 짠하다. 주변으로부터 절대 욕 먹지 않고 항상 좋은 소리만 듣겠다는 사람이 있다. 큰일을 이룰 사람은 못 된다. 뭔가 꼬여 있고 속이 투명하지 않기 때문이다. 불행하게도 그 속마음은 의도치 않게 튀어나온다. 그래서 공든 탑이 무너지듯, 애써 만든 이미지가 하루아침에 위선으로 까발려진다. 안타까운 것은 그 노고가 반복된다는 것이다. 그것이 느껴지기에 짠하다. 원소도 초왕 항우처럼, 초왕 한신처럼 하늘을 원망하며 생을 마친다.

딱 산적 두목, 동탁

원소에 비하면 동탁은 자성自省이라곤 찾아볼 수 없는 인물이다. 전후좌우 눈치 보지 않고 이해와 욕망에 따라 일차원적으로 움직이는 자다. 서북 지역 소 군벌 출신으로 북방 이민족 토벌에 전과를 올려 승진하나 중앙의 지시에 불복하고 제 사병 키우기에만 연연해 주변이 불편해하는 인물이다.

죽고 나서 배꼽에 불을 붙이자 배에서 흘러나온 기름으로 며칠이나 불이 탔다는 이야기 때문에 살찐 돼지로 묘사되곤 하지만, 그는 궁기마술에 뛰어나고 몸이 잽싸서 암살자의 비수를 순간적으로 피한다. 게다가 《삼국지》 등장인물 중 대표적인 천하장사다. 우리 주변에도, 볼이 거칠고 퉁퉁하고 얼굴이 검붉으며 어깨가 떡 벌어진 두꺼비 체형이지만 행동이 민첩한 자들이 있다. 거드름을 피우느라 굼뜨게 행동할 뿐이다. 동탁도 그런 부류다. 하는 짓은 조폭 수준이나, 쉽게 봐선 안 된다.

군벌 연합의 일원으로 뒤늦게 뤄양에 들어오다 소제 일행을 만난 그는 두꺼비가 파리를 잡아채듯, 천운을 놓치지 않는다. 외모만 보고 사람

을 쉽게 판단할 일이 아니다. 두꺼
비과는 전략적으로 판단이 뛰어나
고, 전술적으로 본능적이다. 서북
변방의 3천 정도 병력으로 황궁을
장악한 것도 그의 뛰어난 생존 능
력이 아니라면 불가능하다. 원소
는 여러 판단으로 동탁을 바로 치
지 않았지만, 동탁이 짧은 시간에
세를 형성하지 않았다면 더 이상
망설이지 않았을 것이다.

[그림 57] 동탁

그에 대해 전해지는 이야기 중에는 강족 무리가 찾아오자 밭을 갈던
소를 잡아 연회를 베풀어 강족들이 감격했다는 일화가 있다. 전공을 세
워 받은 전리품들을 모두 부하들에게 나누어 주었다는 일화도 있다. 이
렇게 그는 기질적으로 산적 두목 스타일이다. 찢어진 가는 눈은 계산이
빠르고, 임기응변의 호탕함으로 패거리를 만들 줄 아는, 딱 덜도 더도
아닌 그 정도 인물이다.

주변의 그 정도 인물들이 패거리를 당파로 여겨 세를 이루는 것이 안
타깝다. 패거리 챙기는 것을 리더십으로 여겨 세를 불리면 불행해지기
때문이다. 간단한 구분법이 있다. 적어도 상대방을 설득할 수 있는 대의
가 있어야 당파다. 전리품이 없을 때도 따를 수 있어야 리더십이다.

뤄양 입성 후 가짜 병력 시위로 세를 과시한다거나 하진이 이끌던 중
앙군을 휘하에 편입하여 조기에 세를 형성한다든가 여포를 회유해 자
신의 측근에 두는 일 등은 딱 그가 잘하는 범주 내의 일이다. 그러나 소
제를 폐위하여 반동탁 연합 전선을 자초한다거나 그에 대응하기 위한
전술적 차원으로 뤄양을 불태우고 시안으로 천도하는 일 등 전략적 패
착들은 그의 역량으로써는 가려낼 수 없는 바다.

그는 천하를 쥐고도 만세오晚歲塢라는 성채를 만들어 30년분의 식량과 보물을 꼬불쳤다. 스스로 "일이 성사되면 천하에 웅거할 테고, 일을 그르치면 이곳을 지키며 한평생 지내겠다"라고 했다는데, 인물의 크기를 스스로 드러낸 셈이다. 딱 산적 두목이다. 그러니 장안 주지육림의 삶도 얼마나 버거웠겠는가? 그 역시 짠하다. 그야말로 '어공', 어쩌다 공무원 또는 '어권', 어쩌다 권력을 쥔 자들처럼, 자신의 재능보다 더 큰 자리에 앉아 거드름 피우는 모습에서 오늘의 동탁을 어렵지 않게 여럿 찾을 수 있다.

삼국시대가 열리자 영웅들은 떠난다

동탁이 심복 여포에게 어처구니없이(동탁의 조직 관리로 볼 때는 필연적 결과지만) 암살된 이후 권력은 조조曹操에게 쏠린다. '항상' 실권자였던 원소는 관도대전官渡大戰(200년)에서 또 어이없게 조조에게 패하면서, 마침내 역사에서 사라진다. 적벽대전赤壁大戰(208년), 이릉대전夷陵大戰(221년)과 함께《삼국지》3대 대전인 관도대전은 후한 말 군웅할거를 끝내고 삼국시대를 여는 전투였다. 그러나 적벽대전 이후에야 비로소 제갈량의 '천하삼분지계天下三分之計'가 실현된다.

그리고 10년이 좀 지나 220년에 조조가 죽는다. 그 뒤를 이은 아들 조비가 헌제를 폐위하고 위를 건국하고, 이를 본 유비가 221년 촉한을 세우고, 손권도 이릉대전을 승리로 이끌면서 오왕의 자리에 오른다. 그러니까 위, 촉, 오의 삼국은 천하가 삼분이 되는 적벽대전 이후 10년도 더 지난 221년에야 공식 등장한다. 그런데 유비는 이릉대전 직후 223년에 숨을 거둔다. 손권의 형 손책은 200년에 이미 죽었다. 공식적으로 삼국이 들어서면서 바로 이세二世들의 경쟁 시대가 열린 것이다. 그러나 또 10년 좀 지나 오장원전투伍丈原戰鬪(234년)에서 제갈량이 죽으며 삼국시대의 새로운 주연으로 등장한 사마의가 고평릉 사변高平陵事變(249년)으로 위를 장악하면서 실질적으로 이세들의 삼국시대도 끝난다.

정리하면, 《삼국지》 시대의 권력 이동은 처음에 동탁에서 조조로 이동하고, 관도대전으로 삼국시대가 열리고 적벽대전으로 삼국이 정립하고, 이릉대전을 전후로 일세대 주인공들이 사라지고, 고평릉 사변으로 사마의로 권력이 이동한다. 여기서는 일세대 주인공들의 최후만 확인하고 넘어가자.

《삼국지》의 영웅
유비, 관우, 장비, 제갈량의 죽음

먼저 관우關羽는 형주공방전(219년)에 나섰다가 위오 연합군에 패하여 손권에게 체포된다. 형주는 촉의 익주와 오의 양주, 그리고 위의 사주의 한가운데 위치한 전략적 요충지다. 삼국의 패권에 결정적인 전투인 만큼 조조가 뒤늦게 전투에 뛰어들면서 전세가 급격히 역전되어 승승장구하던 관우는 포위되고 결국 손권에게 붙잡힌다. 손권으로부터 항복을 권유받지만 "옥은 깰 수 있으나 그 흰빛을 바꿀 수 없고, 대나무는 태울 수 있으나 그 곧음을 꺾을 수 없소이다"라며 죽기를 원하였고, 결국 참수된다.

"옥은 깰 수 있으나 그 흰빛을 바꿀 수 없고,
대나무는 태울 수 있으나 그 곧음을 꺾을 수 없소이다."

관우는 명성 그대로 그다운 죽음을 맞는다. 삼국 중 한 나라의 대장군이었지만, 죽어서 신계神界에 입성한다.

손권은 관우의 목을 조조에게 보낸다. 오가 아직은 위의 제후국이라는 형식을 빌지만, 유비의 분노를 알기 때문에 관우의 처리를 조조에게 떠넘긴 것이다. 그러나 조조는 담담하게 관우를 왕후의 예로 제사 지낸다. 그리고 1년 뒤 조조도 66세의 나이로 뤄양에서 조용히 눈을 감는다. '난세의 간웅'으로 상반된 평가를 받기도 했지만, 관우의 장례를 예로써 치를 만큼 피아를 떠나 영웅을 인정하고 존중했기에, 조조 역시 삼국시대 또 한 명의 영웅임은 분명하다.

관우가 손권의 손에 참수되자 유비는 복수를 준비한다. 이 준비 과정에서 장비張飛는 관우를 애도하기 위해 모든 군사에게 입힐 흰 갑옷과 흰 군복, 흰 깃발을 사흘 내에 마련하라고 명령한다. 그러나 그것은 현실적으로 쉽지 않은 일. 조달 담당자가 어려움을 토로하자 장비는 막무가내로 담당자를 채찍질하고 내일까지 못 하면 죽이겠다고 엄포를 놓는다. 관우를 잃은 슬픔은 이해하나, 무리다. 무리는 곧 화를 불러온다. 결국 위협을 느낀 조달 담당자에 의해 암살당한다. 어처구니없다. 적어도 고슴도치가 될 정도로 화살 세례를 받고 쓰러져야 장비다운 죽음일텐데, 허망하기까지 하다.

그렇게 준비한 복수전이 마지막 전투인 이릉대전이고, 이 전쟁에서 유비는 처참하게 패한다. 후퇴하던 길에 백제성에서 그 역시 눈을 감는다. 제갈량은 이 복수전을 처음부터 반대했다. 제대로 복수를 하려면 오왕 부차와 월왕 구천의 와신상담처럼 20년은 숙성해야 하건만, 마음만 앞섰다.

장각이 유주까지 침범해오자 의병이 모집되고 이때 뜻을 같이한 유비, 관우, 장비 세 사람은 복숭아 동산에 올라 검은 소와 흰 말을 제물로 올리고 도원결의桃園結義했다. "한 해 한 달 한 날에 태어나지 못했어도 한 해 한 달 한 날에 죽기를 원한다"라고. 이는 물론 《삼국지연의》에만

[그림 58] 관우, 유비, 장비

나오는 이야기다. 어떻든 역사는 소설이 아니고, 세 영웅의 최후는 허망함을 넘어 허탈하다.

제갈량은 유비 사후 북벌에 집착한다. 10년 동안 다섯 차례 북벌을 진두지휘하니 (그사이 남만의 맹획을 칠종칠금七縱七擒까지 했다) 몸이 성치 못하다. 그래서 오장원전투에서 사마의는 처음부터 제갈량의 건강만 확인하며 수비 전략을 고수했다. 4개월 대치 끝에 제갈량은 결국 진영에서 병사한다. 이렇게 《삼국지》의 영웅들이 모두 역사에서 사라진다.

진수는 《삼국지》에 제갈량을 "그는 어려서부터 뛰어난 재능과 영웅

[그림 59] 제갈량

의 그릇을 지니고 있었다"라고 총평했다. 27세에 유비의 삼고초려를 받아들여 '천하삼분지계'를 내고, 다음 해에 적벽대전을 승리로 이끌어 이를 실현했다.

그는 왜 말년에 북벌에 집착했을까? 〈출사표出師表〉에서는 '중원을 평정하여 한 황실을 복원'하기 위해서라고 밝히나, 당시 촉의 국력은 위의 반도 못 된다. 애초에 중원 정벌 자체가 무리인 것을 제갈량이 모를 리 없다. 그러면 왜?

현실적으로 판단하여 유비 이후 내부의 동요를 외부의 적으로 돌리려는 정치적 판단이 아닐까 싶다. 대의명분(한의 부활)을 걸고 현실적으로 승산이 없는 목표(북벌)를 내세워 내환(유비 사후의 정치적 갈등)을 외부의 적(위)에게 돌리려는 정치적 의도로 북벌에 매진했다는 것이다.

오장원전투(234년)로 삼국지는 끝나지만, 실제로는 그로부터 반백 년 가까이 더 이어진다. 촉의 멸망이 263년, 위의 멸망은 265년이며 오는 10년 넘게 내분을 거듭하다 280년에 멸망한다. 천하삼분지계 이후 승자는 조조, 유비, 손권도 아닌 사마의에게 돌아간다. 사마의?

《삼국지》의 마지막 주인공, 사마의

사마의는 원소, 원술의 집안만큼은 아니지만 한의 명문세가 후손이다. 대대로 곧고 청렴하였으며, 자식 교육도 엄격하고 나아감과 물러남에 신중한 유교적 가풍을 가진 청류파 가문으로 명망도 높았다. 사마의는 8형제(모두가 학식이 뛰어나 사마 가문의 여덟 아들을 사마팔달司馬八達이라 했다) 중 둘째 중달仲達이다. '죽은 공명이 산 중달을 물리친다'는 고사의 중달이 바로 사마의다.

사마의는 조조가 원소와의 결전을 앞두고 일을 맡기자 풍비風痹, 일종의 중풍라 핑계 대고 거절했다. 나설 때도, 자리도 아니라 여긴 것이다.

책사는 주군을 잘 만나야 한다. 그리고 때가 있다. 그는 이후에도 풍비를 핑계로 물러나길 반복했다. 사마광은 《자치통감》에서 사마의를 "작게는 총명하고 사리에 통달했으며, 크게는 큰 모략이 있었다"라고 평했는데, 적절하다. 그런 기운이 얼굴에 드러나는 걸까. 조조는 사마의를 경계했고, 여러 차례 시험했다고 한다. 사실 사마의는 이리가 고개를 돌린 상인 낭고상狼顧相으로, 조심성이 많아 항상 자신을 숨겼다.

조조는 탁류파 가문에 환관의 양자 출신이다. 총명하나 배경이 약하다. 반면 청류파 가문으로, 사마팔달의 형제들을 두고도 출세에 연연하지 않는 사마의가 고깝게 보일 수 있다. 어쨌든 조조 때는 크게 중용되지 않았고, 사마의 또한 드러내지 않았다. 《삼국지》에도 적벽대전에 이름이 나오나 사마의의 활약은 조조 이후에 두드러진다. 조조는 아들 조비에게 사마의는 신하가 될 사람이 아니라고 주의를 주기도 했다. 확실히 두 사람은 궁합이 맞지 않았다.

조조가 죽고 조비가 황제에 오르자 마침내 사마의는 중용된다. 그는 오장원전투를 승리로 이끌어 제갈량의 북벌을 저지하고, 공손연의 목을 베 요동을 평정하는 등 큰 공을 세운다.

[그림 60] 사마의

여기서 앞서 소개한 "죽은 공명이 산 중달을 물리친다"라는 고사를 확인하고 넘어가자.

오장원전투에서 제갈량이 죽은 것을 확인하고 사마의는 촉을 추격한다. 그때 촉은 제갈량이 죽기 전 지시한 계략대로, 그가 살아 있는 듯 승상의 깃발을 다시 세우고 사륜거에 조각상을 태워 공격하는 모습을 보였다. 그러자 사마의가 놀라 달아났다는 것이다.

그런데 사마의는 이미 제갈량의 죽음을 확인했다. 이 일이 있기 전 제갈량의 막사와 진영을 둘러보고 그를 '천하의 기재'라고 추모하기까지 했다. 그런데 촉한 정통론에 입각한 《삼국지연의》 모본에는 심지어 놀라 도망가던 사마의가 그의 머리를 만지며 "내 머리가 아직 붙어 있느냐?"라고 했다며 소설을 썼다.

오장원전투 이후 사마의는 위의 실권자로 등장한다. 마지막 경쟁자였던 대장군 조상曹爽도 고평릉에서 제거한다. 그때도 그는 조상을 속이기 위해 풍비라 하여 병석에 드러누워 자식들의 후사까지 부탁하는 임종을 연기한다. 그러다 병석을 박차고 일어나 쿠데타를 일으켜 정권을 장악하고 조상을 비롯한 조씨 일가를 몰살하여 멸족시킨다.

최근 중국에서는 사마의에 대한 재평가가 이루어지고 있는데, 드라마 〈대군사 사마의〉가 압권이다. 역사적 사실을 왜곡한 부분도 없지 않으나 사마의에 대한 재평가는 의미 있다. 우슈보의 연기도 한몫했다.

사실 《삼국지》에서 놓치기 쉬운 영웅이 사마의다. 조조와 유비의 대결이 전반전이라면 후반전은 제갈량과 사마의의 대결인데, 제갈량만 부각된다. 사실 제갈량의 활약은 20~30대였던 전반전에 다 소진되고, 후반전에서는 끊어지는 숨통을 마지막 계략으로 버텼을 뿐이다. 그러나 제갈량보다 두 살 위였던 사마의는 50대 이후가 전성기였으며 《삼국지》 후반전의 대미를 장식한 진짜 주인공이다.

제갈량이 천재형이라면 사마의는 노력형이다. 제갈량이 한 수 앞을 내다보고 움직인다면, 사마의는 한 수 뒤를 복기하고 움직인다. 제갈량의 계략은 신계神界의 화려한 묘책이나, 사마의의 계략은 인간계人間界의 재미없는 방책이다. 그러나 인생의 목표(가치 판단은 배제하고)를 달성하고자 하는 자라면 사마의에게서 배울 점이 더 많다.

우선 그는 현실을 냉정하게 판단한다. 억울한 상황이 닥쳐도 현실을 인정하고 인내하며 소명의 기회를 기다린다. 때가 아니라고 판단되면 자신을 낮추고 숨긴다. 필요하다면 거짓을 꾸미고 위장도 할 줄 안다. 그러나 기회가 오면 절대 놓치지 않고 한번 물면 숨을 끊을 때까지 놓지 않는다. 측은지심이 없어 잔인하다. 그래서 확실히 낭고상이 맞다. 조심성이 많기도 하지만 본질은 이리와 같다.

복기

《삼국지》가 삼국시대를 제대로 담고 있는지를 알아보기 위해 먼저 주요 사건의 연도와 삼국의 생몰 기간, 주요 인물의 재위 기간 및 생몰 기간을 표로 정리해보았다.

삼국·서진 황제의 재위기간

위 (220-265)		촉 (221-263)		오 (222-280)		서진 (265-316)	
조조(위왕)	216-220						
조비	220-226	유비(한중왕)	219-221	손권(오왕)	221-229		
조예	226-236	유비	221-223	손권	229-225		
조방	239-254	유선	223-263	손량	252-258		
조모	254-260			손휴	258-264		
조환	260-265			손호	264-280	사마염	265-290

삼국시대와 《삼국지》

연도	시대구분	주요 사건
184	후한	황건적의 난
189		십상시의 난 → 동탁 집권
200		관도대전 → 조조, 중원 장악
208		적벽대전 → 삼국 정립
218~219		한중공방전 → 천하삼분
219		형주공방전 → 관우 사망
220		조조 사망, 후한 멸망
	삼국시대	조비, 황제 등극
221		장비 사망
221~222		이릉대전
223		유비 사망
228~234		제갈량 북벌
234		제갈량 사망 → 촉한 사실상 몰락 수순
242~252		이궁의 변 → 손오 사실상 몰락 수순
249		고평릉 사변 → 조위 사실상 몰락
263		촉한 멸망
265		조위 멸망 → 서진 제국
280		손오 멸망 → 서진, 삼국 통일

1. 《삼국지》는 중세가 열리는 이야기가 아니라, 중국 고대사의 에필로그다?

위의 표를 보면,

    1) 시대 기준으로 삼국시대(220~280년)는 후한이 멸망(220년)한 이후의 역사지만, 우리가 아는 《삼국지》는 후한이 멸망하기 이전의 이야기다. 즉 《삼국지》의 세 영웅 중 조조는 삼국시대가 열리기도 전에 숨을 거둔다. 《삼국지》의 하이라이트인 3대 대전 중 관도대전(200년)과 적벽대전(208년)은 삼국시대 이전이고, 《삼국지》의 대미로 치닫는 이릉대전(221년)도 삼국시대가 열리면서 벌어진 첫 전투다.

    2) 《삼국지》의 세 주인공 중 관우는 삼국시대 이전에(219년), 장비는 삼국시대 직후(221년)에 모두 숨을 거두고, 유비 또한 이릉대전(221년)에서 패한 후 별 활약 없이 병석에 누워 시름시름하다 백제성에서 눈을 감는다(223년). 즉 《삼국지》의 세 주인공은 정작 삼국시대가 시작되었을 때 모두 무대를 떠났거나 무대에서 내려온다.

  결론 1

  다시 말해 우리가 아는 《삼국지》는 시대 구분으로서의 삼국시대의 이야기가 아니라 후한말 혼란기를 다룬, 중국 고대사의 에필로그가 아닐까 싶다.

2. 《삼국지》의 삼국시대는 제갈공명이 죽은 234년에, 시대 구분으로서도 촉이 멸망하는 263년에 끝난다?

위의 표를 보면,

1) 삼국시대는 위(220년), 촉(221년), 오(229년, 사실은 221년)가 칭제를 하면서 시작된다. 즉 220년 후한이 멸하자 삼국은 다투어 칭제를 선언한다. 그렇게 공식적인 삼국시대가 열린다. 그러나 위는 249년 고평릉 사변 이후 실권이 사마씨 가문으로 넘어간다. 2대 조예 이후 세 황제는 모두 사마씨에 의해 폐위되고, 시해되고 결국 제위를 선양당한다.

2) 촉 또한 유비가 죽고 유선이 제위를 잇지만(223년), 허망한 제갈량의 북벌(227~234년)은 꺼져가는 촉나라 사직의 불씨를 지키기 위한 고육지책에 불과했다. 결국 234년 오장원전투에서 제갈량이 죽음으로써 촉은 사실상 멸망의 수순을 밟다가 263년 위의 실권자 사마씨의 공격을 받고 항복하면서 마무리된다.
《삼국지》의 후반전인 제갈량의 북벌은 《삼국지》의 삼국시대를 마무리하는 고별식이었고, 삼국시대 이후 주연인 진의 사마씨 등장을 알리는 프롤로그였는지 모른다.

3) 오 역시 《삼국지》에는 소개되지 않았지만, 손권 말년에 후계자 문제로 벌어진 이궁의 변(242~252년)으로 기세가 꺾인다. 손권 이후 황제들은 어린 나이에 폐위되고, 요절하고, 마지막 황제는 진의 사마염에게 항복하고 능욕까지 당한다.

결론 2

시대 구분으로서 삼국시대는 오가 망하는 280년까지 이어지지만, 《삼국지》는 제갈량이 죽은 234년에서, 권력의 이동은 고평릉 사변으로 사마의가 집권하는 249년에서, 역사적 의미에서는 손권이 죽고 이궁의 변이 끝나는 252년에서, 또 시대 구분으로서도 후한의 정통을 잇는다고 주장한 촉한이 멸망한 263년에서 끝난다고 보는 것이 맞지 않을까 싶다.

그러므로 삼국시대를 중세사로 볼 것이 아니라 후한 멸망의 여진餘塵으로 보고, 고대사 끄트머리(그래서 에필로그)에 두는 것이 어떨까.

12

한국 고대사 바로 보기
- 김부식 《삼국사기》

명분과 실존

가슴 한켠에 시퍼런 칼을 꽂고 산 적이 있다. 갈 길이 분명했고, 대의도 확연했다. 그 길을 막고 선 자, 방해하는 자, 심지어 동행하지 않는 자에게까지 그 칼을 휘둘러댔다. 연민은 사치였고, 의심은 비겁이었다. 세상이 온통 그 깃발 아래 구호로 출렁거렸다. 그러다 잠이 깼다. 세상은 그 건물, 그 도로 그대로지만 오고 가는 사람들은 서로 눈도 마주치지 않고, 말도 걸지 않고 바삐 지나간다. 누구에게도 관심 없고 모두가 혼자다. 가끔 자동차 경적 소리만 깜짝깜짝 놀래킬 뿐, 세상은 온통 무심하게 뚝딱거리며 시간을 바꾸는 소리만 가득하다. 이제 내 가슴속에도 제대로 된 시 한 편을 품어야 할 때가 왔다.

한국 고대사를 이해하는 양대 고전은 《삼국사기三國史記》와 《삼국유사三國遺事》다. 잘 알려진 고전이니 개요만 간단히 확인해보자.

《삼국사기》는 1145년 고려 인종의 명을 받아 김부식金富軾 등이 편찬한 삼국시대 정사로, 본기 28권(고구려 10권, 백제 6권, 신라 12권), 지志 9권, 표 3권, 열전 10권으로 이루어져 있다. 반면 《삼국유사》는 1281년 고려 충렬왕 때 고승 일연이 경북 군위 인각사에서 집필한 대안 사서로, 왕력王曆과 기이紀異 그리고 흥법興法, 탑상塔像, 의해義解, 신주神呪, 감통感通, 피은避隱, 효선孝善 등 아홉 편을 5권 2책에 담았다.

[그림 61] 《삼국사기》

《삼국사기》는 책임 편찬자 김부식과 함께 어느 날 '사대주의적 역사서'로 평가절하되면서 가까운 서가에서 밀렸다. 현존하는 가장 오래된 정사임에도 불구하고. 여기서는 그러한 평가의 배경과 근거를 추적하여, 적어도 제자리 근처에라도 돌아올 수 있기를 기대하며 이야기를 진행하려 한다. 그래야 더 많은 이들이 편견 없이 《삼국사기》를 읽을 수 있지 않을까.

서경 천도의 정치적 함의

《삼국사기》의 평가는 결국 대표 편자 김부식에 대한 평가와 맞물린다. 아니, 결정되었다. 1980년대 민주화 운동은 민족주의적 각성과 그 새로운 해석으로 확장되었는데, 그 과정에서 일제시대 민족주의 운동이 눈에 들어왔다. 그리고 거기서 신채호의 《조선사연구초朝鮮史研究草》를 찾아낸다. 이는 1924년부터 동아일보에 연재한 논문을 홍명희가 엮은 책인데, 거기에 〈조선역사상일천년래제일대사건朝鮮歷史上一天年來第一大事件〉이라는 문제의 논문이 실려 있다. 이 논문에 대한 세상의 이해가 김부식과 함께 《삼국사기》를 사대주의의 틀에 가두었다.

논문은 "서경전투(묘청妙淸의 난)의 결과는 고려에서 이조에 이르는 1천 년 사이에 이 사건보다 더 중요한 사건은 없을 것"이라고 한다. 그래서 제목도 '조선역사상일천년래제일대사건'이다. "사건의 실상은 낭불양가郎佛兩家 대 유가의 싸움이며(여기서 '낭'은 화랑정신), 국풍파 대 한학파의 싸움이며, 독립당 대 사대당의 싸움이며, 진취사상 대 보수사상의 싸

[그림 62] 《조선사연구초》

움이니 묘청은 곧 전자의 대표요, 김부식은 곧 후자의 대표였던 것이다." 그래서 김부식은 사대적, 보수적, 유교적 사상의 대표 인물로 여겨지게 된 것이다.

"칭제 정벌론자들이 언제나 평양 천도를 전제로 하였던 것은 엄청난 실책이었다."

위 인용된 부분이 실린 신채호의 논문 전체를 읽어볼 필요가 있다. 당시 묘청의 주장은 크게 세 가지인데 서경 천도, 칭제 건원, 북벌이다. 신채호는 위 인용문 바로 아래 "사실은 평양으로 천도하면 북쪽 외적에게 매우 가까워져서 (…) 한 번의 작은 패전만 있어도 전국이 놀라서 벌벌 떨게 될 것이다"라고 말하며 "칭제 정벌론자들이 언제나 평양 천도를 전제로 하였던 것은 엄청난 실책이었다"라고 말한다. 이렇게 신채호 역시 서경 천도는 '천만부당'하다고 생각한다. 바로 뒤에 이런 말이 있다는 것을 위 인용문을 외우는 사람들도 과연 알까?

당시로 조금 더 들어가보자. 고려 17대 왕 인종이 나온다. 그가 즉위할 당시 세상은 이자겸의 시대였다. 그의 둘째 딸이 예종의 비 순덕왕후로, 인종의 어머니다. 또 그의 셋째와 넷째 딸은 인종의 비다. 좀 헷갈린다. 아무리 근친상간이 횡행하던 고려 왕실이라 하지만 이런 근친상간은 없었다. 인종의 입장에서 보면 두 이모를 아내로 맞이한 것이다. 이자겸의 입장에서 보면 2대에 걸쳐 왕을 사위로 삼은 셈이다.

그런데 인종이 친위 쿠데타를 일으킨다. 인종 4년에 장인 이자겸을 제거하기 위해 왕당파를 사주하여. 그러나 군권을 쥐고 있는 척준경까지 정략결혼으로 엮은 이자겸 일파에 좌절되고, 쿠데타 진압 과정에서 궁은 화마에 휩싸인다. 고려의 권위가 무너진다. 고려 창건이 918년이고 이때가 1126년이니 '왕조 200년 설' 대로 거의 맞아떨어진다. 참고로 경복궁이 화마에 휩싸인 임진왜란도 1592년으로 조선 건국 뒤 거의 200년이 지난 즈음이었다.

친위 쿠데타를 진압한 이자겸은 공공연히 '십팔자위왕十八字爲王, 이 씨가 왕이 된다'이라는 참언을 퍼뜨리고, 왕을 대신하여 군권을 갖는 지군국사知軍國事에 스스로 오르며, 독자 외교 활동까지 벌이는 등 실질적인 군주 놀이를 즐긴다. 한편 인종은 재로 변한 궁에서 나와 이자겸의 별채 같은 임시 궁에 거의 감금되어, 독살의 위협 속에 온갖 수모를 당한다. 그러면서도 왕권 회복을 위한 노력을 포기하지 않는다.

그는 이자겸과 척준경의 틈새를 파고들어 척준경을 꼬드긴다. 그래서 척준경의 손을 빌어 연경궁 사변으로 마침내 이자겸을 숙청한다. 그리고 새로 끌어들인 서경파 정지상鄭知常의 글을 빌려 척준경도 숙청한다. 무서운 사람이다! 15세에 즉위하여 19세의 나이에 한 시대를 좌지우지한 노회한 정객들을 차례로 처리하는 솜씨가 보통이 아니다.

서경 천도는 왕권 강화를 위한 분리 정책

이렇게 왕권을 되찾은 인종은 이자겸 등 기존 개경 문벌귀족들을 견제하기 위해 서경 출신 신진 세력을 대거 등용한다. 대표적 인물이 정지상이다. 그는 인종의 의도를 눈치채고 개경파를 일시에 약화하기 위해 서경 천도를 주장한다. 인종 또한 기다렸다는 듯이 이를 받아들여 서경에 대화궁을 세우는 등 천도를 준비한다. 여기에 서경파 묘청이 도참과 예언으로 천도의 명분까지 더한다. 말하자면 인종은 왕권 강화를 위한 분리 정책의 일환으로 서경파를 끌어들이고, 그들은 김부식 등 개경파를 몰아내기 위해 서경 천도를 주장한 것이다. 서경 천도의 정치적 함의는 이런 것이었다.

또 서경파는 서경 천도, 칭제 건원, 북벌을 주장하는 서경 출신 정지상 등 신진 세력만이 아니라 친위 쿠데타를 일으켰던 왕당파가 왕의 의중에 따라 이에 동조하고, 이 주장과 무관하게 문신에 홀대받은, 특히 서북 지역 군부 세력까지 참여한, 이른바 반 개경파 연합 세력이었다.

누가 북벌론자를 죽였는가?

그런데 서경 천도가 진행되는 과정에서 묘청의 대동강 용침 조작 사건과 남극성 등燈 사건이 터지고, 인종의 서경 행차에 벼락이 치고 폭풍우가 불며 진눈깨비까지 떨어지는 등 불길한 징조가 연이어 발생한다. 그보다 인종이 서경 천도를 포기한 것은 서경파의 북벌론에 부담을 느꼈기 때문이 아닐까 싶다. 인종이 서경파에 힘을 실어준 것은 개경파의 기세를 꺾는 정도, 좀 더 나간다 해도 개경파와 대등한 양당 체제를 구축하는 것까지였다. 그런데 서경파가 오버했다.

서경 천도? 오케이, 가자! 사실 친위 쿠데타 과정에서 왕궁이 불탔다. '개경 땅의 기운이 쇠했다'에 동의한다. 칭제? 사실 고려는 그때까지 외왕내제外王內帝를 해왔다. 중국의 변화에 따라 외교적으로 왕이라 했지만, 내부적으로는 칭제하고 황제국 체제를 유지했으며 연호를 사용하기도 했다. 그런데 북벌이라고? 당시 금金, 여진족이 요遼, 거란족를 멸망시키고 송宋을 양쯔강 이남으로 밀어내며 중원을 차지하는 등 한참 기세를 올리던 때다. 이럴 때 굳이 북벌을?

그리고 고려는 이미 요와 30년 전쟁을 치른 지 얼마 되지 않았다. 우리는 서희와 강감찬을 떠올리며 승리한 전쟁으로 기억할지 모르나 인종은 삼촌인 현종이 전라도 나주까지 몽진하는 참변으로 기억한다. 그때 주전론을 폈던 문신과 장수들이 먼저 왕을 버리고 다 도망갔던 것도

271

잊지 않고 있다. 한 역사학자는 임진왜란 때 선조에게도 그렇게까지 하지 않았다고 할 정도로 현종은 철저히 버림받았다.

그런 요를 멸하고 기세등등한 금을 먼저 친다고? 현실적으로 불가능한 정치적 선동에 불과하다. 고구려 옛 땅을 수복하려면 바로 금의 본영을 치자는 말인데.

북벌만은 시와 때를 가리자. 인종이 바라는 것은 단지 개경파와 서경파의 세력 균형이다. 그런데 서경파가 너무 밀어붙이니 부담스럽다. 더욱이 묘청이 주도하는 서경파의 천도 진행이 거칠고 껄끄러운 것도 미덥지 않다.

인종은 김부식의 상소를 핑계로 서경 천도를 포기한다. 그러자 묘청은 서경파 연합 세력의 합의도 없이, 심지어 상의도 없이 서경에서 개경파 타도를 주장하며 대위 천자국을 선포해버린다. 헐! 개경에 있던 서경파도 당황한다. 신채호도 논문에서 '제멋대로 날뛰고 설친 행동'이라 비판하며, 묘청의 생각을 '미치광이 같은 망령된 생각'이라고 기록했다. 개경에 남아 있던 정지상 등 서경파 역시 불안불안했던 묘청이 결국 사고 치자 당황한다. "진즉 도려냈어야 할 위험 세력이었어!" 묘청의 난을 서둘러 진압하자고 먼저 나서서 주장한다.

인종 역시 서경에서 반란을 일으킨 묘청 일파를 제거하는 데 동의한다. 그러나 서경파 전체에 대한 숙청으로까지 가져갈 생각은 전혀 아니었다. 서경파 내 '미치광이 세력'만 도려내면 된다고 생각했다. 그런데 김부식 등 개경파가 정적을 제거할 기회로 보고, 인종의 사전 승인도 얻지 않고 개경에 남아 있던 정지상 등 서경파까지 주살하고 난 후 보고한다. 인종은 낙담한다. 이것이 묘청의 난이다.

신채호도 서경 천도는 '천만부당'하고, 묘청은 칭제 북벌론자의 상징일 뿐이며 '미치광이'이고, 그의 예측 불가한 행동으로 북벌론자였던 "정지상 등을 사지에 빠뜨리고", "윤언이尹彦頤 등을 진퇴양난의 지경에서게 하였다"라고 적었다. 묘청의 난 자체가 아니라 그 결과 사대주의파의 세상이 된 것에 주목하고, 그것이 일제 침탈까지 이어지게 되었다고 본 것이다. 그래서 그는 '조선 역사상 최대 사건'이라 이름했다.

그러면 신채호도 분명하게 정리했어야 했다. 묘청의 난으로 세상이 사대주의자들의 나락으로 떨어졌다면 그 난을 진압한 김부식이 아니라 정지상 등 북벌론자들을 허망하게 날려버린 묘청의 미치광이 영웅놀음을 콕 짚어 비판했어야 했다. 그래야 훗날 또 허망한 자들이 묘청을 엉뚱한 자리에 올리지 않았을 것이다.

그 유교가 그 유교가 아닌데

그러나 신채호는 논문의 말미에 "(그렇지만 묘청의) 주의상의 불후의 가치는 김부식류에 비할 바가 아니다"라고 다시 한번 김부식류를 겨냥한다. 그는 '김부식류'의 가치를 '유교적', '사대적'으로 봤기 때문이다. 지금 조선이 일제에 침탈당한 원인을 유교적, 사대적 가치 때문이라고 보았고, 그 뿌리를 김부식류로 보았기 때문이다.

그런데 신채호가 본 조선을 멸망케 한 유교적 가치는 엄밀하게 나누면 성리학, 주자학이다. 알다시피 주자학은 남송의 주자朱子가 공자의 유교를 재해석하여 봉건사회를 유지하는 대표 이데올로기로 집대성한 것이다. 주자가 1130년에 출생하였으니 묘청의 난이 일어났을 때는 고작 다섯 살이었다. '유교적' 가치의 대변자 김부식은 안타깝게도 그 주자학의 출현을 보지도 못하고 눈을 감았다.

김부식 류의 '유교적' 가치는 주자가 아니라 순자荀子에 맞춰져 있었다. 신채호가 '불후의 가치'를 실현할 인물로 꼽은 윤언이와 그의 아버지 윤관은 물론, 서경파 거두 정지상을 포함하여 그 당시 유학자라면 누구나 끼고 다닌 책은 《정관정요貞觀政要》였다. "임금은 배요 백성은 물이다. 물은 배를 띄우기도 하지만 배를 뒤집기도 한다"라는 것이 순자와 《정관정요》를 관통하는 핵심 왕도 사상이다. 당시 김부식류의 유교는 아직 삶과 사고까지 지배하는 이데올로기가 아니라 단지 국가 통치 수단이었기 때문이다. 그래서 유학자연하던 당대 모든 지식인은 조선의 유학자들과 달리 유불儒佛을 공유하였다.

'김부식류의 유교적 가치'는 주자학이 아니라 순자의 《정관정요》였다.

이를 모를 리 없는 신채호가 왜 이렇게까지 말한 걸까? 이에 대해 그는 당시 "이전의 사서에서는 그(묘청)를 폄하하는 말들만 있고 그의 뜻을 살린 말들은 전혀 없으니, 이는 공정한 논의가 아니라 할 것이다"라고 의중을 비쳤다. 그러나 이런 판단은 일제시대까지로 제한되어야 한다. 지금은 그의 이 논문으로 기울어진 운동장이 역전되었다. "지금 세간의 글들은 그(김부식)를 폄하하는 말들만 있고, 《삼국사기》의 역사적 가치를 찾으려는 노력들이 도리어 찾기 힘드니, 이는 공정한 논의가 아니라 할" 상황에 이르렀다.

[그림 63] 만인보

그 대표적 선동이 있다. 1980년대의 운동권 사고에서 크게 못 벗어난 한 시인은 자신의 시집 《만인보萬人譜》에서 김부식을 사대주의자로 3대에 걸쳐 낙인찍는다. 증오도 연좌했다. 1920년대 일제시대에 쓴 신채호의 주장을 물고 오면서 논문 전체를 제대로 이해하지 못하고,《삼국사기》를 깊이 읽지 않고 야사만 덥석 옮겨 와 시구로 이은 까닭이다. 신채호가 정작 내세우고자 한 인물은 묘청, 정지상이 아니라 윤언이인데, 시인은 서열도 거꾸로 보고 윤언이는 아예 안중에도 없다. 신채호는 서경 천도를 반대하고 북벌론의 가치를 높이 세우는데, 시인은 서경 천도는 북벌의 전제고, 당장 실행에 옮기지 못했음을 개탄한다.

《삼국사기》가 '춘추필법 이소사대 맨망'이라고?

《삼국사기》독해도 마찬가지다. '그 얼마나 사대적인가?'

시인이 지적한 것부터 따져보자. "고구려 승전고도 올리지 않고."

과연 그럴까?《삼국사기》는 고구려 을지문덕을 열전에서 다루고 있다. 현재 우리가 알고 있는 을지문덕의 살수대첩이 바로 그 열전에서 비롯되었다. 중국 고서 일부 기록을 제외하고 을지문덕을 다룬 이전 국내 기록은 전해지는 바가 없다. 이후 기록은《삼국사기》를 재인용했다. 신채호의 을지문덕 전기 역시《삼국사기》의 줄기에서 나왔다. 다만 역사서가 아닌 이유로 신채호의 상상이 자유롭고 표현이 통쾌할 뿐이다. 그렇게 호쾌하게 역사서를 쓰지 않았다는 건가?

또한 김부식은 "비록 을지문덕의 지략과 장보고의 용맹은 있었어도 중국의 서적이 아니었더라면 모두 사라져 후세에 알려지지 못하였을 것이다"라고 삼국의 사료가 부족하여 을지문덕의 지략을 더 소개할 수 없음을 줄곧 안타까워했다. 보장왕 사론에서는 안시성 싸움을 다루면서 "당태종이 몸은 탈출했으나 그와 같이 겁을 내었는데《구당서》,《신당서》와 사마광의《통감》에 이를 기록하지 않은 것은 나라의 체면 때문에 기피한 것이 아니겠는가?"라며, 중국 사료를 인용하되 중국 중심의 사료를 비판하며 자신의 견해를 덧붙이기도 했다.

12세기에 김부식이 18세기의 유득공이 제기한 문제의식을 가지지 않
고 역사서를 썼다고 해서 사대적이라고 할 수 있을까?

시에서는 또 "발해도 없고/ 오로지 신라가 제일 먼저 세워진 듯이"라
고 이었다. 그러나 《삼국사기》는 처음부터 삼국, 즉 고구려, 신라, 백제
를 다룬다고 밝혔다. 그것은 당시 일반 역사 인식에 따라 고려가 이 삼
국을 계승했다고 본 까닭이다. 《삼국유사》는 발해를 다루었지만 삼국
과 함께 다루지 않았고, 고려가 이를 계승했다는 말은 아예 없다. 또한
지금까지 밝혀진 역사 연구 결과, 당시에는 발해가 고구려를 계승하여
통일신라와 남북조시대로 이어갔고 다시 고려로 계승되었다는 인식
자체가 없었다. 그런데 12세기에 《삼국사기》를 편찬한 김부식이 18세
기 실학자 유득공柳得恭이 《발해고渤海考》에서 제기한 문제의식을 갖고
역사서를 쓰지 않았다고 해서 사대적이라 할 수 있을까?

또한 《삼국사기》를 친親 신라적 역사 편찬으로 비난하면서 근거로
든 것이 삼국의 건국 시기 문제와 본기와 열전의 편성 문제다.

삼국의 건국 시기는 여전히 논란이다. 국가 성립의 기준이 애매하고,
비교할 수 있는 중국 사서 등 자료도 일치하지 않으며, 삼국 왕의 계보
와 왕의 생몰과 재임 기간을 상식적으로 도저히 맞출 수 없는 것도 심
각한 문제다.

그러나 《삼국사기》의 편성 문제는 깊이 보지 않은 탓이다. 먼저 《삼
국사기》는 사마천의 《사기》의 기전체 형식을 빌려왔다. 그러나 《사기》
에서는 통일 국가와 천자를 '본기'에서 다루고, 제후와 왕을 '세가'에서
다루었는데, 《삼국사기》는 삼국의 모든 왕을 '본기'로 묶었다. 이 지점
은 도리어 《삼국사기》가 과연 '사대주의적 역사서'인가와 김부식의 '사

대주의'에 대한 이견의 근거로 자주 인용되는 부분이기도 하다.

그리고 본기 28권 중 고구려가 10권, 백제가 6권인데, 왜 신라만 12권이냐는 문제 제기도 있다. 이는 단순히 신라가 통일신라를 포함하고 있기 때문이며, 통일 전의 신라는 되려 5권으로 가장 적은 분량이다. 또 열전 10권 중 무려 1~3권에서 김유신과 그 후손들을 다룬 것은 과하지 않느냐는 지적이 있다. 그러나 당시 《화랑세기花郞世記》 저자 김대문의 문헌과 고기, 행장을 제외하면 국내 고문헌은 아예 없었다. 심지어 고려 왕들의 실록과 《구삼국사》도 사라졌고, 많은 문헌이 모두 소실되었다.

친신라적 편집에 대한 의심은 합리적일 수 있으나, 본질적 문제는 사료의 절대적 부족과 제한된 사료에 있다. 사실 열전에 신라인의 수는 많으나 실상 그 내용은 똑같이 부실하여 명함 수준의 소개로 끝나는 경우가 허다하다. 그러므로 적어도 《삼국사기》 편찬자들이 사료에 없는 내용을 창작하지 않았고, 기존 사료를 의도적으로 삭제하거나 왜곡한 바 없다는 점에서 악의적 편집이라는 비판은 과하다.

마지막으로 《삼국유사》가 다룬 단군신화를 왜 《삼국사기》에는 빠뜨렸느냐는 지적이다. 그 덕에 《삼국유사》는 '민족주의적' 역사서로 사랑받기까지 한다. 그러나 어느 정사도 신화를 다루지는 않는다. 특히 공자의 《춘추》 이후 군자불어君子不語, 괴력난신怪力亂神과 술이부작述而不作 하는 유교적 사관을 따른 동양의 역사서라면. 사마천의 《사기》도 삼황은 기록하지 않는다. 다만 신화와 인간 세상을 연결하기 위해 황제를 오제五帝로 분류하여 다룰 뿐이다. 서양의 헤시오도스도 《역사》에 트로이전쟁이 아니라 페르시아전쟁을 처음으로 기록했다.

그러나 우리의 시인은 또 "세발 네발 가로되 밤새도록 중화 춘추필법 이소사대 맹망으로 가로되"라고 꾸짖는다. 공자의 《춘추》에 따른 중국의 역사서 기술 방식을 사대하여 요망스럽게 까분다고 야단치면 할 말이 없다. 그러나 유학자 김부식은 괴력난신을 입에 올릴 수 없으나

《삼국사기》에 고구려, 백제, 신라의 건국신화를 다룬다. 사마천이 황제를 다룰 수밖에 없듯 삼국의 건국을 기록하기 위해서다. 그가 '유교적' 혹은 '사대적'이라는 세간의 주장에 반할 수 있는 한 사례다. 그의 건국신화는 140년 뒤《삼국유사》에 거의 그대로 재인용된다.《삼국유사》는 다만 정사의 담담한 표현을 컬러풀하게 색칠했을 뿐이다.

문벌귀족 세력으로서의 김부식

이제 김부식은 과연 사대적인지, 아니 그는 어떤 인물인지 추적해보자. 그를 조금이라도 더 실제와 가깝게 그려낼 때《삼국사기》도 좀 더 제자리에 가까이 올 것이다.

흔히 김부식을 묘청 세력과 비교하여 문벌귀족 세력으로 분류한다. 고려 문벌귀족 세력의 형성을 간단히 보면서 그 세력의 성격을 알아보자.

고려는 알다시피 태조 왕건이 정략결혼을 통해 지방 호족 세력들을 끌어들여 건국했다. 그 흔적으로 8대 현종까지 100년 넘게 왕건의 아들과 손자, 2대를 넘지 못했다. 창업 공신인 지방 호족들마다 왕비와 그 왕자들을 내세워 알력이 심했고, 그들의 다툼으로 2대에 걸쳐 동복, 이복형제, 사촌끼리 왕위를 계승한 것이다. 즉, 왕권 확립과 국가 체제의 정립이 그만큼 뒤처졌다. 6대 성종 대에 가서야 최승로崔承老의 '시무 28조'가 발표되어 유교를 국가 통치 이념으로 세우고, 과거제를 통한 관리 선발이 시행되었다. 이를 통해 비로소 지방 호족 세력을 대체하는 새로운 세력들이 등장하기 시작하는데, 그들이 바로 문벌귀족 세력이다.

고려 문벌귀족의 특징은 첫째, 앞서 말한 대로 새로운 통치 이념인 유교적 가치로 무장했고, 과거제를 통해 중앙에 진출하여 국가 중심적이고 관료적 성격이 강했다. 둘째, 한편 지방 호족 세력들도 중앙으로 진출하면서 문벌귀족 세력으로 편입되는데, 그들은 본관을 세우고 가문을 중시하는 문벌 의식이 강했다. 그래서 고려 문벌귀족 세력을 문벌門閥로 이해하는데 사실은 문벌文閥이다. 첫 번째 특징이 더 강하기 때문이다.

고려 문벌귀족은 단계별로 두 부류로 나눌 수 있는데, 첫 부류는 호족 세력과 마찬가지로 혼사를 통해 권력을 쥔 외척 세력이다. 안산 김씨 김은로와 인천 이씨 이자겸 일가가 대표적이다. 두 번째 부류는 이자겸의 난을 진압하면서 새로운 권력의 중심으로 올라선 세력인데, 과거를 통해 중앙에 진출하고 유교적 가치로 무장한 문신들이다. 파평 윤씨 윤관, 윤언이, 경주 김씨 김부식이 대표적이다.

이렇게 분류해보면 김부식은 고려 창업 공신인 지방 호족 출신이 아니다. 또한 문벌귀족 세력이지만, 혼사로 권력을 쥔 외척 세력도 아니다. 김부식 가문이 중앙 무대에 등단한 것은 16대 예종 때 바로 김부식의 다섯 형제가 모두 과거에 급제하면서 천재 가문으로 이름을 날리면서부터다.

그의 초기 활동 시기는 이자겸 일가가 권력을 농단할 때인데, 그는 그 정도 급도 아니었지만 이자겸과 대립했다기보다 적당한 거리에서 순응했다. 오히려 그가 권력의 중심으로 등장한 것은 이자겸 몰락 이후 정지상 등 서경파가 권력의 중심에 등장했을 때, 반대 세력인 개경파의 대표 주자가 되면서부터다.

그래서 어떤 이들은 김부식을 이자겸 부류로 묶어서 매도하는데, 이는 의도적 왜곡이다. 《만인보》의 시인도 시에서 김부식을 "6대 왕조 주름잡은 늙은 송장"이라 표현하며 아예 이자겸과 일치시킨다. 착각인지 무지인지. 김부식이 과거에 급제한 것이 예종 때고, 정치 권력에 진입한 시기는 이자겸의 난을 진압하던 인종 때며, 의종 6년에 눈을 감는다. 모두 합쳐도 기껏 3대 왕조다.

그러나 김부식이 묘청의 난을 진압하면서 보여준 행동은 분명 문제가 있다. 묘청의 '미치광이 짓'을 이용해 먼저 개경에 있던 정지상부터 살해한 것은 정치 보복이다. 그가 묘청과 분명 선을 그었음에도 불구하고 왕의 사전 승인도 없이 제거한 것은 '사전 정지 작업'이니, '후환後患 제거'로 양해할 수 없다. 둘째 묘청의 난을 진압하는 과정에서 윤언이를 의도적으로 배제하고 진압 후에는 그가 묘청과 같이 '칭제 건원'을 주장했다는 이유를 들어 숙청하는데, 이 역시 정치 보복이다.

진압을 장기전으로 가져간 것은 전략적 판단이라고 애써 이해한다 해도, 윤언이의 공성 전술을 채택하고도 결국 그를 전투에서 배제한 것은 비겁하다. 더욱이 반란의 진압에 앞장선 그를 바로 정치 탄핵하는 것은 어떤 이유로도 정당화할 수 없는 보복에 다름 아니다. 더욱이 '칭제 건원'은 묘청의 주장만도 아닌데. 어쨌든 이를 통해 김부식은 고려 최고위직인 문하시중門下侍中에 오르며 권력을 틀어쥔다.

후대 김부식의 죄과는 이 시기에 집중된다. 그는 서경 천도, 칭제 건원, 북벌을 주장하는 '자주적' 세력을 진압하는 데 일등 공신이자, 그를 통해 권력을 쥔다. 따라서 그는 '사대주의자'의 대표 인물이 된다. 그런데 그가 서경파를 숙청한 것이 '사대적 사상' 때문일까?

서경파의 '자주적 주장'에 대해서는 앞서 검토했다. 그리고 그는 서경파만이 아니라 같은 문벌귀족 세력인 윤언이도 숙청했다. 즉 그가 서경파와 윤언이를 숙청한 것은 정치 이념이나 철학과는 상관없는 듯하다. 그것은 하나의 명분일 뿐이고, 그는 단지 정적을 제거한 것뿐이다.

김부식이란 인물을 어떻게 이해해야 할까? 그의 생애 몇 장면을 통해 인물의 본질에 접근해보자.

하나. 예종이 재상 윤관에게 짓게 한 의천대사 비문에 잘못된 부분이 있어 수정해야 했다. 이를 초급 관리였던 김부식에게 지시했는데, 예종의 잘못된 지시이긴 하나 재상의 체면을 고려해 김부식이 먼저 정중히

[그림 64] 김부식

사양해야 했다. 그런데 그는 거리낌 없이 윤관의 비문을 싹 수정해버린다. 선천적이든 후천적이든, 많은 천재들이 보이는 공감 능력 부재다. 그래서 적을 만든다. 초급 관리 주제에 당시 문벌귀족 세력의 대표 일가인 파평 윤씨와 척을 지면 좋지 않은데, 그런 걸 모른다.

둘. 인종이 서경 천도에 힘을 실어줄 때다. 묘청이 기름떡을 대동강에 넣어 강물이 떡 기름에 반짝이게 한 후 인종에게 '용의 침'이라고 말했다. 김부식은 이를 믿지 않았다. 사람을 시켜 대동강에서 기름떡을 건져냈다. 서경 대화궁이 완공되자 묘청은 김부식에게 낮게 뜬 별을 가리키며 남극성이라며 상서로운 일이라 말했다. 그는 그냥 지나치지 않고 따로 확인하여 높이 매단 등燈을 찾아냈다. 또 인종과 함께 서경으로 가던 길에 벼락이 쳤다. 그러자 김부식이 마침내 묘청에게 "그토록 좋은 곳이라면 상서로운 일도 많아야 하는데 왜 왕의 행차에 벼락이 떨어지냐?"며 비꼬았다.

그는 유학자로서 괴력난신을 믿지 않는다. 처음부터 묘청을 신뢰하지 않았다. 그의 현실적 사고에 도참이니 예언이니 하는 말은 들어설

자리가 애초에 없었다. 묘청과는 정치적, 사상적 이데올로기를 떠나 근본적으로 사고 패턴이 다른 과다.

셋. 그는 왕이 공자에 제사 지낸 것을 칭송하고 계속 공자의 제사를 지내자고 표를 올린다. 심지어 공자를 봉황에 빗대 칭송하는 〈중니봉부仲尼鳳賦〉라는 글을 짓기도 했다. 그러나 정작 현실에서는 순자의 정치 이념을 따랐고, 《정관정요》를 통치 원리로 받들었다. 알다시피 김부식金富軾의 이름은 송나라 시인 소동파의 이름 소식蘇軾에서 따왔다. 그러나 이자겸과 척준경이 송 대신 금을 사대하자고 할 때 이에 동조했다.

그의 사대는 실용적이었다. 그가 북벌에 반대한 것은 현실적 가능성이 없는 주장이기 때문이었다. 그의 정치적 판단은 항상 현실적이었다. 김부식을 후대에서 '유교적', '사대적'이라는 이념의 잣대로 들이대는데, 그는 이념으로 재단하기에 너무나 영악했다. 그는 뛰어난 머리로 현실을 판단하여 실용적으로 선택했다.

넷. 그는 《삼국사기》를 편찬할 때 중국 사서의 원칙을 따르는 듯했으나 우리만의 방식을 도입했고, 중국 사서를 그대로 인용했으나 그것은 우리 사료가 없었기 때문이다. 또 인용하되 우리의 입장에서 토를 달았다. 그래서 이를 '사대적'이 아니라는 증거로 삼고, 심지어 그가 '자주적'이라는 주장까지 한다. 과연 그럴까? 그의 실용적 사고 틀에 '사대적'이라는 이념이 담길 자리가 없는 것처럼 '자주적'이라는 이념도 끼어들 여지가 없다.

《삼국사기》에서 보여준 그의 '자주적' 태도는 단지 배타적 '우리'에서 비롯된 것뿐이다. 그의 실용적 사고는 아와 피아의 확실한 구분에 바탕을 둔다. 그는 자신과 자신의 형제, 가문, 자신의 파벌과 조국을 구분하고, 항상 우선 가치를 두었다. 그에게 가장 중요한 가치 기준은 바로 '나'와 '너'의 분별이었다.

김부식의 실용적 사고 틀에 '사대적'이라는 이념이 담길 자리가 없는 것처럼 '자주적'이라는 이념도 끼어들 여지가 없다.

김부식은 '유교적'이니 '사대적'이라는 이념적 잣대로 재단하기에는 너무 현실적이고 실용적인 인물이다. 그래서 김부식이 '유교적' '사대적'이라 《삼국사기》가 '사대주의적 역사서'라는 비판은 서투르다. 더욱이 대표 편찬자에 의해 《삼국사기》의 역사적 가치까지 폄훼하는 것은 편협한 접근이다.

13

일본 고대사 큐빅 맞추기

-《일본서기》

큐빅 맞추기의 즐거움

가끔 큐빅 맞추기에 빠질 때가 있다. 그게 뭐라고, 하루
종일 큐빅을 붙잡고 이리 굴리고 저리 돌리고 색깔을 맞
추느라 삼매경에 빠진다. 하다 보면 색을 맞추는 일종의
패턴을 알게 된다. 그래서 패턴을 반복하면 결국 마지막
한 칸을 남겨두고 맞지 않아 당황한다. 다른 공식이 필요
하다. 정육면체의 다섯 면을 다 맞추고 나면 또 패닉에
빠진다. 마지막 면을 맞추려다 보면 맞춰진 다섯 면을 흐
트러뜨려야 한다. 이미 완성한 면에 집착하지 않고 흐트
러지는 것을 감수하고 큐빅을 돌려야 마지막 면까지 맞
출 수 있다. 백척간두 진일보百尺竿頭 進一步! 항상 문제는
마지막 한 걸음이다.

《일본서기》는?

《일본서기日本書紀》는 일본에 존재하는 가장 오래된 정사正史다. 40
대 덴무天武 천황의 명을 받아 도네리가 중심이 되어 편찬, 720년에 완
성했다. 현존하는 최고의 역사서로는 《고사기古事記》를 꼽는데, 이 역시
덴무가 히에다아레에게 지시하여 시작해서 712년에 오노 야스마로가
완성했다. 정사가 아니다.

[그림 65] 《일본서기》

《일본서기》는 우주의 생성과 일본의 건국신화를 담은 신대神代부터
41대 지토持統 천황까지 연대순으로 기록한 통사다. 《삼국사기》와 달리
본기만 있고, 지와 열전이 없다. 신대를 기록한 상, 하 2권과 진무神武 천
황에서 지토까지 40명 왕의 천황의 본기(이후 추존된 39대 고분弘文 천황은 빠
졌음)를 28권에 담아 총 30권으로 구성되어 있다. 반면 《고사기》는 전 3
권으로 상권은 신의 계보와 신화, 중권은 진무에서 오진応神 천황까지,
하권은 닌토쿠仁德에서 스이코推古 천황까지를 다루고 있다.

일본에서 덴노天皇라는 호칭을 공식적으로 사용한 것은 덴무부터다.
그 이전에는 오오키미大王라고 했다. 여기서는 《일본서기》의 기술에 따
라 모두 '천황'으로 표현한다.

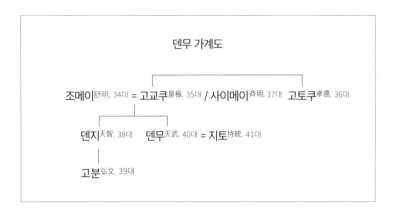

덴무 가계도

조메이舒明, 34대 = 고교쿠皇極, 35대 / 사이메이齊明, 37대 고토쿠孝德, 36대

덴지天智, 38대   덴무天武, 40대 = 지토持統, 41대

고분弘文, 39대

일본의 역사서 편찬을 시작한 덴무 천황의 가계에 대해 간단히 확인해보자. 그의 아버지는 34대 조메이 천황이고, 어머니는 35대 고교쿠 천황이자 37대 사이메이 천황이다. 형은 나카노오에中大兄 황자로 잘 알려진 38대 덴지 천황, 아내는 41대 지토 천황이다.

천황의 승계를 보면 아버지 조메이 다음에 어머니 고교쿠가 이어받고, 그 뒤를 외삼촌, 즉 고교쿠의 남동생이 36대 고토쿠 천황에 오른 뒤 다시 덴무의 어머니 고교쿠가 이어받아 사이메이 천황이 된다. 이어 형 덴지, 그리고 덴지의 아들이 39대 고분 천황이 되어 이어받은 뒤 덴무가 천황에 오른다. 그 뒤는 아내 지토가 잇는다. 쉽게 말해 아버지, 어머니, 외삼촌 그리고 형, 조카, 자신과 아내까지 돌아가며 천황에 오른 것이다.

어머니는 아버지 사후 33대 스이코推古 천황에 이어 두 번째로 여왕에 오르는데, 일본 왕실은 남편이 죽은 뒤 왕위를 이을 후손이 없으면 아내가 대를 잇는 전통이 있기에 가능한 시나리오다. 그런데 남동생 고토쿠가 죽은 뒤 다시 천황에 오른다. 그래서 헷갈리기 쉽지만 35대 고교쿠 천황과 37대 사이메이 천황은 덴지와 덴무의 어머니로 동일 인물이다. 이 배경에 바로 나카노오에 황자, 덴지가 있다. 나카노오에는 645년 을사의 변으로 4대에 걸쳐 일본 왕실을 좌지우지한 소가씨蘇我氏 가문을 숙청하고 왕권을 되찾은 자다.

[그림 66] 덴무 천황 · [그림 67] 덴지 천황

　여기서 먼저 일본 왕실과 소가씨 가문의 관계를 추적할 필요가 있다. 《일본서기》의 하이라이트이기도 하고, 덴무 천황이 즉위한 후 《일본서기》와 《고사기》 편찬을 통해 일본 왕실 계보를 정리하고자 한 이유, 다시 말해 《일본서기》의 편찬 목적을 알 수 있기 때문이다.

게이타이와 긴메이는 새로운 왕조, 새로운 세력

　일본 최초의 통일국가인 야마토 정권의 수립을 3세기로 본다고 할 때 (이에 대해서는 이후 오진應神 천황을 다루면서 다시 검토하기로 하고), 5세기 말 6세기로 들어서면서 야마토 정권에 변화가 생긴다. 25대 부레츠武烈 천황이 후손도 없이 죽자 느닷없이 '오진 천황의 5대손'을 주장하는 게이타이継体가 26대 천황에 오른다. 그가 진짜 오진의 5대손인지는 확인할 길이 없다. 나중에 다루겠지만, 오진도 실존 인물인지의 여부가 불확실

[그림 68] 게이타이

하다.

그래서 그로부터 새로운 왕조가 시작되었다는 삼왕조 교체설三王朝交替說 주장이 다시 나온다. 삼왕조 교체설은 초대 진무 천황에서 현 황실까지 하나의 혈통으로 이어진 것(헐, 이것은 판타지다!)이 아니라 세 번에 걸친 왕조 교체가 이루어졌다는 주장이다. 세 번? 이것도 따져봐야겠지만, 하나의 혈통으로 이어졌다는 만세일계万世一系 주장보다는 그래도 조금은 더 설득력 있는 논리이다.

《일본서기》에 따르면 전 천황인 부레츠는 10세에 즉위하여 일본 역사상 최악의 폭군 짓을 일삼다가 18세에 죽는다. 일부에서는 그의 실존여부도 의심한다. 상황을 정리하면, 구 왕조는 부레츠 천황 전후로 해서 그 세를 잃고, 외부에서 일어난 새로운 세력인 게이타이가 야마토 정권을 장악했다는 것이다. 그래서 《일본서기》 편찬자들이 만세일계의 혈통을 잇기 위해 그에게 '오진 천황의 5대손'이라는 위조 족보를 써준 것이 아닐까 싶다.

《일본서기》 편찬자들이 만세일계의 혈통을 잇기 위해 게이타이에게 '오진 천황의 5대손'이라는 위조 족보를 써준 것이 아닐까?

이에 그치지 않고 게이타이가 24대 닌켄仁賢의 딸을 황후로 받아들였다고 기록한다. 그가 새 왕조의 정통성을 위해 오진의 직계 5대손이라고 주장할 수는 있다. 그러나 굳이 쓰러져가는 구 왕조의 여인을 황후로 받아들일 이유는 없다. 거기다 그 사이에서 태어난 긴메이欽明를 원 부인 사이에서 낳은 안칸安閑과 센카宣化를 제쳐두고 적자로 삼을 이유는 더더욱 없다. 새로운 왕조가 들어서면서 구 왕조와 혈연관계를 맺는 경우는 정통성이 약하거나 단독 집권이 어려울 경우에 선택할 수 있는 카드다. 그러나 전후 사정으로 볼 때 게이타이가 쥐어야 할 카드는 아니다. 그래서 이 이야기는 게이타이가 아니라 긴메이를 위한 위조 장치가 아닌가 싶다.

《일본서기》의 천황 계보를 보면, 531년에 게이타이가 죽자 적자에서 밀려난 배다른 두 형들이 차례로 27대 안칸 천황(531~535)과 28대 센카 천황(536~539)에 등극한다. 왜 닌켄의 딸과 사이에서 태어난 적자를 제쳐두고 원 부인의 자식들인 두 형이 먼저 천황 자리에 오를까? 이 배다른 두 형들이 아버지 게이타이가 죽자 유언을 뒤집고 적자인 어린 동생을 밀어내고 천황 자리를 탈취한 걸까?

《일본서기》와 달리 다른 사료들에서는 안칸과 센카, 두 천황의 짧은 재위 기간(합쳐서 8년)을 긴메이와 내전 기간으로 소개한다. 어떤 사료에는 531년에 게이타이가 죽자 바로 긴메이가 천황으로 등극하고, 안칸과 센카가 천황에 올랐다는 기록이 아예 없다. 《일본서기》에서도 게이타이 천황 편에서 굳이 "일본의 덴노와 태자太子, 황자皇子가 함께 죽었다고 들었다"라는 《백제본기百濟本記》를 인용하였다. 즉, 게이타이와 함께 안칸과 센카가 다 같이 죽었다는 것이다. 분명 531년에 무슨 일이 있었다!

상황을 다시 정리하면, 게이타이가 죽은 531년을 전후로 안칸, 센카 세력 대 긴메이 세력 간 내전이 벌어진다. 《백제본기》의 인용을 받아들이면 이 내전이 531년 이전부터 시작되어 531년에 긴메이가 승리하면서 게이타이와 안칸, 센카는 모두 죽임을 당한다. 반면 《일본서기》와 《고사기》가 모두 안칸의 사망 시기를 535년으로 똑같이 기록하고 있는 것을 받아들이면 531년에 게이타이가 죽은 후 두 세력이 내전에 들어가며 두 개의 조정이 양립하는 시기를 거친다. 그 시기에 안칸이 먼저 천황에 올랐다가 535년에 죽고, 그 뒤를 센카가 잇는다. 내전은 긴메이의 승리로 끝나고, 539년 긴메이가 천황에 오른다. 그러면 《일본서기》의 천황 계보와도 일치한다.

그런데 문제가 있다. 센카의 모든 딸들이 다 긴메이의 황후와 비가 된다. 이것은 앞서 게이타이가 닌켄의 딸을 황후로 받아들였다는 것과 차원이 다르다. 그중 황후와 사이에서 태어난 비다쓰敏達가 긴메이에 이어 30대 천황에 오른다. 더욱이 비다쓰는 긴메이가 천황으로 즉위하기 전인 538년에 태어난다. 《일본서기》에 따르면 센카 재위 기간이고 앞서 논리에 따르면 내전 중이다. 거기다 비다쓰는 둘째다. 즉, 그 이전에 센카의 딸을 아내로 맞아 첫째까지 낳았다는 말이다. 그러면 이 퍼즐을 어떻게 맞춰야 할까?

다시 정리하면, 내전은 535년 안칸이 사망하면서 끝난다. 내전에서 승리한 긴메이는 《일본서기》의 기록대로 '인품이 맑고 깨끗한' 일흔을 바라보는 센카에게 천황 자리를 내준다. 그리고 그는 야마토 정권의 실

[그림 69] 긴메이

권을 장악한다. 센카의 딸들도 모두 아내로 삼는다. 그리고 3년 뒤 센카
가 눈을 감자 긴메이는 539년에 공식적으로 천황에 오른다.

이렇게 정리하면 《일본서기》에서 부실한 센카 천황 편의 내용 중 그
나마 의미 있는 대목인 천황 센카가 내전 중에 긴메이를 지지했던 소가
씨를 오오미大臣 자리에 발탁한 것도 설명이 된다.

이러한 상상의 전제는 게이타이와 긴메이가 부자관계가 아니라는
것이다. 게이타이가 실존 여부도 불확실한 오진의 5대손이라고 한 것
과 마찬가지로 구 왕조 닌켄의 딸을 황후로 받아들여 긴메이를 낳았다
는 《일본서기》의 기록은 편찬자의 만세일계에 대한 집착에 불과하다
는 것. 게이타이가 구 왕조와 연계 없이 야마토 정권을 장악한 외부 세
력인 것처럼 긴메이 또한 게이타이와 혈연관계가 없는 외부 세력으로
보는 것이 더 합리적이지 않을까 싶다.

다만 긴메이를 게이타이와 부자 관계로 엮은 편찬자의 의도까지 헤

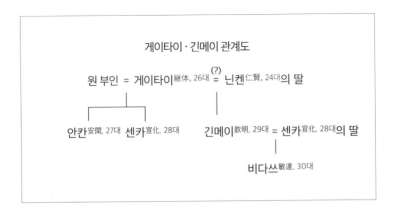

게이타이·긴메이 관계도

원 부인 = 게이타이継体, 26대 (?) 닌켄仁賢, 24대의 딸

안칸安閑, 27대 / 센카宣化, 28대

긴메이欽明, 29대 = 센카宣化, 28대의 딸

비다쓰敏達, 30대

아린다면, 긴메이 세력과 게이타이 세력이 함께 구 왕조를 무너뜨린 후 내부 갈등이 빚어져 내전까지 갔다가 긴메이 세력이 권력을 장악한 것으로 상상할 수 있다. 어쨌든 게이타이와 긴메이는 부자 관계가 아니고 지지세력도 다르지 않았을까 싶다.

실제 게이타이가 집권할 때만 해도 지지 세력은 기존 관료 집단인 오무라치大連들이었다. 그런데 긴메이가 천황에 오를 때 주력은 그때까지 일본 정가의 중앙 무대에 등장하지 않았던 아스카 지역 호족 세력인 소가씨 가문이었다. 그리고 이전 천황과 오무라치들은 전통 종교인 신토神道를 숭배하는 데 반해, 긴메이와 함께 새로 등장한 이 세력들은 백제로부터 불교를 적극적으로 수용하려는 숭불파였다. 즉, 긴메이 천황 등극 전후 일본의 주류까지 바뀌는 듯한 모습을 보여준다.

게이타이의 쿠데타는 구 왕조와 타협을 통해, 긴메이의 쿠데타는 주류 세력의 교체로 이루어졌다.

여기서 게이타이와 긴메이의 쿠데타의 성격을 좀 더 상상해보면, 게이타이 역시 외부 세력이나 기존 야마토 정가와 타협하며 정권 교체를 이루어냈다. 그래서 왕조를 바꾸었지만, 지배 세력은 여전히 구 왕조의 정치관료 세력이었다. 구 왕조의 딸을 황후로 받아들였다는 기록도 두 세력 간 타협의 상징적 표현이 아닐까 싶다. 그러나 긴메이와 그 외부 지지 세력은 내전을 거쳐 권력을 장악했다. 그들은 구세력과 타협이 아니라 완전한 세력 교체를 이루려 했다. 집권하자마자 구세력이 세습해 온 오무라치에 대응해 오오미라는 직책을 만들어 쿠데타 세력이 차지한 것이 그 출발이었고, 신토가 아니라 백제불교를 적극적으로 끌어들이는 것은 사회 전반에 대한 교체의 일환이 아닐까 싶다.

어쨌든 다시 기록을 따라가면, 긴메이는 센카의 딸을 황후를 받아들여 비다쓰를 낳고, 비다쓰의 손자가 조메이舒明 천황이다. 즉 게이타이와 긴메이는 조메이, 덴지, 덴무로 이어진다.

소가씨의 출현

앞서 말했지만, 부레쓰가 죽자 게이타이를 오진 천황의 후손이라 주장하며 천황으로 추대한 세력은 당시 오무라치 지위에 있었던 모노노베씨物部氏 가문과 나카토미씨中臣氏 가문 등 기존 중앙 관료 세력이었다. 그러나 게이타이 사후에 긴메이를 천황으로 등극시킨 세력은 아스카 지역의 호족 세력인 소가씨 가문이고, 소가노 이나메가 그 중심인물이었다. 그 이전까지 중앙 무대에 이름을 올리지 않았던 소가씨 가문이 일본 역사에 처음 등장한다. 그래서 소가씨가 긴메이와 함께 외부, 그것도 백제에서 들어온 세력이라는 주장이 있는데 여기서는 논외다.

> 게이타이 쿠데타의 주력은 기존 중앙관료 출신 모노노베씨와 나카토미씨 가문이고 긴메이 쿠데타의 주역은 중앙 무대에 새로 등장한 호족세력 소가씨 가문이다.

소가씨 권력의 1대 소가노 이나메는 긴메이를 지원하여 천황에 올린 뒤 오오미에 오르고, 그의 두 딸을 긴메이의 황후로 들여 큰딸이 31대 요메이用明 천황과 33대 스이코推古 천황을 낳고, 둘째 딸이 32대 스슌崇峻 천황을 낳는다. 오오미로 조정을 장악했을 뿐만 아니라 외척 세력으로 왕실까지 휘감았다. 가장 중요하게는 차기 천황 후보자들까지 소가씨의 치마 밑에 두었다. 이렇게 4대에 걸친 장기 집권의 터전을 닦았다.

소가노 이나메의 아들, 소가노 우마코는 긴메이 사후 비다쓰가 천황에 오르자 그 황후로 큰누이의 딸, 스이코를 들인다. 즉, 천황은 긴메이와 센카의 딸 사이에서 태어났고, 황후는 긴메이와 소가노 우마코의 큰누이 사이에서 태어났다. 그러니 둘은 이복 남매인 셈이다. 사실 황자 중 누가 천황에 오르든 소가씨 가문의 담을 넘을 수 없었다.

그러나 권력자 우마코는 이에 만족하지 않았다. 그의 눈에 밟히는 가시는 대대로 중앙 관료로 오무라치 직위를 이어온 모노노베씨 가문과 나카토미씨 가문이었다. 이들은 기존 중앙 관료 집단이면서 게이타이가 천황에 등극하는 데 기여한 정권 창출의 공신 세력들이었다. 특히 모노노베씨 가문은 무기 제조와 관리를 담당하여 막강한 병권을 쥐고 있는 씨족 집단이고, 나카토미씨 가문은 신토의 제사를 관장하는 씨족 집단이다. 고대사회에서 칼과 제사를 주관하는 양대 가문인 셈이다. 그런데 긴메이가 집권하면서 새로 부상한 소가씨와 이 가문들 간의 갈등은 필연이었고, 그것은 백제에서 전해진 불교의 수용 문제로 표출되었다.

소가씨는 백제로부터 적극적으로 불교를 받아들이자는 숭불파이고, 모노노베씨와 나카토미씨는 전통 국신을 섬기는 배불파다. 이들의 갈등이 긴메이 대에서부터 이어오다가 비다쓰 대에 역병이 돌면서 그 원인을 두고 물리적 충돌로까지 이어진다.

비다쓰가 역병으로 갑자기 죽자(비다쓰가 불교 수용에 부정적이어서 소가노 우마코가 암살하였다는 주장도 있다) 우마코 큰누이의 아들인 요메이가 천황에 오른다. 그는 소가씨 가문의 아들답게 불교를 적극적으로 수용하였다. 그러나 그 역시 2년 만에 천연두로 죽는다.

요메이의 후계 문제가 제기되고 소가씨와 모노노베씨가 각각 후계자를 내세우며 전면전에 들어간다. 이 전쟁에서 소가씨가 승리하면서 모노노베씨 가문은 마침내 몰락하고, 우마코의 둘째 누이의 아들인 스슌이 32대 천황으로 즉위한다.

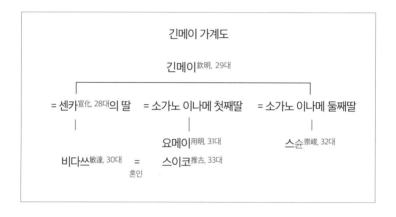

그러나 스슌은 외가인 소가씨의 지원으로 천황에 오르긴 했으나 못 볼 것을 너무 많이 보았다. 특히 이복형인 비다쓰는 1년 남짓 친정을 했을 뿐 재위 내내 우마코에게 섭정을 내줬음에도, 불교에 미온적이라는 이유로 의문의 죽음을 당했다. 이복형 요메이가 천연두로 죽었다지만 의심스럽다. 거기에 모노노베씨의 몰락으로 조정에는 더 이상 소가씨를 견제하고 감시할 수 있는 세력이 사라졌다.

그는 안하무인의 소가씨 태도에 두려움과 함께 염증을 느꼈고, 왕권 강화를 노리며 우마코를 견제하기 시작했다. 그러나 이를 눈치챈 우마코는 자객을 보내 스슌마저 암살해버린다. 조카까지.

이제 소가씨에 대한 공포에 질려 누구도 천황 자리에 나서려 하지 않는다. 우마코는 큰누이 딸이자 비다쓰의 황후인 33대 스이코를 천황에 끌어올린다. 이미 천황의 등극과 폐위는 소가씨 가문이 좌우하는 세상이었다. 천황에 오른 스이코조차 정사에서 손을 놓고 뒤로 물러나 앉자 우마코는 우리에게도 잘 알려진 요메이의 아들 쇼토쿠 태자를 섭정으로 앞세운다.

쇼토쿠 개혁의 좌절

그러나 쇼토쿠는 백제로부터 불교를 적극적으로 수용하면서 동시에 그를 통해 유교도 접한다. 유교를 통해 천황 중심의 중앙집권 국가 체제를 익힌다. 그래서 관료 체제를 정비하고 일본 최초의 성문법인 헌법 17조를 제정한다. 그의 개혁은 결국 천황의 권력을 강화하고 호족 세력을 체제 내로 편입하려는 방향으로 나아갔다. 그러나 이미 비대해진 소가씨의 권력은 쇼토쿠의 이러한 개혁을 나서서 반대하지 않으면서도 항상 예외였고, 치외법권이었다.

적폐 세력으로 개혁의 1차 대상이 되어야 할 소가씨가 빠진 개혁에 쇼토쿠도 지치고 한계를 느꼈다. 그는 섭정의 자리를 박차고 불교에 귀의해버린다.

《일본서기》가 과장해서 쇼토쿠를 미화했다는 주장부터 존재 자체를 부정하는 주장까지, 쇼토쿠의 전설은 계속되었고, 그는 현대에 들어와 일본 구화폐의 메인 모델에 오르기도 한다. 미완의 개혁가로서의 아스라함과 권력을 초개처럼 버리고 불교에 귀의하는 쿨함이 일본인에게 먹힌 모양이다. 어쨌든 점진적 개혁, 소가씨의 권력하에서 개혁은 쇼토쿠 개혁의 실패로 불가능하다는 것을 확인한다.

스이코가 죽자 다시 후계 문제가 쟁점이 된다. 이번에는 소가씨 내부

[그림 70] 쇼토쿠

에서 대립이 일어난다. 우마코의 아들이자 소가씨 3대인 에미시는 비다쓰의 손자 조메이를 지지하고, 그의 숙부는 쇼토쿠의 아들을 지지했다. 에미시는 이제 숙부까지 죽이고 조메이를 천황에 올린다.

절대 권력의 성장과 몰락 과정은 일정한 패턴이 있다. 권력에 진입할 때의 묘한 긴장감과 역동성이 첫 단계인데, 소가노 이나메가 긴메이와 함께 쿠데타에 나서 그를 천황에 올리고 딸들을 황후로 들일 때가 그랬다. 이후 기존 권력 집단과 경쟁에서 승리하여 절대 권력을 쥐면 긴장이 풀리고 변화를 잊고 권력에 취하는 단계로 접어드는데, 2대 우마코가 그랬다.

다음 단계는 외부의 적이 사라지자 권력 내부에서 갈등이 시작되고, 권력이 극소수에 집중되며 권력 내에서도 소외가 생기는 것이다. 적류

嫡流인 3대 에미시는 소가씨 서류庶流를 대대적으로 숙청했다. 권력을 집중했지만, 스스로 소수에 몰렸다.

마지막 단계는 4대 이루카에서 일어난다. 내장 브레이크가 고장 난 권력은 반드시 무리수를 두고, 결국 사고를 치며 막을 내린다.

앞서 소개한 일본 최고의 역사서 《고사기》는 33대 스이코 천황까지 다룬다. 조메이가 바로 덴무의 아버지니까, 선대 이전까지만 기록한다고 생각한 모양이다. 당시에 조메이부터는 '현대'라고 판단한 것이다.

그러나 동시대에 편찬한 《일본서기》에는 조메이 천황을 자세하게 기록한다. 조메이는 스스로 백제인이라 자처했고, 수도 야마토 중심을 가로지르는 하천을 백제천이라 이름 짓고, 스스로 축성하여 재임 중 기거하다 숨진 궁을 백제궁이라 불렀다.

그리고 그의 비 사이메이 천황은 신라와 당의 공격을 받아 멸망 직전에 놓인 백제를 도우러 아들이자 실세인 나카노우에(이후 덴지 천황)와 함께 규슈 츠쿠시(지금의 후쿠오카)로 거처까지 옮기며 전쟁 지원을 준비하다 거기서 숨을 거둔다. 지나친 상상은 국뽕에 취할 우려가 있어 자제해야겠지만, 앞서 말한 대로 긴메이, 비다쓰, 조메이로 이어지는 계보는 이전의 천황 계보와 확실히 다른 축인 듯하다.

을미의 변

이제 소가씨의 마지막 모습을 보자. 소가씨 내 서류까지 제거하며 권력을 독점한 소가씨 적류 에미시는 아들 이루카에게 4대 권력을 넘긴다. 이루카는 에미시보다 더했다. 조심성을 익히지 못한 탓에 신중함조차 잃었고, 공감을 배우지 못한 탓에 주변의 노골적인 반감조차 눈치채지 못했다.

조메이가 병으로 자리에 눕자 다시 후계 문제가 제기되었다. 이루카는 조메이와 자신의 고모 사이에서 태어난 황자를 천황으로 올린다. 그리고 자신의 독단적인 선택이 당연히 수용될 것이라 여겼다. 지금까지 그의 아버지, 할아버지들이 그렇게 해왔으니까. 그러나 조정은 이미 지난 조메이 천황과 경쟁에서 밀린 쇼토쿠 태자의 아들을 기정사실화하고 있었다.

그러나 이루카에게 조정의 그런 중론은 중요하지 않았다. 조정의 반감에도 조심스럽지도 신중하지도 않았다. 그는 쇼토쿠의 아들을 자살로 몰아붙이고, 아예 그 집안을 쑥대밭으로 만들어버린다. 쇼토쿠 태자에 대한 존경으로 조정에서 일정 지분을 갖고 있던 한 왕가가 대가 끊기며 멸문당한다. 그러자 동정과 반감으로 천황 중심의 개혁에 대한 여론이 불길처럼 일었다.

조메이의 처 고교쿠가 임시로 천황을 승계하여 이어가던 645년, 조메이의 둘째 아들 나카노오에가 나카토미씨中臣氏와 연합하여 고교쿠 천황 어전에서 이루카의 목을 벤다. 절대 권력자 이루카의 목은 한순간 꺾이고, 100년 묵은 고목은 그 자리에서 피를 뿜으며 쓰러진다. 에미시도 아들 이루카의 목이 잘려나간 시체 앞에서 스스로 목숨을 끊는다. 한순간이다. 원래 한 가문이 일어서는 데는 3대의 공이 쌓여야 하지만, 무너지는 데는 한 세대로 충분하다.

이로써 4대에 걸쳐 100년 넘게 야마토 정권의 일곱 명의 천황을 장기판 졸로 휘둘렀던 소가씨 가문은 문을 닫는다. 일본 역사는 이 사건을 '을미의 변'으로 기록한다. 호족 연합 권력이었던 야마토 정권, 끊임없이 시도되었던 왕권 강화의 노력은 100년 넘게 소가씨 일가에 의해 무참히 짓밟히고 조롱당하고 왜곡되다 을미의 변으로 마침내 권력은 천황에게 돌아간다. 그 주역이 바로 나카노오에, 38대 덴지 천황이다.

야마토 정권 일곱 명의 천황을 4대에 걸쳐 100년 동안 좌지우지한 소가씨 가문은 나카노우에의 을미의 변으로 무너진다.

덴지의 어머니 고교쿠는 어전에서 벌어진 참사에 충격을 받고 스스로 천황 자리에서 물러난다. 쿠데타의 주역인 덴지는 권력을 장악했으면서도 천황에 등극하지 않고 외삼촌인 고토쿠를 천황으로 내세운다. 그리고 쿠데타를 함께 모의한 나카토미를 오늘날 중앙정보부장과 비서실장을 겸하는 내대신內大臣에 앉히고 당나라 유학파들을 대거 등용하여 다이카개신大化改新을 바로 시작한다. 쇼토쿠 태자가 끝내 이루지 못한 개혁, 왕권 중심의 중앙집권적 정치체제를 본격적으로 구축한다.

형 덴지에 이어 천황에 오른 덴무도 형의 개혁을 승계하여 천황이라는 칭제를 처음 도입하고, 천황의 지위를 신격화하며,《일본서기》편찬도 지시한다. 바로 이런 역사적 배경과 요구에 따라《일본서기》가 시작된 것이다.

야마토국의 초대 왕은 누구일까?

지금의 국호인 일본日本은 백제 멸망을 확인한 후 열도를 봉쇄하며 새로 만든 국호다. 그전에는 야마토大和, 왜倭였다. 그러면 야마토국은 누가 언제 처음 세웠을까? 그리고 그와 덴지, 덴무와는 어떤 관계일까?

야마토 정권이 성립된 시기는 대체로 3세기로 보는데, 누가, 어떤 과정을 통해 야마토 정권을 세웠는지 추적하기 위해 일단《일본서기》의 기록부터 확인해보자.

《일본서기》에 따르면, 초대 천황은 진무이며 기원전 711년생이다. 45세에 규슈 휴가(현 미야자키현)에서 동진東進하여 4년 뒤 가와치(현 오사

[그림 71] 진무

카)에 입성한다. 거기서 기존 세력들을 몰아내고 기원전 660년에 야마토국을 세운 뒤 왕에 올랐다고 기록하고 있다.

기원전 8세기면 일본의 조몬시대 후반기로 신석기시대다. 일본에서도 127세까지 장수했다는 진무를 실존 인물로 보지 않는다. 야마토국을 세웠다는 기원전 660년, 낯익은 숫자다. 국뽕이라 생각할 수도 있겠지만, 아무래도 백제가 멸망한 기원후 660년이 연상된다.

당시 덴지 천황은 백제가 멸망하자 천황 즉위도 미루고 백제 부흥에 적극 나선다. 663년에 2만 7천 명의 수군을 백강白江에 파견해 승부수를 걸지만 나당 연합군에 완패한다. 그러자 반도의 백제에 대한 미련을 접고 열도 왜의 문을 걸어 잠근다. 그리고 바로 미루었던 천황에 즉위하고 국호를 일본으로 바꾸며 천황의 계보를 정리하기 시작한다. 《일본서기》도 그 연장선상에서 편찬되었다.

그러니 당시 《일본서기》 편찬자들이 신화와 역사를 이으며 역사적

[그림 72] 스진

의미를 부여하기 위해 창작한 숫자로 보면 되지 않을까 싶다. 그래서 진무를 일본의 국신, 태양의 여신 아마테라스의 5세손이라고 짜 맞춘다. 단군신화나 중국의 황제신화급으로.

다음으로 주목할 자는 스진崇神, 10대 천황이다. 그를 주목하는 이유는 《일본서기》에서 그의 별칭을 하츠구니初國로 기록하기 때문이다. 《고사기》에서도 '천하를 통일하고 처음으로 나라를 다스린 왕'이라는 기록이 나온다. 이를 그대로 받아들인다면 스진에 이르러 야마토국이 전국구가 되었다는 것이다. 즉 진무에서 9대 천황까지는 기나이畿內 지역의 소국이었는데 스진이 시코쿠, 규슈에까지 그 영향력을 확대하여 처음으로 일본 전역을 통일한 왕이라는 것이다.

그러나 《일본서기》에 등장하는 게이타이 이전 천황들은 모두 그 존재와 정체성이 의심받고 있다. 역시 문제는 숫자, 연대다. 스진은 기원전 148년에 태어나 기원전 29년에 죽는다. 진무에 이어 그 역시 120세까지 장수한다는 것인가? 즉위도 기원전 97년이면 52세에 즉위했다는 것인데, 시기도 그렇고 딱 박혁거세급이다. 스진의 활동 시기를 이 연대로 인정한다면 스진은 철기가 북방 기마민족으로부터 전래되면서 한반도를 거쳐 일본 규슈로 넘어간 정복 세력 정도가 될 것이다. 그러나 중국 사서의 어떤 기록에서도 이 시기에 기나이 지역, 규슈에 통일국가는 물론 국가 형태를 띤 세력의 존재를 확인할 수 없다. 안타깝다.

결국 스진이 진무와 달리 실존 가능성이 높은 인물이라는 가정을 세우려면, 이주갑인상二周甲引上을 적용해야 한다. 《일본서기》의 왜곡은 너무 뻔뻔한데, 일본에서는 이 왜곡을 전제로 역사를 연구한다. 사건의 진위는 둘째치고 천황의 생몰 연대로 계보를 맞출 수 없고, 천황과 사건의 연대도 터무니없어 주변국의 역사 기록과도 부합하지 않는다. 그래서 역사학자들이 천황의 생몰과 사건의 연대를 주변국 역사 기록과 맞추다 보니 일정한 패턴을 발견하게 된 것이다. 그것이 바로 이주갑인상이다. 즉 《일본서기》의 연대를 이주갑, 60×2=120년을 인상하면 얼추 비슷해진다는 것이다. 참 기가 막힌다. 《일본서기》 편찬자들이 의도적으로 왜곡한 셈이다. 그것도 단순하게 120년씩.

그런데 스진은 그 이상을 인상했다. 그가 《일본서기》의 기록대로 기나이 지역에 야마토국을 세우고, 시코쿠와 규슈까지 지배력을 확대하며 열도의 통일국가로 성장시켰다고 한다면 300년 이상 내려와야 한다. 정리하면 3세기 중후반에 규슈 휴가 지역에 강력한 부족 세력을 형성한 스진이 어떤 이유로 규슈를 떠나 내해 해변을 따라 기나이로 동진하면서 그 일대를 정복하고 마침내 거기에 일본 최초의 통일국가인 야마토국을 세웠다고 보는 것이 논리적이다.

그리고 스진을 진무와 동일 인물로 보는 일부의 주장도, 진무가 애시당초 존재하지 않은 인물이고 기나이 지역 통일국가 수립과 관련하여 스진의 역할을 과장, 확대하면서 그 업적의 일부를 진무 시대의 역사로 기록했기 때문에 생긴 착시가 아닐까 싶다. 말하자면 기나이 동진은 스진이 했는데, 진무를 야마토국의 초대 천황으로 만들려 하다 보니 스진의 동진을 그대로 진무의 동진 루트로 역사에 기록한 것이다. 그러니까 스진과 진무를 동일 인물로 착시한다는 것이다.

그리고 보면 스진은 진무 천황 계보와 혈연적 관계가 없는 새로운 세력일 가능성이 크다. 진무는 가상의 인물이며, 그에 대한 기록은 이후 천황의 업적을 끌어와 자신의 기록으로 옮겨 왔을 뿐이다. 그러니 진무 이후 여덟 명의 천황도 그 존재가 의심된다.

진무 이후 일본 황실의 혈통은 단 한 번도 단절된 적이 없다는 만세일계万世一系는 출발부터 어긋난다. 적어도 스진 천황에 이르러 새로운 왕조로 교체되었다. 애초에 만세일계는 프로파간다용 판타지일 뿐이다. 진무가 존재했든 아니든, 그 이후 여덟 명의 천황이 존재했든 아니든 스진 천황이 초대 천황이 아니라 10대 천황이라면 그로부터 천황 계보는 새로운 왕조로 교체되었다는 것이다.

그러면 스진이 야마토국의 실질적인 초대 왕이고 이 계보가 이어져 게이타이, 긴메이, 덴무, 덴지로 이어졌는가? 《일본서기》에 따르면 스진 이후 14대 주아이仲哀 천황을 거쳐 15대 오진応神 천황으로 이어지지만, 이 또한 의심스럽다. 스진 왕조는 길어봤자 아들 11대 스이닌垂仁 천황으로 끝나는 듯싶다. 12~14대 천황에 대해서는 《일본서기》의 기록도 거의 없다. 일본에서도 그들의 존재를 의심한다. 기나이로 진출했던 스진 세력은 단명했다고 보는 것이 타당할 듯싶다.

3~4세기에는 일본은 물론 한반도에도 부족 단위 소국들이 난립하다, 국가 형태를 띠는 나라들이 등장함에 따라 정복되고 복속되는 과정이 되풀이된다. 스진 왕조도 파도처럼 일어났다가 당대 혹은 2대 만에 사라진 한 부족 왕조일 뿐이라는 것이다. 이것을 만세일계의 판타지에 집착한 《일본서기》 편찬자들이 존재하지 않은 천황을 세워 꾸역꾸역 15대 오진 천황까지 없는 핏줄까지 만들어 계보 잇기를 한 결과가 아닌가 싶다.

잃어버린 150년의 역사를 진구 혼자 다 막았다

스진 이후 야마토국은 어떻게 이어지는 걸까? 여기서 두 가지를 짚어볼 필요가 있는데 그 하나가 허구와 왜곡의 끝판왕 진구황후神功皇后다. 일단《일본서기》의 기록부터 확인하자. 그녀는 14대 주아이 천황의 황후이자 15대 오진 천황의 어머니다. 170년에 태어났고, 201년에 주아이가 죽은 뒤 섭정을 시작하여 269년까지 야마토국의 실질적인 지배자가 된다.

신의 계시를 받아 오진을 품은 채 삼한 정벌에 나서 신라의 항복을 받아내고, 돌아와 반란을 진압한 뒤 다시 한반도 정벌에 나서 신라를 격파하고, 가라 7국을 평정한 후 현재의 전남 지역까지 장악하여 백제

[그림 73] 진구

를 복속시켰다고 기록하고 있다. 소위 임나일본부설任那日本府說의 연기를 처음 피운 기록이다.

확인! 먼저 앞서 말한 대로 주아이 천황부터 실존을 의심받고 있다. 그러니 진구황후도 존재부터 확인해야 한다. 《일본서기》의 연대를 그대로 인정하면 《위지魏志》〈왜인전〉과 《삼국사기》〈신라본기〉에 그 비슷한 시기 일본을 지배한 여왕이 등장한다. 《일본서기》에서는 등장하지 않는 야마타이국 히미코. 그래서 《일본서기》 편찬자들은 기록에 나오는 히미코가 바로 진구황후라고 은근슬쩍 가져다 붙이고 싶었을 것이다. 그래서 진구가 천황이 아님에도 본기로 다룬다.

그러나 히미코는 250년 전후에 죽는다. 너무 많은 사건을 조작하려고 생존 시기와 섭정 기간을 터무니없이 늘려서, 앞을 맞추니 뒤가 길고 뒤를 맞추자니 앞이 튀어나온다. 꼬인다. 《일본서기》에 진구가 신라를 정벌한 시기를 200년이라 기록하며 당시 신라왕을 파사 이사금이라 기록했는데, 안타깝다! 파사 이사금은 재위 기간이 80~112년이다. 이 또한 100년의 시간이 뜬다.

결국 진구도 히미코 코스프레를 포기하고 이주갑인상을 적용해야 한다. 즉, 그의 섭정 기간을 321년에서 389년으로, 4세기 후반으로 내려야 한다. 그렇게 해야 《일본서기》의 진구 본기에 나오는 백제왕에 대한 기록과 연대가 일치할 수 있다. 편찬자들이 잃어버린 3세기를 어떻게든 메우기 위해 정말 애썼다는 느낌이다.

《일본서기》에 등장하는 진구황후 안에는 여러 인격체가 공존한다. 잃어버린 150년을 그녀를 통해 다 메우려 한 편찬자들의 노고가 안쓰럽다.

또 진구가 전남 지역까지 진출해서 백제를 복속했다는 것은 그때 비로소 백제가 이 지역으로 영역을 확장했다는 기록과 일치한다. 물론 주체는 왜가 아니라 백제이지만. 사실 진구 이후《일본서기》에 등장하는 한반도에서의 여러 사건의 주체를 왜가 아니라 백제로 바꾸면《삼국사기》의 내용과 거의 일치한다.

백제가 멸망한 이후 일본으로 넘어간 백제 학자들이 그들이 가져간 기록과 자료들을 갖고《일본서기》를 편찬하는 데 참여하여 이미 사라진 백제 대신 일본으로 주체를 바꿔 역사를 기록했을 것이란 상상을 해본다. 어떻게 그럴 수 있느냐고? 어떻게 조국 백제를 배반할 수 있냐고? 그것은 지금 우리의 생각이다. 어쩌면 당시 그들에게는 백제와 일본의 구분이 지금의 우리와는 다르지 않았을까 싶다.

어떻든 진구 또한 실존 여부가 의심되는 인물이다. 그의 기록에는 3세기 초중반에 등장했던 야마타이국의 히미코가 있고, 4세기 후반의 기록들이 주체를 바꾸어 등장하고, 심지어 일본의 일부 학자들은 7세기 중반 사이메이 천황과 8세기 초반 지토 천황을 모델로 했다고 주장한다. 진구 안에 여러 인물이 공존한다. 그만큼 진구의 실존 가능성은 희박하다. 여러 세기의 역사적 사건들을 진구의 시대에 차용하여, 스진 이후 통일국가 없이 소국이 난립했던 3세기 후반에서 4세기 말까지 잃어버린 150년을 진구를 통해 메꾸려는《일본서기》편찬자들의 숨은 노고에 안타까움까지 느껴진다.

왜 5왕을 찾아라

야마토국의 계보 찾기에 두 번째로 짚어보아야 할 주제는 왜 5왕이다. 왜 5왕은 5세기 초에 들어서면서 중국의 여러 사서에 집중적, 지속적으로 등장하는데 찬讚, 진珍, 제濟, 흥興, 무武가 그들이다. 413년《진서晉

書》에 처음 등장한 이후 421년부터 478년까지 《송서宋書》에 거의 100년 동안 꾸준히 등장한다. 《송서》 기록에 따르면 왜왕 찬, 그의 동생 진, 그리고 혈연관계에 대한 언급이 없는 제, 그의 아들 흥, 흥의 동생 무로 이어진다. 그러면 과연 이들은 《일본서기》에 등장하는 어느 천황들일까?

문제는 왜왕 찬이다. 그가 스진 이후 야마토국의 새로운 왕조의 초대 왕일 수 있으니까. 실제로 왜왕 찬이 등장하기 전 150년 가까이 주변국 역사에 일본 왕에 대한 기록이 사라진다. 그 시기를 스진 왕조 이후 통일국가 없이 여러 소국이 난립한 시기로 추정한다. 그러다 왜왕 찬이 처음 등장하는 것은 《진서》 413년이다. 이를 이주갑인상을 역적용하여 계산하면 《일본서기》의 287년, 15대 오진應神 천황 시기다.

그래서 왜왕 찬은 오진이라는 추정이 가능하다. 그런데 왜 5왕의 계보와 오진 이후 천황 계보를 맞춰보면 또 맞지 않다. 당장 "왜왕 찬이 죽고 그의 동생 진이 계승하여"라고 《송서》에 기록되어 있는데, 16대 닌토쿠 천황은 오진의 아들로 《일본서기》에 기록되어 있다. 이를 어떻게

[그림 74] 오진

해석해야 하나?

사실 오진 천황은 아버지 주아이도, 어머니 진구도 실존 가능성이 희박한 인물들이다. 그래서 그의 존재도 의심받는다. 우선 그의 생몰 시기를 보면 111세까지 생존한 것으로 기록되어 있다. 천황 즉위가 71세고, 재위 기간이 41년이라니. 냄새가 슬슬 난다.《일본서기》편찬자들의 머리 돌아가는 소리가 들리기 시작한다.

기가 막히는 것은 그의 아들 닌토쿠도 마찬가지다. 그는 심지어 143세까지 살고, 재위 기간은 87년이다. 게이타이 천황부터 제대로 연대를 맞추고 역으로 만세일계의 정신으로 천황을 집어넣고 연대를 늘리다 보니 이 시기에 집중적으로 천수千壽의 괴물들이 등장한다. 어머니 진구는 100세, 아들 오진은 111세, 그 아들 닌토쿠는 143세. 그렇게 해서 잃어버린 3세기에서 4세기까지 꽉꽉 채운 것이다.

진구는 확실히 가상 인물이라 그 아들 오진도 의심스럽다. 그러나 6세기 들어 느닷없이 게이타이 천황을 오진의 5대손이라고 주장하니 아예 실체가 없진 않았을 것이다. 즉 스진이 통일국가를 이룬 이후 다시 150년 넘게 소국들이 난립하는 시기가 있었고, 그 혼란을 끝내며 통일국가의 터전을 닦은 리더가 출현했다. 그가《일본서기》에 등장하는 그대로의 오진은 아니라 하더라도.

《일본서기》편찬자들은 이 새로운 왕조의 새로운 리더를 어떻게든 이전 왕조와 연결해야 했다. 그래서 이미 통일국가 왕조로서 존재적 의미를 잃었을 스진 계보와 연결하기 위해 실존 여부가 불확실한 스진의 4세손 주아이를 만들고 그의 아들로 자리매김하여 오진이라 명명했을 것이다.

따라서 새로 통일 왕조를 세운 오진은 주아이의 아들도, 진구의 아들도 아니다. 이전 천황 계보인 스진 왕조와는 어떤 혈연관계도 없는 인물일 것이다. 실제로《일본서기》에 나오는 오진의 기록에는 초대 천황

진무와 스진 천황처럼 새로운 왕조의 천황들이 그랬듯 일본 국신의 신화가 등장한다. 새로운 인물, 새로운 왕조의 등장이라는 것이다. 또 그들과 함께 천황의 이름에 신神이 들어간다. 진무神武, 스진崇神과 함께 오진応神이라고.

> 오진은 주아이의 아들도, 진구의 아들도 아니다.
> 새로운 왕조의 등장으로 진무, 스진과 함께 이름에 신神이 있다.

그래서 그가 스진에 이어 3왕조 교체설의 두 번째 주인공이라는 주장이 있다. 실제로 《일본서기》의 오진 본기에 나오는 백제 관련 기록들은 이주갑인상을 적용하면 《삼국사기》 백제본기와 거의 일치한다. 4세기 말과 5세기 초의 기록들. 백제 침류왕이 죽자 태자인 아화(이후 아신왕)가 일본에 있는 틈을 이용해 삼촌 전지가 왕위를 탈취하는데, 아화가 왜의 힘을 빌려 전지를 쫓아내고 왕위를 되찾는다는 기록은 《일본서기》와 《삼국사기》가 거의 일치한다. 여기서 또 국뽕을 발휘하여 오진을 백제 왕가에서 찾는 일은 자제하는 게 좋겠다.

그러면 그가 왜왕 찬일까? 《일본서기》의 오진 본기의 내용들, 특히 백제 관련 기록들은 《삼국사기》보다 더 구체적이고 정확하다. 그렇다고 그 사건의 주인공을 오진으로, 실존 인물로 단정하기에는 의심스러운 기록들이 더 많다. 생몰과 재위 기록도 그 하나다. 더욱이 왜왕 찬이라고 하기엔 혈연관계도 맞지 않다.

그런데 그의 아들 닌토쿠는 실제 그의 능으로 추정되는 왕릉이 발견되기도 하는 등 실존 가능성이 매우 높다. 그래서 스진 이후 100년 만에 일본을 통일한 왕을 오진이 아니라 닌토쿠로 보는 주장이 더 많다. 반면 오진은 진무와 같이 상징적 인물, 가상의 인물로 간주한다. 또 오진과 닌토쿠를 동일 인물로 보는 주장도 있다. 어쨌든 분명한 것은 오진이든 닌토쿠든 4세기 말 5세기 초에 스진 이후 150년 만에 새로운 왕조에 의해 일본에 통일국가가 다시 등장한다는 것이다.

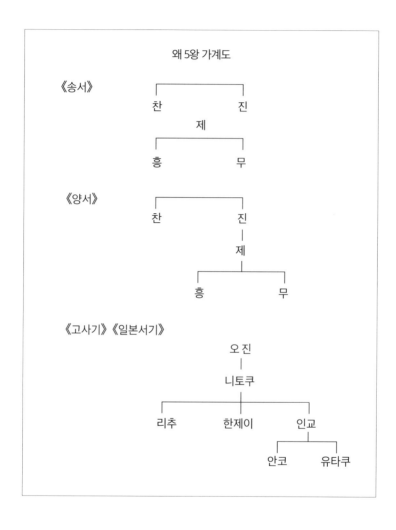

그러면 닌토쿠가 찬일까? 그 역시 왜 5왕의 혈연관계와 맞아떨어지지 않는다. 그래서 《송서》든 《일본서기》든 혈연관계의 기록 오류로 보면서 실존 가능성이 높은 닌토쿠를 왜왕 찬으로 보는 주장이 있다. 그런데 《송서》에 기록된 왜 5왕의 혈연관계를 《일본서기》에 대입하여 연대를 맞춰보면 왜왕 찬은 닌토쿠가 아니라 그의 아들 리추履中 천황일 가능성이 더 크다.

닌토쿠의 장자 리추가 찬이고, 그의 2남 한제이反正 천황이 진珍, 3남 인교允恭 천황이 제濟, 인교의 3남 안코安康 천황이 흥興, 5남 유랴쿠雄略 천황이 무武라고 정리하면 《일본서기》의 천황과 《송서》의 왜 5왕 계보의 혈연관계가 맞아떨어진다. 실제로 《고사기》에 등장하는 리추의 생몰과 재위 기간이 《송서》에 등장하는 왜왕 찬의 기록과 거의 일치한다. 그래서 《진서》와 《송서》에 등장하는 왜왕 찬은 리추라는 주장이 가장 설득력 있는 주장으로 수용되고 있다.

그러면 오진도 아니고, 닌토쿠도 아니고 리추가 스진 이후 야마토국을 잇는 새로운 왕조의 첫 왕일까? 그것은 또 다른 문제인 듯싶다. 《송서》에 등장하는 왜 5왕의 첫 번째 왕 찬이 4세기 말에서 5세기 초에 나타나는 통일국가 야마토국의 첫 번째 왕이 아닐 수 있다. 왜냐하면 통일 왕조가 새로 들어서고 정국이 안정이 된 후에 주변국에 사신을 보냈다고 볼 수 있기 때문이다.

정리하면 스진 이후 난립한 소국들을 정복, 병합하며 통일국가의 새로운 왕조를 연 자는 오진이거나 닌토쿠다. 혹은 부자에 걸쳐 통일국가를 이루었거나 아니면 두 사람이 동일 인물이거나. 그리고 중국에 조공을 보내 왕으로 책봉 받은 왜왕 찬은 닌토쿠의 아들 리추라고 보는 것이 더 설득력 있다.

처음의 질문으로 돌아가보자. 야마토국의 초대 왕은 누구일까?

《일본서기》의 초대 천황은 진무이나 그는 실존 인물이라기보다는 신화와 역사를 잇는 가상 인물로 보는 것이 타당하다. 다음으로 《일본서기》에 '하츠구니初國'라는 별칭을 받은 10대 스진 천황. 《일본서기》 기록을 그대로는 인정하기 어렵지만, 이주갑인상을 적용해서 3세기경에 기나이 지역에 처음으로 새로운 통일국가가 세워지고, 그 첫 번째 왕이 스진이라는 주장은 현실성이 있다. 그렇게 보면 스진이 일본 최초 통일국가의 초대 왕이다.

그러나 그 스진 왕조가 야마토국의 왕조로 계속 이어지는 것은 아니다. 스진이 세운 왕조는 단명하고 이후 15대 오진 천황 혹은 16대 닌토쿠 천황에 의해 다시 새로운 왕조가 통일국가를 수립한다. 그리고 17대 리추 천황이 중국에 조공을 보내 왜국 왕으로 책봉을 받으며 중국 사서에까지 등장한다. 그래서 현재 일본 왕실까지 잇는 게이타이 왕조는 스진 왕조도 아니고, 그 이후 등장한 오진 왕조도 아니다. 앞서 소개한 3왕조 교체설에 따라 스진, 오진에 이어 게이타이까지 세 왕조의 교체 과정을 거쳤다.

《일본서기》는 큐빅 같다. 고대사가 다 그렇지만. 흩어진 조각을 맞춰야 하고, 또 그 조각들이 서로 맞질 않는다. 그래서 없어진 조각 자리와 조각들 사이에 벌어진 틈에 현대인의 상상이 끼어든다. 그런데《일본서기》는 대놓고 조작하고(만세일계) 왜곡한(이주갑인상) 터라, 이를 전제하고 퍼즐을 맞춰야 한다. 거기에는 큐빅처럼 일정한 패턴이 있는데, 그것을 다시 공식으로 만들어 역사에 접근해야 한다. 그러나 큐빅처럼 결정적인 순간에 그 공식이 깨지고, 그동안 맞췄던 얼개를 다 흐트러뜨려야 한다. 처음부터 다시, 반복된다.

그래서《일본서기》맞추기는 다른 고대사보다 더 재미있다. 이미 실증된 역사적 사실을 해석할 수밖에 없는 역사보다, 실증되지 않은 역사의 빈 공간을 상상으로 채우는 것이기 때문이다. 거기에 당시 편찬자들의 역사 조작과 왜곡의 노고까지 헤아리며 큐빅을 다시 맞춰가는 재미가 더해진다. 맞고 틀림이 없고, 상상의 다름만 있어 푹 빠져든다.

《일본서기》는 허구와 왜곡으로만 평가되어 우리 독서 대상에서 빠져 있다. 그러나《삼국사기》와 달리 고대에 편찬한 고대 역사서라는 점, 우리가 잃어버렸거나 놓친 한반도의 고대사, 특히 백제와 가야 역사에 대한 소중한 조각들을 찾을 수 있다는 점, 마지막으로 이웃 국가인 일본의 국민들이 고대사를 현재 진행형으로 인식하고 있다는 점에서 제대로 된 연구가 필요하며, 교양으로도 읽을 가치가 있다고 본다. 큐빅 맞추듯 《일본서기》에 숨겨진 반도와 열도의 역사를 상상하며 연결해 보는 재미 또한 나름 쏠쏠하다.

그림 26. Titian, Public domain, via Wikimedia Commons.

그림 28. Étienne Jehandier Desrochers, Public domain, via Wikimedia Commons.

그림 29-1. Unknown author, Public domain, via Wikimedia Commons.

그림 29-2. ZazaPress, Public domain, via Wikimedia Commons.

그림 30. Published by Guillaume Rouille (1518?-1589), Public domain, via Wikimedia Commons.

그림 31. Rijksdienst voor het Cultureel Erfgoed, CC BY-SA 4.0 <https://creativecommons.org/licenses/by-sa/4.0>, via Wikimedia Commons.

그림 32. Rijksmuseum, CC0, via Wikimedia Commons.

그림 41. "이 저작물은 국립중앙박물관에서 작성하여 공공누리 제1유형으로 개방한 '증상전도동주열국지'를 이용하였으며, 해당 저작물은 e뮤지엄, www.emuseum.go.kr에서 무료로 다운받으실 수 있습니다."

그림 46. Unknown author, Public domain, via Wikimedia Commons.

그림 47. Unknown author, Public domain, via Wikimedia Commons.

그림 48. Taken by Fanghong, CC BY-SA 3.0 <http://creativecommons.org/licenses/by-sa/3.0/>, via Wikimedia Commons.

그림 49. 飛過數十億光年的鷹, CC BY-SA 4.0 <https://creativecommons.org/licenses/by-sa/4.0>, via Wikimedia Commons.

그림 50. Jakub Hałun, CC BY-SA 3.0 <https://creativecommons.org/licenses/by-sa/3.0>, via Wikimedia Commons.

그림 57. Unknown author, Public domain, via Wikimedia Commons.

그림 58.　Unknown author, Public domain, via Wikimedia Commons.

그림 59.　National Palace Museum, Public domain, via Wikimedia Commons.

그림 65.　日本語: 舍人親王（天武天皇5年-天平7年）遍 English: compiled by Prince Toneri], Public domain, via Wikimedia Commons.

그림 66.　Published by 国書刊行会(Kokusho Kankōkai), Public domain, via Wikimedia Commons.

그림 67.　Published by 東京造画館("Tokyo Drawing Pavillion", if translated literally), Public domain, via Wikimedia Commons.

그림 68.　立花左近, CC BY-SA 3.0 <https://creativecommons.org/licenses/by-sa/3.0>, via Wikimedia Commons.

그림 69.　Published by 三英舎 (San'ei-sha), Public domain, via Wikimedia Commons.

그림 70.　Unknown author, Public domain, via Wikimedia Commons.

그림 71.　Ginko Adachi (active 1874-1897), Public domain, via Wikimedia Commons.

그림 72.　Published by 三英舎, Public domain, via Wikimedia Commons.

그림 73.　Utagawa Kuniyoshi, British Museum, Public domain, via Wikimedia Commons.

그림 74.　Published by 国書刊行会(Kokusho Kankōkai), Public domain, via Wikimedia Commons.

표지 그림 일부. 周日校(Before 1640), Public domain, via Wikimedia Commons.

삶의 변곡점에 선 사람들을 위한 색다른 고전 읽기

오십, 고전에서 역사를 읽다

초판1쇄 발행	2022년 4월 20일

지은이	최봉수
펴낸이	신민식
펴낸곳	가디언
출판등록	제2010－000113호 (2010.4.15)
주 소	서울시 마포구 토정로 222 한국출판콘텐츠센터 306호
전 화	02-332-4103
팩 스	02-332-4111
이메일	gadian7@naver.com
홈페이지	www.sirubooks.com

ISBN	979-11-6778-034-8 (03900)